本书获 2019 年贵州省
出版传媒事业发展专项资金资助

　　安成祥,男,贵州凤冈人,硕士,研究员,现任贵州省人民政府公共资源评标专家库专家、贵州省自然资源厅专家库专家、贵州省文化和旅游厅专家库专家、贵州省文物博物馆学会常务理事、贵州师范大学兼职教授、贵州省地质博物馆展陈专家组组长、贵州省不动产登记中心副主任。在省级以上刊物发表学术论文20多篇,出版《历史遗珍》《踵事增华》《石上历史》《碑铭书秀》等专著六部,其中《石上历史》荣获贵州省第十二次哲学社会科学优秀成果三等奖。

玉箴堂官课录释译

安成祥 释译

贵州出版集团
贵州民族出版社

图书在版编目（CIP）数据

玉箴堂官课录释译／安成祥释译．－－贵阳：贵州民族出版社，2020.4
ISBN 978-7-5412-2557-4

Ⅰ．①玉… Ⅱ．①安… Ⅲ．①地方政府—政治制度史—贵州—清后期—文集 Ⅳ．① D691.2-53

中国版本图书馆 CIP 数据核字 (2020) 第 062322 号

## 玉箴堂官课录释译
安成祥　释译

| | |
|---|---|
| 出版发行 | 贵州民族出版社 |
| 地　　址 | 贵阳市观山湖区会展东路贵州出版集团大楼 |
| 邮　　编 | 550081 |
| 印　　刷 | 贵阳精彩数字印刷有限公司 |
| 开　　本 | 787×1092mm1/16 |
| 印　　张 | 20 |
| 字　　数 | 250 千字 |
| 版　　次 | 2020 年 4 月第 1 版 |
| 印　　次 | 2020 年 4 月第 1 次印刷 |
| 书　　号 | ISBN 978-7-5412-2557-4 |
| 定　　价 | 120.00 元 |

# 目 录

凡例 ··········································································· 1

晚清时期贵州官僚群体对时政积弊的治理方略
　　——《玉箴堂官课录》及其价值（代前言）············ 1

玉箴堂官课录序 ······························ 潘 霨　　1

序 ········································ 李元度　　11

序 ········································ 黄元善　　24

三月二十六日策题 ······································ 35

　　策问·超等第一名　任　塍 ···················· 38

　　策问·超等第二名　余云焕 ···················· 59

　　策问·超等第三名　邓嘉缜 ···················· 84

　　策问·超等第四名　宗　韶 ···················· 102

　　策问·超等第五名　周继煦 ···················· 117

　　策问·超等第六名　黄庆光 ···················· 132

　　策问·超等第七名　陶春霖 ···················· 150

| 策问·超等第八名 | 吴德泳 | 162 |
| 策问·超等第九名 | 黎　怀 | 173 |
| 策问·超等第十名 | 段荣勋 | 185 |

## 三月二十七日策题 196

| 策问·超等第一名 | 刘廷桢 | 200 |
| 策问·超等第二名 | 刘丕勋 | 219 |
| 策问·超等第三名 | 张正煃 | 237 |
| 策问·超等第四名 | 马懋修 | 254 |
| 策问·超等第五名 | 段永濬 | 272 |
| 策问·超等第六名 | 唐昭敬 | 286 |

## 参考文献 298

## 后记 299

# 凡 例

一、原书为自右向左竖排版式，本书统一使用自左向右的横排版式，按国家标点符号使用通用标准对原文进行标点，并根据文意作了分段。

二、原书为繁体字，本书在释文时除个别繁体字酌予保留外，统一使用国务院第一、第二批公布的简化汉字。古体字、异体字一律改为简体字、规范字。通假字、数字，保留原样。地名、河流名称等，在释文和译文中保留原名原字，在注释中用2018年10月30日前法定的行政区域划分名称、河流名称。

三、对原书中的脱漏、错讹、颠倒之处，经查对确有实据者，在原处作了勘误补正。对脱漏的字、词、句等，补正在"□"之内；对错讹和颠倒之处，将改正之字、词、句等标注在"〔 〕"之中。

四、原书所引书名、篇名，有全称、略称、别称者，本书均酌情加了书名号。

五、原书将贵州除汉族人以外的少数民族同胞统称为"苗""苗民"，本书在译文中统一译为"少数民族""少数民族民众"。

六、在本书中，每一篇文章都按原文影印件、释文、注释、译文的顺序进行编排。

# 晚清时期贵州官僚群体对时政积弊的治理方略
## ——《玉箴堂官课录》及其价值（代前言）

《玉箴堂官课录》是清光绪十二年（1886）四月，署理贵州巡抚潘霨编印的一本官员策论文集，2013年5月在贵州省黔东南苗族侗族自治州麻江县境内被县文物局发现，次月聂凯华局长将之复印，送我进行文物鉴定和价值研究。2018年上半年，我在行政工作之余，利用闲暇时间，对全书进行影印、点校、注释和翻译，形成了《玉箴堂官课录释译》一书，交由贵州民族出版社出版。

《玉箴堂官课录》为初版本、线装书，纵27厘米，横16厘米，总计约1.96万字，内文用纸为白皮纸，封面为黄色毛边纸，封面之上的书签无存，品相基本完好，印刷和雠校精细，称得上是清代古籍精品。

在经历了两次鸦片战争以及太平天国运动之后，清政府以引进西方军事装备、机器设备和科学技术为路径，兴办洋务运动，以期达到"自强""求富"的目标。洋务派大力兴办民用工业、矿业和运输业，催生出中国第一批近代企业，开启了我国近代化之门。在此大背景之下，贵州巡抚潘霨面对日益激烈的社会转型和万分窘迫的省情，也在努力寻求适应新形势的地方治理办法和对策。他于光绪十二年（1886）三月以时政积弊策试地方官员，咨询治理办法，并选取其中最为优秀的16篇文章，汇编成《玉箴堂官课录》一书，于四月刊行于世。

一省巡抚就社会重大问题，大规模地集中官员进行策对，并将优秀策论汇编成书,这在贵州历史上应该是首次,在全国亦不多见。尽管《玉箴堂官课录》汇集的仅是部分地方官员所作的优秀对策文章,却集中体现出当时整个贵州官僚群体对地方社会时弊的治理方略,颇具典型性和代表性。笔者通过检索文献,不见历史文献对该书有过记载和介绍。该书具有重要的文献、文物和文学价值,其发现填补了贵州古籍的空白,实为一件文化幸事,值得认真整理和深入研究。

## 一、成书经过与主要内容

光绪十一年(1885)六月,潘霨署理贵州巡抚。此时,中国洋务运动正进行得如火如荼,高潮迭起。十一月一日,他向慈禧太后和光绪皇帝奏请开办贵州煤铁厂。①"现当创立海军之始,需用尤殷。"次年正月,又奏请兴办矿务、实行屯垦,并接到了圣旨。于是,"日与司、道反复咨商,殚心擘画"。他认为要推行矿务、屯垦等重大举措,"欲求治法,非周知利弊不可;欲求治人,非慎重守令不可"。并效仿唐朝时期通过"身""言""书""判"选拔官吏的方法,对全省府、厅、州、县各级官员进行全面考核,希望通过此举,既集思广益征集对社会时弊的治理办法,又真正选拔出能吏担当大事。

光绪十二年(1886)三月,潘霨把全省各地的同知、州同、州判、县丞、主簿,以及在省城候缺待补的官员,"尚不下百人",召集至巡抚衙署,以咨询时政得失的名义,分发策题进行策试。"发策局门试之,咨以时政得失。""爰举现行事宜,分条而策问之。"策题的内容包括:整饬吏治,整顿田赋,开办矿务,举办屯垦,整顿厘金,劝课蚕桑,解决"插花地",疏导交通水道等八个方面的问题。同时,还要求策对官员务必各抒己见,据实指陈,不得抄袭

---

① 贵州省地方志编纂委员会:《贵州省志·大事记》,贵阳:贵州人民出版社2007年出版,第258页。

别人的言论，不得雷同，不得含糊其词，不得发表空洞浮泛和不适用的论调，"用备采择"。

策试为期两天时间，三月二十六日策试前4个问题，次日策试后4个问题。试毕，潘霨亲自评卷，划分出等级名次，并张榜公布。之后，选取其中最为优秀的16篇策论（从第一天的策卷中选取10篇，第二天的选取6篇），汇编并刊印成《玉箴堂官课录》一书。

该书的主要内容有：

### （一）策题两篇

这两篇策题皆为潘霨亲自命题。第一篇《三月二十六日策题》："黔省吏治优劣，何以表率之？田赋赢绌，何以整饬之？现办矿务、屯垦，其章程之创设，利害之因依，宜精求何斡旋之方，豫筹何补救之道？务各抒己见，切实指陈，毋得含糊，用备采择。"第二篇《三月二十七日策题》："厘金之设，本出权宜，顾条教愈严，抽收日绌，其弊若何？蚕桑之课，首列王政，而屡縻巨款，成效无闻，其故安在？赋课之疲，缉捕之懈，由于插花之辽隔，何以不事纷更而能善其后？坡岭之阻，转运之艰，由于水道之不通，何以不劳疏凿而可便于行？务各抒己见，切实指陈，无涉空浮，用备采择。"

### （二）策论文十六篇

在这16篇策论文中，前10篇是对《三月二十六日策题》关于"吏治""田赋""矿务""屯垦"四大问题所作的对策，后6篇则是就《三月二十七日策题》关于"厘金""蚕桑""插花地""水道交通"四大问题所作的对策。在篇目排序上，先是《三月二十六日策题》，接着依次是超等第一名任媵直至第十名段荣勋的策论文；之后是《三月二十七日策题》，以及超等第一名刘廷桢直至第六名唐昭敬的策论文。除了陶春霖、黎怀和唐昭敬的文章以外，其余13篇文章的末尾都附有署理巡抚潘霨、署理布政使李元度、粮储道黄元善所作的评语。

### （三）书序三篇

分别为署理贵州巡抚潘霨、署理贵州布政使李元度、贵州粮储道黄元善所题。在这些序言中，分别介绍了策试的缘由、经过，对策论文章的总体评价，以及汇编该书的意义等。其中潘霨之序为手书，书体为行书，结构与章法讲究，行笔流畅，颇见书法功底。

## 二、书籍名称与流传记载

该文集的书签现已不存，在潘霨题序的首行即为"玉箴堂官课录序"七个字，是知书名当为"玉箴堂官课录"无疑。那么"玉箴堂"是什么地方？"官课"是指什么？书名的含义又是什么呢？为何流传至今而未见史料记载？无论是从古籍研究还是从文物研究的角度来讲，这些问题都应当给予关注和考究。

书名如同人名，除了起标识作用之外，还具有作者所寄予的特定含义。潘霨在序言中未对书名作出说明，李元度和黄元善所作的序也未提及这个问题。在中国历史上无论官书私书，将书斋、堂号等列入书名者，不乏先例。比如《三希堂石渠宝笈法帖》（简称《三希堂法帖》）中的"三希堂"就是清乾隆皇帝爱新觉罗·弘历的书房，位于紫禁城养心殿的西暖阁，仅8平方米。又比如《乐善堂全集》之书名来源于乾隆皇帝当皇子居住在大内时的书房"乐善堂"。又比如《存素堂丝绣录》这个"存素堂"，就是北洋时期著名政界人士、贵州人朱启钤家的旧有堂号。由是推之，"玉箴堂"极有可能是潘霨的书斋名或者备受其推崇的某个堂号名。当然，由于目前所掌握的资料有限，还需做进一步的研究考证。"官课"一词，据《汉语大词典》的解释："①官府的税收。《宋史·食货志下四》：'而一岁之内，私贩坐罪者三千九十九人，弊在于官盐估高，故私贩不止，而官课益亏。'元盍西村《小桃红·临川八景》曲：'官课今年九分办，厮追攀，渡头买得新鱼雁。'②旧时官府对书院学生进行定期考试。《二十年目睹之怪现状》第七三回：'有一回，书院里官课，历城县亲自到院命题考试。'张友鹤注：'当时书院里的学生，每三月由官府出题考试一次，叫作期考，就是官课。'"①又据《辞海》："旧称国家征收的赋税。《宋史·食货志上一》：'江淮间沙田芦场，为人冒占，岁失官课至多。'"②另据《辞海》（1999年版缩印珍藏本）："①旧称国家征收的赋税。《宋史·食货志上一》：'江淮间沙田芦场，为人冒占，岁失官课至多。' ②清代书院由地方官主持的考试。清代书院考试分官课与师课。官课亦称'大课'，一般一月一次，由府、州、县官主试。师课亦称'斋课'，由书院院长（或山长）主试。"③从以上辞书的解释可以看出，"官课"的词义有两层含义：一是指国家的税赋，二是指官府组织的考试。由此推知，潘霨将该书定名为"官课录"，意在表明书籍汇集的是巡抚策试的优秀策对，策对的问题事关国家的赋税。在古代社会，官府不直接干预经济，其主要职能是征税。赋税的增长，意味着土地、人口、贸易的增长，反映出社会的富足程度。如此一来，则巧妙地通过书名将汇编策论的"富黔"目的与洋务运动的"富国"实践和目标进行了暗合，表明了贵州官僚群体与当时形势的一致性的政治立场，体现出汇编者的良苦用心和匠心独运。

一省巡抚针对亟待解决的社会重大问题，专门大规模地集中全省官员进行策对，并将优秀策论汇编成书，这在贵州历史上应该是首次，在全国亦不多见。即便在今天，这也算得上是一省政治生活中的一件大事。但是，通过检索文献，包括查阅(民国)《贵州通志·艺文志》等地方史志，均不见对该书有过记载和介绍。咨询贵州省图书馆和贵州省博物馆，两馆答复均未见收藏。如此重大事件所形成

---

① 《汉语大词典》（第三卷），上海·汉语大词典出版社 1989 年出版，第 1396 页。
② 《辞海》（中卷），上海：上海辞书出版社 1979 年出版，第 2323 页。
③ 《辞海》（1999 年 版缩印珍藏本），上海：上海辞书出版社 2000 年出版，第 1227 页。

的地方文化成果，为何流传至今而不见史料记载呢？原因可能有二：一是《玉箴堂官课录》具有较强的问题针对性，属官府内部资料，未曾向社会公开发行。"黔省之难治甚于他省，待治又急于他省。"从两天的策题内容看，策试的所有问题都是当时贵州普遍存在又亟待解决的社会重大问题，涉及吏治整顿、矿业发展、税赋增收、民生改善等方方面面的敏感神经。加之策题者潘霨又明确要求策对人"务各抒己见，切实指陈""毋得含糊""无涉空浮""毋剿（通"抄"）说，毋雷同，毋空谈而不适于用""用备采择"，所以，官员们在策对时，能从不同的角度，按照巡抚的要求实事求是地分析问题，切实提出解决办法和可行性建议。尽管对事不对人，但是这些建议和措施具有非常强的针对性，有些文章的笔锋还非常犀利，所揭露的问题、根源及内幕，不宜让统治集团外部知道，不能向低级别官吏和社会民众宣扬，属官府刊印的内部资料，因而传布不广，在社会上鲜为人知。二是《玉箴堂官课录》具有一定的保密性，发行范围很窄。在每一篇具有独创性见地的策论之后，都有潘霨、李元度和黄元善所作的肯定性评语，对一些建议他们三人直接表态可以采纳，拟作为政策或措施在全省予以施行。也许是为了保持政策出台之前的社会稳定，包括官吏队伍的思想稳定，实行"内紧外松"策略，达到使"司牧者""于近时得失、兴废之故，了如指掌""仰副朝廷绥远安边之意，于吏治不无裨益"的目的，故严格控制了该书的印数和发放范围。其属于官府内部的机要读本，印制数量很少，不能像普通书籍那样记载于官方文书。类似于今天出于保密的需要，将机要文件标注密级，限定内部参阅，划定阅读人员范围，并规定了诸如不准擅自摘抄等纪律要求一样。当然，也有可能在极少数的历史文献中对此次策试和汇编书籍的情况有所记载，但囿于目前所掌握的资料有限，还未曾发现。为此，谨作抛砖引玉，以期方家发掘。

## 三、文献、文物与文学价值

经初步研究，《玉箴堂官课录》具有文献、文物和文学三个方面的重要价值。

### （一）文献价值

1. 该书对研究晚清特别是洋务运动后期贵州巡抚的施政方略具有重要的参考价值。潘霨抚黔期间（1886.6—1891.6），正值洋务运动后期。他曾以敢为人先的巨大政治勇气，在贫瘠的贵州创办起中国历史上第一个近代化钢铁企业——青溪铁厂。尽管由于种种原因清溪铁厂最终失败了，却在中国洋务运动史上留下浓墨重彩的一笔，成为潘霨在贵州和中国历史上的最大事迹之一。他之所以要大力开办矿务，既是基于贵州矿产资源丰富，通过开矿以达"富黔"的目的，也是为了适应当时全国的客观形势，以期政治上有所作为。潘霨在光绪十二年（1886）三月二十六日的策题中明确指出："现办矿务、屯垦，其章程之创设，利害之因依，宜精求何斡旋之方，豫筹何补救之道？"同年六月，潘霨奏请于贵阳添设矿务公商局，试办官督商运，并于镇远、常德、汉口、上海设置分局；拟在上海分局内设机器，先拨运生铁十万斤前往加工试销，以期行销合用。① 他还主持制定了《简明章程》6条和《招股章程》13条，提出了开办黔省矿务的总体规划和具体办法。② 从他的这些办法和举措来看，很大程度上吸收了参加策试的各级地方官员的策对意见和建议。比如，他提出："硝磺二项宜变通办理。查硝磺例禁甚严，而黔省出产最旺，如仁怀、遵义、天柱等县有洞硝一种……""又查磺有两种：硫磺仅造火柴；熏磺一种，则皮货、药材、棉花、草帽、红花及麻布、纸无不需此物熏蒸。仁怀县属二郎小溪、吼滩等里出产熏磺，

---

① 贵州省地方志编纂委员会：《贵州省志·大事记》，贵阳：贵州人民出版社，2007年出版，第258页。

② 吴慧媛：《潘霨与贵州青溪铁厂》，载《贵州大学学报（社会科学版）》1990年第2期，第87页。

养活穷民无算,未便一例封禁,应饬局查明,确系熏磺,准其给票出贩,以示区别,而广利源。"①这显然是采纳了《策问·超等第十名段荣勋》"黔居万山之中,所产铜、铅、煤、铁、水银、朱砂、雄黄诸物,惟硝、磺最著。盖黔硝系属洞产,甲于天下。磺有两种:一硫磺,可造军火;一熏磺,凡皮货、药材、棉花、草帽、纸张等物,无不恃之以熏蒸。所销甚广,宜令矿由商办而官重其成。如有偷漏诸弊,一经查出,即照私盐科罪。除备海军要需外,仍准各商领照贩运,免纳税厘,则溥利于民"这一建议。又比如,十二月,因云南电线工程告竣,潘霨奏请黔省亦设电报,由毕节添接一线,以达省城贵阳,"俾通京外声息",是为贵州电讯之始。②他的这一重大决策,显然也是接受了《策问·超等第七名陶春霖》"黔省向产硝、磺,开办之初,自应广筹销路。拟提请先设电线,直通川、楚一带,藉得价值消息,如专供海防之用,必先函致南、北洋大臣,预借工本采办,源源运赴,节节转售"的建议。鉴于篇幅所限,不再一一赘列。总之,纵观潘霨这一时期的施政决策,总能在《玉箴堂官课录》收录的这16篇文章中找到相应的对策建议。潘霨在《玉箴堂官课录序》中说:"兹编所陈,于近时得失、兴废之故,了如指掌,司牧者从而求之,仰副朝廷绥远安边之意,于吏治不无裨益。"李元度在序言说:"他日坐言起行,即以是编为左契可也。"黄元善也说:"今日策问诸员,庶几交相劝勉,上考同书,俾撢礼乐以鞠黔民,且将化贫寡为富庶矣,岂不懿欤!"可见,他们三人对16份策论的观点和主张给予了高度肯定和赞赏,而且希望全省各级官府按照策对意见去治理地方,以适应当时的社会发展形势。在中国特殊的历史时期,贵州巡抚出题策试全省官员,"庶不负中丞集思广益之至计",

---

① 贵州省文史研究馆点校:《贵州通志·前事志(四)》,贵阳:贵州人民出版社1991年出版,第784页。
② 贵州省地方志编纂委员会:《贵州省志·大事记》,贵阳:贵州人民出版社2007年出版,第258页。

这无疑为我们深入研究晚清贵州官僚群体与洋务运动、贵州的近代化、贵州社会治理等重大问题提供了珍贵史料。

2.该书对研究和了解中国近代化起步阶段贵州官僚群体的思想立场、文化素养、施政能力、治理主张等方面，具有较高的参考价值。策是中国古代科举考试的一种文体。策试包括策问（也称策题）和策对（也称对策）两个方面。人们通常把策对文章统称为"策论"或"策论文"。策论文在内容上属于议论文（也称说理文）、政论文的范畴，是作者在规定的时限内和特定的环境下，通过已有的知识和经验，对时政问题进行分析、评论、说理，表明自己的态度、立场、主张、见解等的一种文体。一般而言，文如其人，通过策论能初步了解和掌握作者的思想立场、文化修养、应变与协调能力以及内在潜力与气质等。

早在汉代，"策"就已成为一种以经义或政事等设问以试士的方式。《史记·平津侯主父列传》记载："太常令所征儒士各对策，百余人，弘第居下。策奏，天子擢弘对为第一。"《后汉书·和帝纪》也记载："帝乃亲临策问，选补郎吏。"宋代以后，各朝更是将之作为科举取士的必备项目。实践证明，通过策论去认识和了解人才，是较为有效的方法之一。中国历史上很多名宦贤臣，就是通过策对而被君王所发现和重视的，比如董仲舒、贾谊、苏轼等。也正因为如此，后世通过对前人著述，特别是政论文章的阅读与分析，能大致了解前贤的政治观点、民生情怀、理政方略、人品气质等。

《玉箴堂官课录》所收录的文章，全都出自贵州地方官员之手，通过查阅历史文献，在这16位作者中，有6人的事迹被记载于（民国）《贵州通志·宦迹志》。他们分别是：任塍，浙江绍兴人，进士，光绪十七年（1891）权遵义县事；邓嘉缜，江苏江宁人，举人，光绪十六年（1890）正安知州；宗韶，顺天人，举人，光绪中署瓮安县事〔另据民国二年（1913）《瓮安县志·职官》载，宗韶为直隶任丘举人，孝廉方正，光绪十七年瓮安知县〕；黎怀，云南昆明人，同治十一年（1872）四月到正安任知州；马懋修，四川人，举人，光绪十四年（1888）任玉屏知县；段永濬，云南昆明人，由军功积保至直隶州知州，光绪末年知州事。尽管这些策论者的政治地位不算很高，策对的问题也只涉及贵州一省之事，然其大胆探索贵州治理之策，力图适应时代新形势，振兴地方、改善民生的拳拳之心却能人所共见，其中很多的方略、主张对当时和后世都产生过较大影响，有的主张被采纳形成制度后，直到民国甚至新中国初期仍然在一些地方实行。比如，《策问·超等第四名马懋修》提出："查黔省各属多有秤局，不如于秤局中抽收厘金。其局只设于场市，过秤者为官货，不过秤者为私贩。将秤局、厘金合为一事，不准于新章五文外另立秤税，亦不准于场市外别赴乡村私收。"秤房过秤与厘金征收"合二为一"的制度实行后，民国时期一直坚持着，在中华人民共和国成立后的一段时期内，地方政府部门对市场进行监管时也还在借鉴。

3.该书为研究和了解贵州在咸同大起义之后所面临的一系列问题提供了新的文献资料。清中后期贵州各级官吏腐败，社会矛盾日益尖锐和激化，最终引发咸同大起义。[①] 此次起义，自咸丰五年（1855）爆发，至同治十二年（1873）被镇压，历时长达18年之久，波及贵州全境以及湖南西部地区，义军规模达数十万人。"计自有明以来苗之叛者屡矣，其出扰之残，相持之久，要以咸同间为最甚云。"[②] 沉重地打击了清王朝在贵州的统治，与太平天国运动一道，从根本上动摇了清政府的统治基础。这场因统治集团极度腐败而引发的战争，给贵州人民带来了深重灾难。"老者填乎沟壑，壮者散于四方，如鸟失巢，如鱼失水矣。""大寨复原其半，小村十仅存一。""向则千室之邑，至是殆仅佰什之一矣。""残骸暴骨，零落满山，冷

---

① 安成祥：《清中后期贵州的社会腐败及治理》，凯里学院学报 2017 第 2 期，第 92—97 页。

② （清）徐家干：《苗疆闻见录》，上海：上海古籍书店1979年复印本。

雨凄风,悲啼遍野。"①《玉箴堂官课录》成书于光绪十二年(1886)四月,这段时间是贵州咸同大起义被完全镇压之后的第13个年头,也是全省人民生活特别艰难的时期,社会形势严峻复杂,该书为后人研究和了解当时贵州的政治、经济、社会、区划、交通等问题提供了难能可贵的文献资料。比如:"贵州自经兵燹,人民离散,田土荒芜。光绪丙子,卑府筮仕来黔,经过下游,窃见荒凉遍野,盡焉伤之……昔日之贵州以人满为患,今日之贵州以土满为患。"(《策问·超等第二名余云焕》)"善自癸未,奉命督粮是邦,甫入境,见邑有流亡,地皆硗确,为恻然者久之。"(《黄元善·序》)"黔省乱平,户口寥落,所在田地荒芜。近虽日渐开辟,尚不及十之六七。"(《策问·超等第五名周继煦》)从这些官员的笔下,我们可以看出当时贵州各地凄惨的社会景象。又比如:"第军兴以后,凡应举、应兴各事宜,大半废弛。"(《策问·超等第八名吴德泳》)"汉民则兵燹之后,逃亡者大半,是以荒芜较多。"(《策问·超等第十名段荣勋》)"黔省吏治不肃,田赋不完,矿务既未讲求,屯垦又多窒碍,良由积习太深,办理未中窾要。"(《策问·超等第二名余云焕》)"况兵燹以后,荒芜未治者正不少乎。卑府前由贵筑至镇远,大道之旁,多未开垦,推之他处,概可想见。"(《策问·超等第六名黄庆光》)从这些言辞之中,后人完全可以想见当时贵州的社会经济萧条状况。再比如:"黔自兵燹后,凡兴养、立教、清讼、明刑诸大端,皆所当为。"(《策问·超等第七名陶春霖》)"黔省吏治不修,以致厘金、蚕桑、插花、水道诸大端,久经废弛。"(《策问·超等第六名唐昭敬》)"黔自军务肃清,赋额多悬,而至今尚未规复者,大抵奸胥之侵蚀、团首之把持。"(《策问·超等第一名任塍》)"黔乱初平,阘茸竞进,奔走谄媚之辈相习成风。"(《策问·超等第二名余云焕》)"(厘金)征多报少者有之,亏前挪后者有之,通同书吏大头小尾者有之。"(《策问·超等第二

---

① 安成祥:《石上历史》,贵阳:贵州民族出版社 2015 年出版,第86、129 页。

名刘丕勋》)"挽运有漏规,而挽运裁矣;盐税有漏规,而盐税裁矣;烟土有漏规,而烟税裁矣。即丁粮各项,亦莫不有漏规,而各项亦裁矣。层层裁尽,纵有清洁自爱之士,恐亦不能枵腹从公也。"(《策问·超等第九名黎怀》)这些言论,无疑对当时严重的官场腐败进行了一定程度的披露。如此等等,不一而足。

4. 该书对研究清代贵州水陆交通、插花地、厘金税制、土地不动产管理等具有重要的文献价值。笔者仅以插花地资料为例加以讨论。行政区划上的"插花地"的成因很复杂,贵州学者杨斌先生曾总结前人的学术成果,结合他自己的研究,提出主要有以下六个成因:一是犬牙交错的政区划分原则;二是山川形便的政区划分原则;三是明代的卫所;四是元明之土司;五是土地私有制下"地随人走"的土地管理政策;六是贵州特殊的自然地理环境。[①] 在《玉箴堂官课录》中,《策问·超等第二名刘丕勋》认为,贵州插花地的形成"在未定之初,始于土司之侵夺,及既定之后,原于开垦之后先。"刘丕勋无疑是目前所发现的提出"开垦之后先"是插花地成因的第一人,其观点可以帮助和丰富后人对我国乃至全球插花地成因的认识。另外,杨斌先生还认为贵州对插花地的清理拨正,光绪年间有两次,第一次是光绪十年至十一年(1884—1885),第二次是光绪三十一年至三十二年(1905—1906)[②],并提出贵州巡抚林绍年为推进插花地清理拨正工作,还专门成立了"善后局"这个职能部门。[③] 然而,据《策问·超等第三名张正烽》记载:"光绪初,派员分办,前后约七八年。各属之未拨拟拨,总图、散图早绘存于善后局内。所差者,丁粮数目,造报未确耳。"这则史料虽然简短,但其所包含的历史信息量却很大,为还原和填补贵州清理插花地的

---

① 杨斌:《插花地研究:以明清以来贵州与四川、重庆交界地区为例》,北京:中国社会科学出版社 2015 年出版,第 156 页。
② 同上书,第 218 页。
③ 同上书,第 224 页。

历史细节，以及补正后世学者的研究结论，提供了新的翔实可靠的文献资料，应该引起学界的高度重视。第一，贵州对插花地的清理，在光绪初年就已开始进行；第二，全省采取了"统一派人、分头清查"的组织形式；第三，整个清理工作耗时很长，前后大约有七八年的时间；第四，采用了实地勘察测绘的技术方法，已绘制出了"总图""散图"，并提交给"善后局"保存；第五，各个地方已打算划拨，但还尚未启动，其原因是"丁粮数目，造报未确"。由是亦已可知，"善后局"确实是承担插花地清理工作的职能部门，但并非肇设自光绪三十一年的贵州巡抚林绍年，杨斌先生的结论有误。"善后局"是"善后总局"的省称。据（民国）《贵州通志》记载，其设立于同治十二年（1873）正月，"布政使黎培敬、按察使林肇元请于曾璧光，改军需粮饷总局为善后总局。时奉上谕：'黔省变乱十有余年，现在地方新复，一切善后事宜亟应妥为经理[①]。'"

### （二）文物价值

该书的发现填补了贵州古籍的空白，具有珍贵的历史价值。我国是世界上古籍数量最多、内容最丰富，也是保存古代典籍最多最完整的国家。据估计，至清末，我国共有古籍18万余种，其中流传至今的尚有8万多种。上海古籍出版社于1986年起分册出版的《中国古籍善本书目》中，编入了全国782家图书馆、博物馆珍藏的古籍善本就有6万余种13万部。在中国古代历史上，贵州是"荒服"之地，是少数民族聚居区域，交通闭塞，经济和文化落后，古籍不多。迄今为止，（民国）《贵州通志·艺文志》是汇集贵州历史上古籍资料最多的一部地方专志，"包孕了自汉经魏、晋、唐、宋、元、明、清至辛亥革命约二千年间的贵州籍及流寓贵州而终的前贤著述一千九百三十二部，附流寓著述三十四部，共计一千九百六十六

---

[①] 贵州省文史研究馆点校：《贵州通志·前事志（四）》，贵阳：贵州人民出版社1991年出版，第739页。

部，近六十万字①。"这个古籍数据，相对于浩如烟海的中华文化古籍总数而言，确实是沧海一粟。因此，贵州的每一部古籍，尤其是价值突出的古籍，都显得格外珍贵。通过检索文献，至今未见任何历史资料对《玉箴堂官课录》有过记载，《玉箴堂官课录》的发现无疑填补了贵州清代策论文献记录的空白，实为一件文化幸事。特别是在中国处于近代化开端的特殊历史时期，作为一省巡抚出题策试全省官员以寻求地方对策这一历史事件的物证，该书的历史价值愈加不容低估。

### （三）文学价值

《玉箴堂官课录》所收录的文章，具有深刻的思想内涵和独到的表现形式，具有极高的文学价值。这些文章尽管都是应试之作，在内容上属于政论文体，但是形式上却是散文体裁。无论是文章结构、语言表达，还是表现手法等都非同凡响，具有谋篇布局精巧、遣词造句娴熟精准、修辞手法独特、洞察问题独到而深刻、笔力节奏张弛有度、文气古茂等诸多特点，是居官贵州的文化人留存于世的优秀文学作品集。李元度是晚清著名学者，著有《国朝先正事略》（六十卷）、《天岳山馆文钞》（四十卷）、《天岳山馆诗集》（十二卷）、《四书广义》（六十四卷）、《国朝彤史略》（十卷）、《名贤遗事录》（二卷）、《南岳志》（二十六卷）等。作为文章大家，他在阅读了这些策论文之后，一一作了精到的点评，欣赏之情溢于言表。比如，他对《策问·超等第二名余云焕》的评语是："有扪虱而谈、旁若无人之概。尤难在不欺隐。"对《策问·超等第三名邓嘉缜》的评语是："议论正大，而平情已出之。文气亦古茂。"对《策问·超等第一名刘廷桢》的评语是："整饬中有流动之气，于陆宣公为近。持论亦复明通。"对《策问·超等第三名张正烺》的评语是："贾生骏发，故文洁而体清；平子渊通，故虑周而藻密。"值得注意的是，李元度在评价刘廷桢的文章时，说"于陆宣公为近"。

---

① 黄永堂点校：《贵州通志·艺文志》，贵阳：贵州人民出版社1989年出版，第906页。

陆贽是唐代贤相，也是著名的政治家、文学家，工诗文，尤长于制诰、政论，学养才能和品德风范都深受当时和后代称赞。在评价张正燡的文章时，引用的是《文心雕龙·体性》中的话。这句话的意思是：贾谊性格豪迈，所以文辞简洁而风格清新；张衡性格深沉通达，所以考虑周到而辞采细密。这是把张正燡作文与虑事的风格与西汉著名文学家贾谊以及东汉著名科学家、文学家张衡的文风进行比较，有点人们常说的"相提并论"的意思。可见，他对这两篇策论所具有的文学水平给予了高度肯定，甚至达到了十分推崇的程度。

## 四、结语

综上所论，笔者认为，《玉箴堂官课录》融文献价值、文物价值和文学价值于一体，是一本弥足珍贵的历史文献。其产生背景、成书经过、主题内容等，涉及晚清时期尤其是洋务运动后期贵州的政治、经济、军事、文化、交通、社会生活等各个方面。面对日益激烈的社会转型和万分窘迫的国情、省情，贵州当时的管理高层积极思索如何适应国内大形势大环境，集思广益，推动贵州实业发展，以逐步摆脱困境并迈向近代化，实属难能可贵和高瞻远瞩。尽管各策论官员的政治地位不是很高，策对的问题也只涉及贵州一省之事，所发出的声音在国内影响微弱，然而其明察时势、立足实际、大胆探索贵州治理之策，力图振兴地方之举应当给予充分肯定，不仅其体恤民生、心怀全局、缜密思考的精神可嘉，而且策对方略对后世的启发和影响亦良多。该书作为贵州历史上的珍稀典籍，必将引起学界的高度重视，其中所蕴含的历史智慧值得深入发掘，亦应当结合实际加以借鉴和创造性地转化运用。

安成祥

2018年10月于贵阳

（本文发表于《凯里学院学报》2019年第2期，现略有修改）

**【原文】**

## 玉箴堂官课录　序

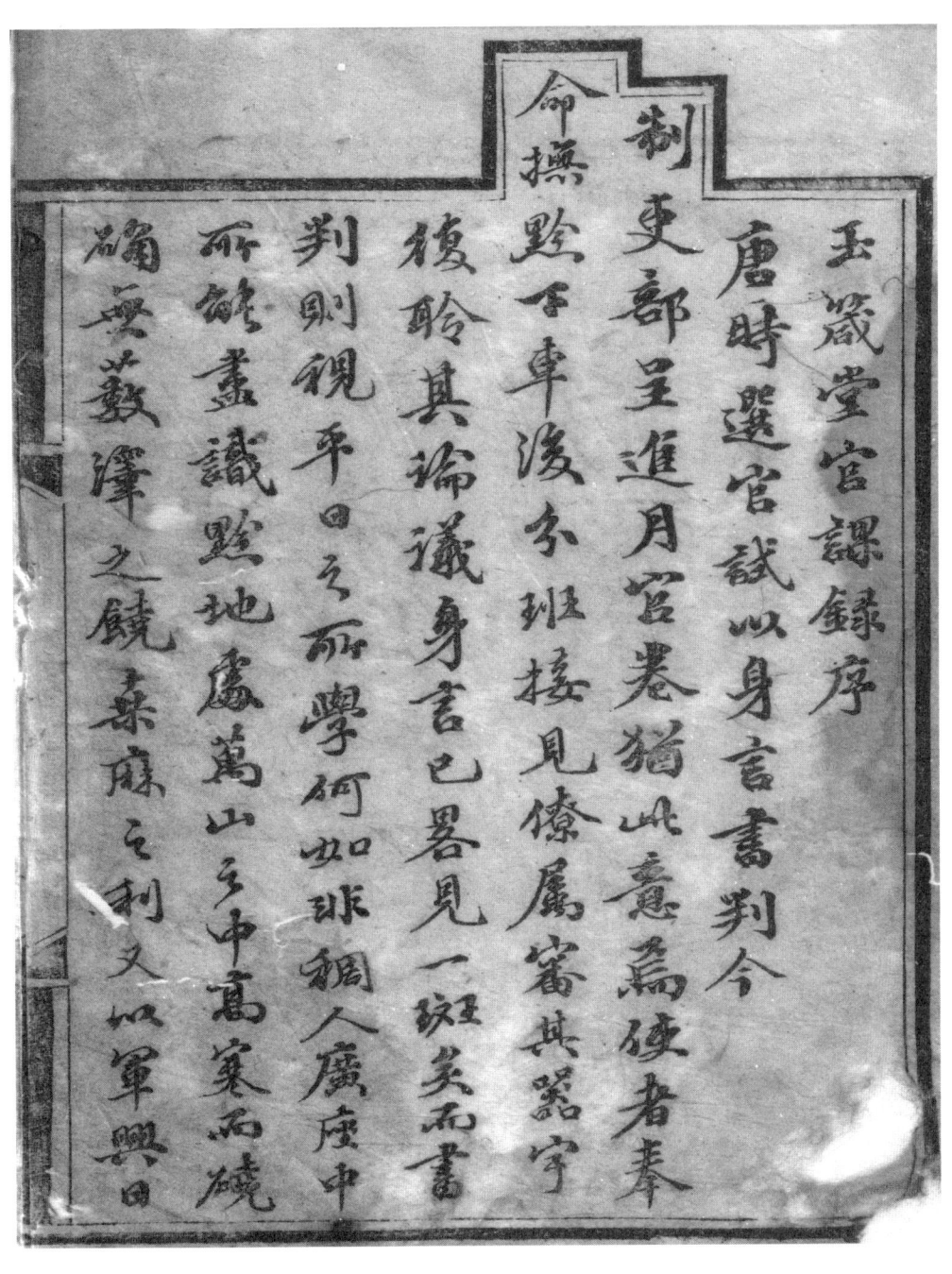

久民喘未舒官斯土者無不以撝齊為急
然天之施生五行百產何地蔑有黔廣
袤千餘里乃坐困於涸轍而莫之甦者
毋亦山澤之藏不盡出生穀之土未盡
墾也本年正月

奏陳礦務屯墾諸疏得

旨俞允日與司道反覆咨詢彈心摩畫欲求
治法洙周知利弊不可欲求治人非慎重

守令不可爱举现行事宜集观民变于署分条而系问之颇称切实指陈各抒所见而言之切中肯綮寔可见诸施行者尤应赏之不然置既予别等第榜示盖择其尤者汇为一册择行书回好问则裕自用则小使者官游数十年深以侨倅愈钜辅稳愈难貌下焉欺启窓阑是耀划點之难治甚于他省待治

又急於他省而可操切為之耶抑聽其
凋瘵而不一補救之耶夫黔中載籍如
郭青螺黔記田山薑黔書詳矣然而
今昔異宜蒐編而陳於近時得失興廢
之故瞭如指掌司牧者繼而求之御副

朝廷綏遠安邊之意於吏治不無稗益云
光緒丙戌四月撫黔使者潘霨

## 【释文】

唐时选官，试以身言书判①。今制，吏部呈进月官②卷，犹此意焉。使者奉命抚黔，下车后分班接见僚属，审其器宇，复聆其论议，"身""言"已略见一斑矣。而"书""判"，则视平日之所学何如，非稠人广座〔坐〕③中所能尽识。

黔地处万山之中，高寒而硗确④，无薮泽之饶、桑麻之利。又以军兴⑤日久，民喘未舒，官斯土者，无不以捐瘠⑥为患。然天之施生，五行百产，何地蔑有？黔广袤⑦千余里，乃坐困于涸辙⑧而莫之苏者，毋亦山泽之藏不尽出，生谷之土未尽垦也。

本年正月，奏陈矿务、屯垦诸疏，得旨俞允⑨。日与司、道反复咨商，殚心擘画⑩。欲求治法，非周知利弊不可；欲求治人，非慎重守令⑪不可。爰举现行事宜，集亲民吏⑫于署，分条而策问之，颇能切实指陈，各抒所见。而言之切中肯綮⑬，实可见诸施行者，尤亟赏⑭之，不能置。既⑮，分别等第⑯榜示⑰，并择其尤者，彙为一册梓行⑱。

书曰："好问则裕，自用则小。"⑲使者宦游数十年，深以倚任愈钜，报称⑳愈难，兢兢焉，款启寡闻㉑是惧。矧㉒黔之难治甚于他省，待治又急于他省，而可操切㉓为之耶？抑听其凋敝而不一补救之耶？

夫黔中载籍㉔，如郭青螺㉕《黔记》、田山姜㉖《黔书》详矣。然而，今昔异，宜兹编所陈，于近时得失、兴废之故，了如指掌，司牧者㉗从而求之，仰副㉘朝廷绥远安边之意，于吏治不无裨益云。

光绪丙戌四月㉙抚黔使者潘霨㉚

# 【注释】

①身言书判：唐朝选官时，考核的四项内容。即士子在礼部通过考试中进士后，不能直接授官，还须通过吏部对其身、言、书、判四个方面的考核后，方正式授予官职。身，指身材及五官。言，指言谈举止。书，指文章功力及书法。判，指判断民讼、刑狱案件的能力。

②月官：月选所选出的官。月选，是元、明、清吏部铨选官员的制度。元制，从七品以下官归吏部注拟，流外人员一月一次铨注。明清时期月选法，分双月大选，单月急选，统称月选。（清）陈康祺《郎潜纪闻二笔》卷三："吴三桂开邸滇云，擅选月官，时号西选。"

③稠人广坐：犹言公共场合。（北齐）颜之推《颜氏家训·勉学》："见有闭门读书，师心自是，稠人广坐，谬误差失者多矣。"《南史·彭城王义康传》："稠人广坐，每标题所忆，以示聪明。"（唐）刘禹锡《答道州薛郎中论书仪书》："然犹于稠人广坐时闻老成人之说。"《三国演义》第二回："如玄德在稠人广坐，关张侍立，终日不倦。"

④硗确：土地坚硬瘠薄。《东观汉记·丁綝传》："昔孙叔敖敕其子，受封必求硗确之地。今綝能薄功微，得乡厚矣。"（唐）孟郊《秋怀》诗之十："南逸浩淼际，北贫硗确中。"（明）唐顺之《答马巡抚书》："苦寒硗确之地，人甚不乐居。"梁启超《生计学学说沿革小史》第五章："然余所最畏者，厥惟四事，曰内乱、曰疫疠、曰土地之硗确、曰货币之恶劣是也。"

⑤军兴：军事行动的开始。《商君书·垦令》："而命其商人自给甲兵，使视军兴。"（唐）韩愈《感春》诗之一："选壮军兴不为用，坐狂朝论无由陪。"《清史稿·礼志六》："是时军兴，死事扬烈者踵起。"

⑥捐瘠：饥饿而死。《汉书·食货志上》："尧禹有九年之水，汤有七年之旱，而国亡捐瘠者，以畜积多而备先具也。"颜师古注："孟康曰：'肉腐为瘠。捐，骨不埋者。'瘠，瘦病也。言无相弃捐而瘦病者耳。"（宋）司马光《上皇帝疏》："老弱流离，捐瘠道路。"《金史·循吏传·卢克忠》："会民艰食，克忠下令凡民有蓄积者计留一岁，悉平其价籴之，由是无捐瘠之患。"

⑦广袤：指土地面积。从东到西的长度叫"广"，从南到北的长度叫"袤"。《淮南子·天文训》："欲知东西南北广袤之数者，立四表以为方一里距。"《资治通鉴·周赧王二年》："纵某至某，广袤六员。"胡三省注："东西为广，南北曰袤。"（宋）苏轼《上文侍中论榷盐书》："解池广袤不过数十里，既不可捐以予民，而官亦易以笼取。"今日之贵州广595千米、袤509千米。

⑧涸辙：比喻穷困的境地。（唐）王勃《秋日登洪府滕王阁饯别序》："酌贪泉而觉爽，处涸辙以犹欢。"（宋）司马光《西台诗二十四韵》："涸辙犹蒙润，

寒灰免附炎。"（明）张煌言《长鲸行》："跳梁宁复昔睚眦，涸辙应怜旧饕餮。"叶圣陶《穷愁》："岂久处涸辙，贪鄙渐萌，乃欲为此一掷，以冀非分耶？"

⑨俞允：《书·尧典》，"帝曰：'俞。'"俞，应诺之词。后即称允诺为"俞允"。多用于君主。（五代）何光远《鉴诫录·语忌诫》："累乞一藩，终不俞允。"（宋）朱熹《答龚参政书》："万一未蒙俞允，必至再辞。"《宋史·赵普传》："太祖怒甚，起，普亦随之，太祖入宫，普立于宫门，久之不去，竟得俞允。"康有为《敬谢天恩并统筹全局折》："臣妄陈大计，皆承俞允。"罗正纬《滦州革命纪实初稿》："日前呈请改革政治，曾云如蒙恩准，当静候调遣，虽蹈汤火，亦所不辞。现已悉蒙俞允，自应亟践前言，维兹危局。"

⑩擘画：筹划；安排。《淮南子·要略》："《齐俗》者，所以一群生之短修，同九夷之风气，通古今之论，贯万物之理，财制礼义之宜，擘画人事之终始者也。"（宋）范仲淹《奏乞救济陕西饥民》："若不作擘画，即百姓大段流移，殍亡者众。"（宋）刘克庄《鹊桥仙·戊戌生朝》词："人间何处有仙方，擘画得二三百岁？"（清）魏源《筹海篇》一："自夷变以来，帷幄所擘画，疆场所经营，非战即款，非款即战，未有专主守者，未有善言守者。"秦牧《艺海拾贝·南国盆景》："不过一种是在千数百亩的广阔土地上经营擘画，一种是在一平方尺不到的盆子里匠心独运罢了。"

⑪守令：指太守、刺史、县令等地方官。《史记·陈涉世家》："攻陈，陈守令皆不在。"太守，明清时专指知府。刺史，清为知州之别称。县令，明清时称知县。

⑫亲民吏：古代对地方长官的称呼。（宋）司马光《论监司守资格任举主札子》："凡年高资深之人，虽未必尽贤，然累任亲民，历事颇多，知在下艰难，比于元不历亲民便任监司者，必小胜矣。"《续资治通鉴·宋真宗大中祥符二年》："或言多逊子不当与科第，故特命为州掾，及是乃授亲民官。"（清）侯方域《豫省试策三》："亲民之官，非赏功酬劳之具也。"

⑬肯綮：比喻要害或最重要的关键。《金史·郭药师传》："宗望能以悬军深入，驻兵汴城下，约质纳币割地，全胜以归者，药师能测宋人之情，中其肯綮故也。"（明）宋濂《故奉训大夫王府君墓志铭》："为定远县吏，出谋发虑，皆中肯綮。"《明史·顾大章传》："与朝士通往来，阴察其交关肯綮，清流赖之。"（清）包世臣《述学示十九弟季怀》诗："房行槀汗牛，一一究肯綮。"

⑭赏：指认识到人的才能或作品的价值而给予重视。

⑮既：尽；完尽；完毕。《广雅·释诂一》："既，尽也。"《庄子·应帝王》："吾与汝既其文，未既其实，而固得道与？"《新唐书·张玄素传》："从善若流，恐尚不逮，饰非拒谏，祸可既乎？"此处当指阅完所有策卷。

⑯等第：等级次第。《资治通鉴·唐德宗贞元四年》："春，正月，庚戌朔，

赦天下；诏两税等第，自今三年一定。"

⑰榜示：指张榜公布。（清）黄六鸿《福惠全书·钱谷·完粮奖励》："鸿廉得其故，乃榜示于署前。"

⑱彙为一册梓行：汇集成一本书刻版印行。彙，同"彚"，是"汇"的异体字。梓行，指刻版印行。

⑲此句出自《尚书·商书·仲虺之诰》。意思是遇到疑难就向别人请教，学识就会渊博精深；主观武断，就办不成大事。

⑳报称：犹报答。《汉书·孔光传》："诚恐一旦颠仆，无以报称。"（宋）岳飞《乞出师札子》："臣实何能，误辱神圣之知，如此敢不昼度夜思，以图报称。"《红楼梦》第一○七回："（贾政）举酒送行，又叮咛了好些'国家轸恤勋臣，力图报称'的话。"何启胡礼垣《新政论议》："官禄厚则报称维殷，有公忠爱国之心，无人自为谋之患也。"

㉑款启寡闻：是一个成语，与"孤陋寡闻"近义，形容学问浅、见识少。《庄子·达生》："今休，款启寡闻之民也。"

㉒矧 [shěn]：连词，况且；何况。（唐）柳宗元《敌戒》："矧今之人，曾不是思。"

㉓操切：做事过于急躁。（明）张居正《辛未会试程策》二："一令下，曰何烦苛也，一事兴，曰何操切也，相与务为无所事事之老成。"中国近代史资料丛刊《辛亥革命·立宪纪闻·更革京朝官制大概情形》："然今日法律未修，民智未启，若操切从事，徒饰空文，则未见其利，而害已形矣。"茅盾《动摇》五："刚才时达兄说店员工会办得太操切了点儿，我也是这个意思。"

㉔载籍：书籍；典籍。《史记·伯夷列传》："夫学者载籍极博，犹考信于六艺。"《后汉书·班固传》："（班固）及长，遂博贯载籍，九流百家之言，无不穷究"。

㉕郭青螺：郭子章（1543—1618），字相奎，号青螺，谥号"文定"。江西泰和县人。明隆庆五年（1571）进士。万历二十六年（1598），与李化龙合力剿平播州杨应龙叛乱。曾任贵州巡抚、兵部尚书（加太子少保衔）。主政贵州十年间，疏通道路，督建城池，兴教督学，修志铭文，筑堰造田，赈济饥民，深受民众爱戴，百姓为其建造生祠七所。他一生读书不辍，著作颇丰。《黔记》《黔草》《西南三征记》《黔中止榷记》《黔中平播始末》等书籍，是其在贵州期间的代表作。

㉖田山姜：田雯（1635—1704），清初文学家、藏书家。字紫纶，一字子纶，亦字纶霞，号漪亭，自号山姜子，晚号蒙斋。山东德州人。清康熙三年（1664）殿试二甲第四名进士。历任中书舍人、江南学政、江苏巡抚、贵州巡抚、刑部侍郎、

户部侍郎等职。一生著述甚丰，有《古欢堂集》（三十六卷）、《长河志籍考》（十卷）、《黔书》（二卷）、《黔苗蛮记》（一卷）、《蒙斋年谱》（四卷）、《幼学编》（四卷）、《诗传全体备义》等刊行于世。在黔期间，致力发展文教事业，增建县学，整修书院，奖掖人才。公余暇日，还亲至书院督课，极有官声。

㉗ 司牧者：指州县的地方官。司牧，管理；统治。《左传·襄公十四年》："天生民而立之君，使司牧之，勿使失性。"（清）黄六鸿《福惠全书·庶政·总论》："夫州县司牧一方。"

㉘ 仰副：仰承，指按对方意见办事。仰，依赖；依靠。副，相称；符合。

㉙ 光绪丙戌四月：即光绪十二年（1886）农历四月。

㉚ 潘霨（1826—1894），江苏吴县人，初字燕山，后改伟如，号铧园，晚号心岸。历任昌平州知州、天津府知府、山东盐运使、山东按察使、福建按察使、福建布政使、湖北巡抚、江西巡抚等职。光绪十年（1884）六月署贵州巡抚，十七年（1891）六月因病奏请开缺，二十年（1894）病故于原籍。

# 【译文】

唐朝时科举选拔官员，对中了进士的人，吏部还要对其进行身、言、书、判方面的考核，合格者再正式授以官职。今天大清朝的制度也规定，由吏部将月选官的答卷呈送给皇帝，还是这个意思。本人奉命来贵州担任巡抚，到任后依次接见下属，审视他们的仪表气质，又聆听他们对一些事情的看法，对其身材五官、言谈举止有了大概的了解。但对他们的写作能力及书法功力、断理民讼与刑狱案件的能力，则要看其平时学习的情况如何，不是在这种大庭广众的环境下所能全面认识的。

贵州处在崇山峻岭之中，地势高寒，土地坚硬瘠薄，没有富饶的湖泊地带，也没有便利的农业生产条件。又因长期战乱，民生艰难无比，至今没有得到缓解，来这里做官的人，没有谁不把饥饿死人当作心头的大患。然而，上天给人以生路，各种物产哪个地方没有？贵州从东到西、从南到北有上千里，仍处于穷困境地不能解脱，无非是山野中的矿藏未尽行开采，能生产粮食的土地未尽行开垦。

今年正月，我向慈禧太后和光绪皇帝奏请兴办矿务、实行屯垦，接到圣旨允诺。每天与两司和各道反复商议，尽心竭力谋划。想要探求治理方法，非全面了解利弊不可；要想治理好人，非慎重对待知府、知州和知县等地方官不可。于是，我就拿着当下要办理的事情，在巡抚衙门召集地方官员，分条出题策问他们，他们颇能实实在在地进行指明和陈述，各自充分发表意见。那些言辞切中要害、实际可以见之于施行的对策，尤其值得立即重视，不能搁置。阅完所有策卷，划分出等级名次，进行了张榜公布，并且选择其中优秀策卷，汇集成一册书，刻版印行。

《尚书·商书·仲虺之诰》中有句话："善于请教别人，学识就会渊博；坚持主观武断，成就不了大事。"我在外做官游历数十年，深刻地体会到受到朝廷的倚重、信任越大，报答就越加困难，任何时候都小心谨慎，生怕因孤陋寡闻做错事情。况且，贵州省比其他省更难治理，等待治理的事情又比其他省更急迫，进而就可以急躁地去处理吗？或者任其凋敝而不一一进行补救吗？

贵州的典籍，比如郭子章的《黔记》、田雯的《黔书》等，已经写得很翔实了。可是，今天与往昔不同，现在应当编录官员们提出的意见，对近期的得与失、兴与废的缘由，了如指掌，州县地方官因而从中求得解决之道，以更好仰承朝廷安定远方和边境的思想，对吏治不无益处。

光绪十二年（1886年）农历四月署理贵州巡抚潘霨

【原文】

## 序

光緒十有一年冬十月

吳縣潘公奉

天子命持節黔中甫市月百廢具興條上礦務屯田諸大政並得

旨俞行蓋　公忠藎上結

主知故能言聽計從如響斯應越明年三月值公暇乃大集屬僚於節廨除有地治及于役未歸者不計外其自二千石臬丞倅牧令需次會城倘不下百人　公以詢事

考言法發策局門試之諮以時政得失且申命之曰毋
剽說毋雷同毋空談而不適於用凡兩日得九十餘卷
公躬自評隲第甲乙焉旣又擇其言尤雅者付之手民
公旣自叙其端且命綴言簡末夫古之善對策及工於
奏議者漢推董賈晁劉唐稱陸宣公宋則二蘇李忠定
明則王文成可謂隻千古而無對矣然使居今日而剿
襲諸公之言則必無一是處何者一時有一時之利病
今之異於古猶古之異於今也執古方以療今病其不
至契舟而求劍也幾希昔蘇文忠承老泉之家學雅好

言兵所作策略於教戰守倡勇敢之術三致意焉曉年更歷事變代張方平諫用兵則謂勝則變遲而禍大不勝變速而禍小其論至為警動豈前後若兩人哉時勢不同故也當其時王韶構禍於熙河章惇造釁於橫山熊本發難於渝郡使仍以張皇六師之說進雖智者無以善其後矣故知籌策之士要在審時度勢而無取乎同也司馬德操曰儒生俗吏不識時務識時務者在乎俊傑於戲豈不信哉今諸君子丞中丞之明問按切時勢各疏其所以然不為過高之論不為迂濶之談

殆所謂實事求是者非耶它日坐言起行即以是編為左契可也蓋公不云乎為治不在多言顧力行何如耳是尤在實見諸施行庶不負　中丞集思廣益之至計也夫署貴州布政使李元度序

## 【释文】

光绪十有一年冬十月，吴县潘公奉天子命，持节黔中①。甫市月②，百废俱兴。条③上矿务、屯田诸大政，并得旨俞行④。盖⑤公忠荩⑥，上结主知，故能言听计从，如响斯应⑦。

越明年三月，值公暇，乃大集属僚于节廨⑧。除有地治⑨及于役⑩未归者不计外，其自二千石众丞⑪、倅牧令⑫、需次会城⑬，尚⑭不下百人。公以询事考言法，发策扃门⑮试之，咨以时政得失，且申命之曰："毋剿说⑯，毋雷同，毋空谈而不适于用。"凡两日，得九十余卷，公躬自评隲⑰第甲乙焉。既又择其言尤雅者，付之手民⑱。公既自叙其端，且命缀言简末⑲。

夫古之善对策及工于奏议者，汉推董⑳、贾㉑、鼂㉒、刘㉓，唐称陆宣公㉔，宋则二苏㉕、李忠定㉖，明则王文成㉗。其可谓亘千古而无对㉘矣。然使居今日，而剿袭㉙诸公之言，则必无一是处㉚。何者？一时有一时之利病，今之异于古，犹古之异于今也。执古方以疗今病，其不至契舟而求剑㉛也几希㉜。昔苏文忠承老泉之家学，雅好言兵，所作策略于"教战守""倡勇敢"之术，三致意㉝焉。晚年，更历㉞事变，《代张方平谏用兵书》则谓："胜则变迟而祸大，不胜变速而祸小。"其论至为警动㉟，岂前后若两人哉？时势不同故也。当其时，王韶构祸于熙河、章惇造衅于横山、熊本发难于渝郡，使仍以张皇六师㊱之说进，虽智者无以善其后矣。故知筹策之士，要在审时度势而无取乎苟同也。司马德操㊲曰："儒生俗吏不识时务，识时务者在乎俊杰。"於戏㊳，岂不信哉？

今诸君子承中丞之明问，按切时势，各疏其所以，然不为过高之论，不为迂阔之谈，殆㊴所谓"实事求是"者，非耶？它日㊵坐言起行㊶，即以是编为左契㊷可也。盖公㊸不云乎？"为治者不在多言，顾力行何如耳。"㊹是尤在实，见诸施行。庶不负中丞集思广益之至计也夫。

署㊺贵州布政使李元度㊻序

# 【注释】

①持节黔中：指奉朝廷之命，到贵州担任巡抚职务。持节，古代使臣奉命出行，必执符节以为凭证。潘霨于光绪十年（1884）六月署理贵州巡抚职。

②甫帀月：才任职满一个月。甫，刚刚；才。帀[zā]月，即一周月，谓满一个月。（清）冯桂芬《江阴捐帐录印序》："捐令一下，赴之如流水，帀月之间，捐钱几百万。"《清史稿·灾异志一》："（顺治）十年冬，保安大雪帀月，人有冻死者。"

③条：即条陈，旧时下级向上级分条陈述的文书。

④得旨俞行：得到圣旨允诺施行。得，得到；接到。旨，皇帝下达的圣旨。俞，应诺之词，多用于君主。行，施行；推行。

⑤盖：副词，表示原因，因为。

⑥忠荩：谓对国事竭忠尽力。《三国志·蜀书·董和传》裴松之注："（胡济）为亮主簿，有忠荩之效，故见褒述。"

⑦如响斯应：如同回声应和。形容反响极快，或比喻效验迅速。响：回声。斯：语气词。（清）文康《儿女英雄传》第二十九回："那满招损、乖致戾的道理，如应斯响。"

⑧节廨：使者的官舍，此处指贵州巡抚衙门。节，使者。廨，官舍。

⑨有地治：原意指在地方有治所，借指在府、州、县任知府、知州、知县等地方正长官。治，旧称地方政府所在地。

⑩于役：行役。谓因兵役、劳役或公务奔走在外。《诗经·王风·君子于役》："君子于役，不知其期。"郑玄笺："君子于往行役，我不知其反期。"（南朝·齐）谢朓《和伏武昌登孙权故城》诗："于役傥有期，鄂渚同游衍。"（唐）萧颖士《蒙山作》诗："于役劳往还，息徒暂攀跻。"（清）高其倬《蓟州新城》诗："于役季冬月，东入渔阳城。"

⑪二千石众丞：指各府的同知。同知为知府的副职，正五品，因事而设，

每府设一至二人，无定员。二千石，汉代官秩，因郡守的俸禄为两千石，即月俸百二十斛，因此通称郡守（太守）为"二千石"。丞，辅佐；辅助，指辅佐正职的副职官员。

⑫倅牧令：指知州、知县的佐官（俗称副职）。倅[cuì]，副；辅助的。牧令，原指州牧和县令，清代用为对知州、知县的习称。清代，直隶州与散州的佐贰官，有州同、州判，一为从六品、一为从七品，各地视事务繁简设置，无定员。知县的佐贰官，有县丞和主簿，事繁之县多至数员，事简之县其县丞、主簿皆不设。

⑬需次会城：指在省城贵阳的候补官员。需次，旧时指官吏授职后，按照资历依次补缺。（宋）楼钥《送袁恭安赴江州节推》："九江需次今几年，去去渌水依红莲。"（清）李慈铭《越缦堂读书记·守默斋杂著》："应祺以监生得官，后需次江西。" 会城，省城。《二刻拍案惊奇》卷四："知县登时签了解批，连夜解赴会城。"（清）林昌彝《市价行》："会城无兵革，其祸若为伍。"

⑭尚：差不多。《左传·昭公十三年》："灵王卜曰：'余尚得天下。'"

⑮扃门：把门关上的意思。扃[jiōng]，同"扃"，是指从外面关门的闩、钩等，引申为上闩，关门。

⑯剿说：抄袭别人的言论。剿[chāo]通"抄"，袭取；抄袭。说，言论；主张。

⑰评骘：即评定。骘[zhì]，同骘。（唐）柳宗元《柳常侍行状》："敢用评骘旧行，敷赞遗风。"（明）归有光《与沉敬甫书》之八："曾见《顾恭人寿文》否？敬甫试取评骘，不知于曾子固如何？"

⑱手民：古时最早仅指木工，后指雕版排字工人。（宋）陶穀《清异录·手民》："木匠总号运斤之艺，又曰手民、手货。"（清）胡丹凤《重刊〈吕东莱先生文集〉序》："时余方搜求遗籍，择其文之足以载道者，付诸手民。"郑观应《〈盛世危言〉自序》："先后参订，付诸手民，定名曰《盛世危言》。"

⑲缀言：犹缀文，指写文章；作文。简末，指文牍、书简的末幅，为题跋落款的地方。（清）陈炽《〈盛世危言〉序》："香山郑陶斋观察著《危言》五卷，吴瀚涛大令以示余，读既竟，爰缀言于简端。"

⑳董：董仲舒（前179—前104），西汉著名思想家、政治家、教育家。元光元年（前134），武帝下诏征求治国方略，他在《举贤良对策》中系统地提出了"天人感应""大一统"学说和"罢黜百家，独尊儒术"的主张。"独尊儒术"为武帝所采纳后，儒学遂成为中国社会正统思想，影响长达两千多年。

㉑贾：贾谊（前200—前168），洛阳人，西汉初期的政论家、文学家，世称贾生。

年少即有才名，十八岁就见称于郡中，受到郡守赏识。二十二岁，被文帝召为博士，迁太中大夫。之后，受到周勃、绛灌等大臣的排挤，出为长沙王的太傅，故后世亦称贾长沙、贾太傅。三年后被召回长安，为梁怀王的太傅。梁怀王坠马而死，贾谊自伤失职，抑郁而亡，时年三十三岁。司马迁对屈原、贾谊都寄予同情，为二人写了一篇合传，后世因而并称他们为"屈贾"。其论著辑为《新书》，并有七篇疏、五篇赋。今有《贾谊集》行世。

㉒ 鼂[cháo]：同"晁"，指晁错。晁错（前200—前154），西汉政治家，颍川（郡治今河南禹县）人。他坚持"重农抑商"政策，主张纳粟受爵，提出"移民实边"的战略思想。在政治上，进言削藩，以巩固中央集权。以吴王刘濞为首的七国诸侯以"请诛晁错，以清君侧"为名，发起叛乱。为平息"七国之乱"，景帝听从袁盎之计，腰斩晁错于东市。其政论代表作有《言兵事疏》《论守边备塞书》《论贵粟疏》《论募民徙塞下书》等。

㉓ 刘：刘向（前77—前6），西汉后期的经学家、文学家。字子政，本名更生，楚国彭城（今江苏徐州）人，是刘邦异母弟弟楚元王刘交的四世孙，是文学家、史学家刘歆之父。汉元帝时，任宗正，因反对宦官弘恭、石显而下狱，被贬为庶人。汉成帝即位后，得进用，任光禄大夫，改名为"向"，官至中垒校尉，世称"刘中垒"。其著书很多，主要有《洪范五行传论》《列女传》《新序》《说苑》《七略》等。其中，《七略》是中国最早的目录学著作。《楚辞》是由刘向编订成书的，而《山海经》是他与儿子刘歆共同编订成书的。

㉔ 陆宣公：陆贽（754—805），唐德宗时宰相，杰出的政治家，字敬舆，吴郡嘉兴人（今浙江嘉兴），溧阳县令陆侃第九子，人称"陆九"。大历八年（773）登进士第，以博学宏辞科，授华州郑县尉。唐德宗即位，由监察御史召为翰林学士。建中四年（783），朱泚叛乱，陆贽随唐德宗奔奉天（今陕西乾县），深受信任，诏书多出其手。他所起草的诏书，情词恳切，虽武夫悍卒，读之无不挥涕感动。贞元七年（791），拜兵部侍郎。贞元八年（792），迁中书侍郎、门下同平章事。为相时，指陈弊政，废除苛税。贞元十年（794），因户部侍郎裴延龄构陷，被罢相。永贞元年（805）卒，追赠兵部尚书，谥号"宣"。陆贽工诗文，尤长于制诰政论。《全唐诗》存其诗3首。曾有《陆氏集验方》五十卷行世（已佚）。今存《陆宣公翰苑集》，乃后人编集。

㉕ 二苏：指苏轼与苏辙。苏轼（1037—1101），宋眉州眉山（今四川省眉山市）人，字子瞻，又字和仲，号东坡居士，谥号"文忠"。北宋著名政治家、文学家，"唐宋八大家"之一。宋仁宗嘉祐二年（1057）进士及第。宋神宗时曾在凤翔、杭州、

密州、徐州、湖州等地任职。元丰二年（1079），因御史李定从他的诗中摘集讽刺新法的诗句，而被捕下狱，史称"乌台诗案"。获释后，被贬为黄州团练副使。宋哲宗即位后，被召回京任中书舍人，翰林学士知制诰兼侍读。后因与司马光政见不合，再出任杭州、颍州（今安徽省阜阳市）、扬州知府，后以兵部尚书召还，改礼部。宋哲宗亲政，被视为"元祐党人"，被贬知定州、英州，旋贬惠州，继贬至儋州（今海南省儋州市）。至宋徽宗即位（1100），遇大赦北归，次年在途中病逝于常州。宋高宗时追赠太师，谥号"文忠"。苏轼在诗、词、散文、书、画等方面有极高的成就，一生著述颇丰，有《东坡七集》《东坡易传》《东坡乐府》等。在文学上与父亲苏洵、弟苏辙齐名，合称"三苏"。苏辙（1039—1112），字子由，一字同叔，晚号颍滨遗老，谥号"文定"。北宋著名文学家、宰相，"唐宋八大家"之一。嘉祐二年（1057）与兄苏轼同登进士第。官至右司谏、尚书右丞、门下侍郎。在政治上反对王安石变法，一生几度沉浮。晚年居颍川（今河南省禹市）。政和二年（1112）去世，年七十四。宋高宗时累赠太师、魏国公，宋孝宗时追谥"文定"。其生平学问深受其父兄影响，以散文著称，擅长政论和史论，著有《栾城集》《应诏集》等。

㉖李忠定：即李纲（1083—1140），字伯纪，号梁溪先生，谥号"忠定"。两宋之际的抗金名臣。宋徽宗政和二年（1112）进士及第，历官至太常少卿。宋钦宗时，授兵部侍郎、尚书右丞。靖康元年（1126）金兵入侵汴京时，任京城四壁守御使，团结军民，击退金兵。但不久即被投降派所排斥。宋高宗即位初，一度起用为相，曾力图革新内政，仅七十七天即遭罢免。绍兴二年（1132），复起用为湖南宣抚使兼知潭州，旋即又遭免职。绍兴十年（1140）病逝，追赠少师。淳熙十六年（1189），特赠陇西郡开国公，谥号"忠定"。李纲一生著述甚多，其遗文由其诸子编成《梁溪全集》一百八十卷。另著有《易传》内篇十卷、外篇十二卷，《论语详说》十卷，文章、诗歌、奏议百余卷，又有《靖康传信录》《奉迎录》《建炎时政记》《建炎进退志》《建炎制诏表札集》《宣抚荆广记》《制置江右录》等。刘熙载在《艺概》中评论道："李忠定奏疏论事，指画明豁，其天资似更出于陆宣公上。"

㉗王文成：王守仁（1472—1529），浙江绍兴府余姚县（今浙江省宁波市余姚市）人，字伯安，别号阳明，谥号"文成"。因曾筑室于会稽山阳明洞，自号阳明子。明代著名的思想家、文学家和军事家，陆王心学之集大成者。弘治十二年（1499）进士及第，历任刑部主事、贵州龙场驿丞、庐陵知县、右佥都御史、南赣巡抚、两广总督等职，晚年官至南京兵部尚书、都察院左都御史。

因平定宸濠之乱而被封为新建伯,隆庆年间追赠新建侯,谥号"文成"。王守仁的学说,是明代影响最大的哲学思想,其影响远及日本、朝鲜半岛以及东南亚诸国。有《王文成公全书》传世。

㉘千古而无对:千古无双的意思。千古,指久远的年代。无对,无双;无敌。(南朝·陈)徐陵《〈玉台新咏〉序》:"真可谓倾国倾城,无对无伤者也。"《南史·任昉传》:"时琅邪王融有才俊,自谓无对当时,见昉之文,恍然自失。"(清)蒲松龄《聊斋志异·黄英》:"陶饮素豪,从不见其沉醉,有友人曾生,量亦无对。"

㉙剿[chāo]袭:亦作"抄袭"。剿窃人言以为己说;剿窃他人作品,因袭照搬。剿同"抄"。《红楼梦》第二一回:"无端弄笔是何人?剿袭《南华》庄子文。"(明)屠隆《鸿苞》卷十七:"诗道有法,昔人贵在妙悟。新不欲杜撰,旧不欲勤袭。"(明)吴应箕《与刘舆父论古文诗赋》:"虽好子建、渊明、子美之集,亦未尝勤袭其词。"

㉚无一是处:犹成语"一无是处"。没有一点对的地方;毫无长处。是,对;正确。毛泽东《矛盾论》三:"我们的教条主义者因为没有这种研究态度,所以弄得一无是处。"丁玲《松子》:"他在她眼中,一无是处。"

㉛契舟而求剑:犹成语"刻舟求剑"。比喻不懂事物已发展变化而仍静止地看问题。契,用刀雕刻。《吕氏春秋·察今》:"楚人有涉江者,其剑自舟中坠于水,遽契其舟曰:'是吾剑之所从坠。'舟止,从其所契者入水求之。舟已行矣,而剑不行,求剑若此,不亦惑乎?"

㉜几希:相差甚微;极少。《孟子·离娄下》:"人之所以异于禽兽者几希。"赵岐注:"几希,无几也。"(宋)苏轼《拟进士对御试策》:"则是未能察脉而欲试华佗之方,其异于操刀而杀人者几希矣。"《学统·卷之五》:"离却生处,无处见性。而孟子所谓性,与告子所谓性,所争只在几希。"

㉝三致意:亦作"三致志"。再三表达其意。《史记·屈原贾生列传》:"其存君兴国而欲反复之,一篇之中三致意焉。"(宋)曾季貍《艇斋诗话》:"平甫于此盖三致意焉。"

㉞更历:经历;阅历。《汉书·陈汤传》:"丞相匡衡、御史大夫繁延寿以为,郅支及名王首更历诸国,蛮夷莫不闻知。"(明)李贽《答周二鲁》:"五台先生骨刚胆烈,更历已久,练熟世故,明解朝典,不假言矣。"

㉟警动:惊动;震动。警,通"惊"。《史记·乐毅列传》:"尊宠乐毅以警动于燕、齐。"

㊱张皇六师:张皇,张大;壮大。六师,原指周天子所统六军之师,后泛

指全部军队。《尚书·康王之诰》:"张皇六师,无坏我高祖寡命。"孔传:"言当张大六师之众。"

㊲ 司马徽(173—208),字德操,颍川阳翟(今河南禹州)人。东汉末年名士,精通道学、奇门、兵法、经学。有"水镜先生"之称。司马徽为人清雅,学识广博,有知人之明,向刘备推荐了诸葛亮、庞统等人,受到世人的敬重。

㊳ 於戏:感叹词,犹"呜呼"。安成祥《石上历史·黎平县楼梯坡(清道光)唐家修神道碑》:"於戏!仰酬顾复之恩,勉思抚字;载焕丝纶之色,久喷幽潜。"

㊴ 殆:副词,表推测,相当于"大概""几乎"。

㊵ 它日:指将来;来日,将来的某一天或某一时期。

㊶ 坐言起行:是一个成语,意思是坐能言,起能行。谓言论切实可行。亦比喻勇于实行。语本《荀子·性恶》:"凡论者,贵其有辨合,有符验。故坐而言之,起而可设,张而可施行。"(清)欧阳兆熊《水窗春呓·罗忠节轶事》:"凡天文、舆地、律历、兵法,及盐、河、漕诸务,无不探其原委,真可以坐言起行,为有用之学者。"(清)王韬《淞隐漫录·眉绣二校书合传》:"所论战守各策,皆可坐言起行,当道试之于用,咸有实效。"

㊷ 以是编为左契:用这本汇编作为参考依据。编,汇编。左契,原指契券,借指依据、依凭、凭据。古代借贷金钱、粮米等财物都用契券。它是用竹木制成的,中间刻横画,两边刻相同的文字,记财物的名称、数量等,劈为两片。左片就是左契,刻着债务人姓名,由债权人保存;右片叫右契,刻着债权人的姓名,由债务人保存。索物或还物时,以两契相合为凭据。

㊸ 公:指申公。申公(生卒年不详),名培,《史记·儒林列传》称其"申培公",鲁(今山东省曲阜一带)人。西汉经学大师,对《诗经》的保存和流传有重要贡献。

㊹ 见《史记·儒林列传》:"为治者不在多言,顾力行何如耳。"这是西汉经学大师申公在回答汉武帝询问治乱之事时所说的话,意思是做官办事不在于话说得多,而是要看尽力干得如何。

㊺ 署:代理、暂任或试充官职。《明史·海瑞传》:"署南平教谕。"安成祥《石上历史·锦屏县隆里(清道光)重修状元桥碑》:"署黎平府事陈熙撰。"

㊻ 李元度(1821—1887):湖南平江人,字次青,又字笏庭,自号天岳山樵,晚年更号超然老人。四岁丧父,十八岁中秀才,二十二岁中举人。咸丰三年(1853),投笔从戎,加入湘军,充当曾国藩的幕僚,深得曾氏赏识。江西湖口之战以后,由军中文员改任将领。咸丰八年(1858),因军功卓著,获曾国藩保荐,得道员记名,

加按察使衔，并获赐"色尔固楞巴图鲁"勇号。两年后补授浙江温处道道员，不久，调任安徽徽宁太广道员，加布政使衔。任上，李元度率部赴徽州（今安徽省歙县）抵御太平军，因徽州失守被革职。咸丰十一年（1861）十月，李元度戴罪立功，官复原职。光绪十一年（1885）六月，补贵州按察使，光绪十二年（1886）署贵州布政使，光绪十三年（1887）二月迁贵州布政使，同年农历九月卒于任上。他在贵州期间，政绩卓著，官声显赫，深得民心。他是清末著名学者，著有《国朝先正事略》六十卷、《天岳山馆文钞》四十卷、《天岳山馆诗集》十二卷、《四书广义》六十四卷、《国朝彤史略》十卷、《名贤遗事录》二卷、《南岳志》二十六卷等，还主纂同治《平江县志》和《湖南通志》。

# 【译文】

光绪十一年（1885）十月，吴县籍潘霨大人奉皇命，来贵州任巡抚。到任刚满一个月，就百废俱兴。他向朝廷呈递了开办矿务、实行屯垦等诸多重大政务的条陈，并且得到圣旨允许施行。因为潘霨大人公正忠诚，尽心尽力为朝廷办事分忧，得到皇帝的器重和赏识，所以皇帝能够对他言听计从，如同回声应和。

到了第二年（1886）三月，时值潘大人闲暇，于是在巡抚衙门大规模地召集下属官员。除府、厅、州、县的正职长官，以及因公务奔走在外还未回来的官员不作计数之外，这些来自全省的同知、州同、州判、县丞、主簿，以及在省城等候补缺的官员，差不多有一百人。潘大人用询问事情的方式考察其言谈举止，关上大门分发策题进行策试，咨询当前政务的得和失。并且命令："不得抄袭别人的言论，不得雷同，不得空发议论而不适用。"总共两天，获得九十多套策卷，潘大人亲自评卷确定等级。评卷完毕，又选取其中最优秀的策论文章，交给雕版排字工人印刷成书。潘大人既亲自作序，且命令我也题序作为补充。

古代擅长策对和精于奏议的人，汉朝推崇董仲舒、贾谊、晁错、刘向，唐朝当称陆贽，宋朝则是苏轼、苏辙和李纲，明朝则是王守仁。

他们可以称为千古无双的大家。然而在今天，如果因袭照搬诸位大家的言论，那么必定一无是处。为什么呢？一个时代有一个时代的利弊，现在与古代不同，犹如古代不同于当今，拿古时的药方来医治今世的疾病，这不是与刻舟求剑的做法差不多吗？往昔苏轼继承其父亲苏洵相传的学问，爱好研究军事问题，所写策论重在叙述"教战守""倡勇敢"的方法，再三表达其意。晚年，经历世事变化，在《代张方平谏用兵书》中则提出："若是取得胜利了，就会因为迟迟不停止战争而招来大的祸端；若是失败了，就会因为及时停止战争而避免较小的祸患。"他的这个观点让人震动，难道不是前后判若两人吗？这是形势不相同的缘故。当时，王韶在熙河造成祸乱、章惇在横山制造事端、熊本在渝郡发生变乱，假使仍然按照张大六师之众的主张进言，即使智谋卓越的人，也无法妥善处理后续问题。所以懂得筹划良策的谋士，关键在于观察时局预测形势，不趋附别人的意见。司马徽说："见识浅陋的书生、官吏不能认清天下大势，能认清天下大势的人就是杰出人物。"哎呀，此话难道不值得相信吗？

今天诸位官员接受巡抚的询问，分析判断当下的形势，各自陈述意见，不发表过于空泛的论调，不发表不切实际的舆论，大概就是所说的"实事求是"吧，不是吗？将来勇于实行，就可以拿这本汇编作为凭据。申公不是说过吗？"做官办事不在于话说得多，而是要看尽力干得如何。"这是在强调实干，见之于施行。希望不辜负巡抚集思广益的根本大计。

署理贵州布政使李元度题序

【原文】

## 序

黔瘠地也漢苗雜處號稱難治我

朝定鼎以來仍沿有明舊制設立行省湛恩汪濊無逺弗

居殆二百餘年其間代有名臣茂績豐功光於志乘兵

興而後今昔殊觀矣善自癸未奉

命督糧是邦甫入境見邑有流亡地皆磽确爲惻然者久之

及涖篆日與同僚謀所以治黔者而庶之富之之策則

無以應也今

中丞潘公

特簡撫黔孳孳求治亦以今日黔事無急於患寡患貧者下
車後首疏屯墾次孤貧繼礦務先後荷
旨俞允業通飭遵行矣乃公則位高而心下德盛而謙光復
集同官條議章程次第敷布仍恐時政利弊未盡周知
無以廣沛
皇仁仰稱
上意復檄飭在省府廳州縣赴署面試之命善與分校之役
逐卷點勘類多通達治體確中時務之作除付梓不多
贅其餘或饒有見地或熟悉情形尚非徒託空談語云

【特論】

邊徼多才信非虛謬惟間有議及苗田無賦宜將虛懸課額撥歸八寨等處按畝攤派者此一說也亦有謂永從等縣嘉道間全行開墾宜丈量升科者此一說也且有欲將苗夫折價彌補正額並所勘官莊軍田

題請政同科糧者此又一說也就其所陳不為無見不知為政之道在乎由舊方今瘡痍未復正當與民更始而休養焉而生息焉且維日之不足乃欲改絃而更張之毋乃以擾民者自擾也況苗民永遠免賦乾隆時巳蒙

聖訓煌煌其所以加惠荒服者更足爲萬世法守哉善不敏

幸受約束於下執事竊以爲有治法仍賴有治人守

令爲親民之官吏有循良則政無隳廢昔唐虞十二牧

而定其期日考績周制三百官而重其典日計吏則今

日策問諸員庶幾交相勸勉上考同書俾撢禮樂以鞠

黔民且將化貧寡爲庶富矣豈不懿歟光緒十二年丙

戌孟夏糧儲道黃元善序

## 【释文】

  黔，瘠地①也。汉苗杂处②，号称难治③。我朝定鼎以来，仍沿有明旧制，设立行省，湛恩④汪濊⑤，无远弗届⑥，殆二百余年。其间，代有名臣茂绩丰功光于志乘⑦。兵兴而后，今昔殊观矣。善自癸未⑧奉命督粮是邦，甫入境，见邑有流亡，地皆硗确⑨，为恻然⑩者久之。及涖篆日⑪，与同僚谋所以治黔者，而庶之富之之策，则无以应也。

  今中丞潘公特简⑫抚黔，孳孳求治⑬，亦以今日黔事无急于患寡患贫者。下车后，首疏屯垦，次孤贫，继矿务，先后荷旨俞允，业通饬遵行矣。乃公则位高而心下⑭，德盛而谦光⑮，既集同官⑯条议章程，次第敷布⑰，仍恐时政利弊未尽周知，无以广沛皇仁⑱，仰⑲称上意⑳，复檄饬在省府、厅、州、县赴署面试之，命善与分校之役，逐卷点勘㉑。类㉒多通达㉓治体㉔。确中时务之作，除付梓不多赘，其余或饶有见地，或熟悉情形，尚非徒托空谈㉕。语云："边徼㉖多才。"信非虚谬。

  惟间有议及苗田无赋，宜将虚悬㉗课额㉘拨归八寨㉙等处，按亩摊派者。此一说也。亦有谓永从㉚等县嘉道间全行开垦，宜丈量升科㉛者。此一说也。且有欲将苗夫折价㉜弥补正额㉝，并所勘官庄、军田题请改同科粮者。此又一说也。就其所陈，不为无见不知。为政之道，在乎由旧。方今疮痍㉞未复，正当与民更始㉟而休养焉，而生息焉。且维日之不足，乃欲改弦而更张之，毋乃㊱以扰民者自扰也。况苗民永远免赋，乾隆时已蒙特谕㊲。圣训煌煌㊳，其所以加惠荒服㊴者，更足为万世法守哉。

  善不敏㊵，幸受约束于下执事。窃以为有治法，仍赖有治人守令为亲民之官吏。有循良则政无堕废。昔唐虞十二牧，而定其期，曰"考绩"。周制，三百官而重其典㊶，曰"计吏"。则今日策问诸员，庶几㊷交相㊸劝勉，上考同书㊹，俾撢礼乐以鞠黔民㊺，且将化贫寡为庶富〔富庶〕矣,岂不懿欤?

光绪十二年丙戌孟夏粮储道㊻黄元善序

# 【注释】

①瘠地:瘠土,指不肥沃的土壤。《淮南子·修务训》:"夫瘠地之民多有心者,劳也。"《文献通考·田赋七》:"宪宗末,天下营田皆雇民,或借庸以耕,又以瘠地易上地,民间苦之。"何其芳《忆昔》:"土改完成后,上述农会委员与余同登山半,望见全村田地皆麦色青青,山坡小片瘠地亦无不种上庄稼。"

②杂处:混杂而居。《国语·齐语》:"四民者,勿使杂处,杂处则其言咙,其事易。"(唐)韩愈《祭鳄鱼文》:"鳄鱼其不可与刺史杂处此土也。"(唐)李翱《幽怀赋》:"众嚣嚣而杂处兮,咸嗟老而羞卑。"

③号称难治:以难于治理而著称。号称,以……著称。(南朝·梁)刘勰《文心雕龙·书记》:"魏之元瑜,号称翩翩。"(宋)司马光《序》:"薛氏自姚秦以来,世有伟人仕公卿将相,行能功业,光照简册,号称甲族。"

④湛恩:深恩。《文选·司马相如》:"故轨迹夷易,易遵也;湛恩厖鸿,易丰也。"李善注:"湛,深也。"(明)郑若庸《玉玦记·对策》:"一朝发轫,向枫陛躬逢湛恩。"

⑤汪濊 [wāng wèi]:亦作"汪秽",深广的意思。《汉书·司马相如传下》:"威武纷云,湛恩汪濊。"颜师古注:"汪濊,深广也。"(晋)张载《濛汜池赋》:"挹洪流之汪濊,包素濑之寒泉。"

⑥无远弗届:不管多远,没有到不了的地方。出自《尚书后案·大禹谟》:"惟德动天,无远弗届,满招损,谦受益,时乃天道"。

⑦志乘:志书。(清)章学诚《文史通义注·和州志政略序例》:"夫州县志乘,比于古者列国史书,尚矣。"

⑧癸未:即光绪九年,1883年。

⑨硗确 [qiāo què]:指土地坚硬瘠薄。(唐)孟郊《秋怀》诗之十:"南逸浩淼际,北贫硗确中。"梁启超《生计学学说沿革小史》第五章:"然余所最畏者,厥惟四事,曰内乱、曰疫疠、曰土地之硗确、曰货币之恶劣是也。"

⑩恻然 [cè rán]:哀怜的样子,悲伤的样子。(三国)诸葛亮《诫外甥书》:"夫志当存高远,慕先贤,绝情欲,弃凝滞,使庶几之志,揭然有所存,恻然有所感。"

⑪及涖篆日:到了上任履职的那一天。及,到,达到;等到。涖 [lì],同"莅",

指官吏到任，执行职务。篆，官印的代称。旧时印章常用篆书，因而用"篆"代称官印或借指官职。

⑫特简：皇帝对官吏的破格选用；亦指在特定范围内选用某些官吏。明《袁可立晋秩兵部右侍郎诰》："朕宽东顾，尔无西归，益壮，乃猷以需特简。"（清）陈康祺《郎潜纪闻初笔》卷三："归宫詹立朝清谨，通籍后年迁岁擢，皆由特简。"《清会典·宗人府·宗令宗正宗人职掌》："宗令一人。"注："于亲王或郡王内特简。"

⑬孳孳求治：努力不懈地设法使社会得到安定。孳孳，勤勉；努力不懈。孳[zī]，通"孜"。求，寻求；设法得到。治，安定。

⑭位高而心下：地位虽高，但关心下层民众。下，下层；地位低的民众。

⑮德盛而谦光：德高望重，但谦逊无比。德盛，指德高望重。谦，谦下；谦逊。光，通"广"，广大；宽阔。《虞书·尧典》："光被四表，格于上下。"《左传·昭公二十八年》："昔武王克商，光有天下。"

⑯同官：在同一官署任职的人，即同僚的意思。《左传·文公七年》："同官为寮。"（唐）韩翃《送山阴姚丞携妓之任兼寄苏少府》诗："才子风流苏伯玉，同官晓暮应相逐。"（宋）辛弃疾《摸鱼儿》词序："淳熙己亥，自湖北漕移湖南，同官王正之置酒小山亭，为赋。"（明）屠隆《彩毫记·脱靴捧砚》："臣不知圣上呼召，与同官共醉酒楼，死罪！死罪！"《老残游记》第十五回："我辈都是同官，不好得罪他的；补翁是方外人，无须忌讳。"

⑰敷布：布置，部署任务。

⑱广沛皇仁：迅速地扩大皇帝的仁德。广，扩大；扩充；推广。沛，多指水势湍急，行动迅疾的样子。皇仁，皇帝的仁德。

⑲仰：旧时公文中上级命令下级的惯用词，意为切望。安成祥《石上历史·岑巩县下木召（清）兴蓄培护木植碑》："为此示，仰该团甲及居民人等知悉。"

⑳上意：君上的心意、意旨。《文子·上礼》："群臣推上意而坏常，疏骨肉而自容。"《史记·蒙恬列传》"顺幸没世，可谓知上意矣"（唐）司马贞《索隐》："蒙毅言少事始皇，顺意因蒙幸，至始皇没世，可谓知上意。"（清）昭梿《啸亭杂录·巴延三》："时有上亲侍小内臣鄂罗里，人素聪黠，颇解上意。"

㉑点勘：校对勘正文字。（唐）韩愈《秋怀》诗之七："不如觑文字，丹铅事点勘。"（宋）刘克庄《汉宫春》词："夜窗犹坐书案，点勘偏旁。"（清）李调元《别检讨李琪园铎》诗："他时不朽业，点勘烦乘间。"

㉒类：大抵；大都。（三国·魏）曹丕《与吴质书》："观古今文人，类不护细行。"（宋）司马光《训俭示康》："走卒类士服。"

㉓通达：通晓；洞达。《礼记·学记》："九年知类通达，强立而不反，谓之大成。"《后汉书·郑兴传》："少学《公羊春秋》，晚善《左氏传》，遂积精深思，通达其旨，同学皆师之。"（唐）韩愈《柳子厚墓志铭》："子厚

少精敏,无不通达。"

㉔治体:政治法度。(南朝·梁)刘勰《文心雕龙·诏策》:"孔融之守北海,文教丽而罕于理,乃治体乖也。"(宋)龚鼎臣《东原录》:"台官言事,惟务摭人之恶,不顾治体之如何尔!自以为若恤治体,则仅乎不举职矣。"康有为《大同书》辛部第三章:"大同之治体,无国种,无险要。"

㉕徒托空谈:即徒托空言。指满嘴空谈,不办实事。

㉖边徼[biān jiào]:犹边境。《梁书·萧藻传》:"时天下草创,边徼未安。"(唐)李峤《城》诗:"何辞一万里,边徼捍匈奴。"安成祥《石上历史·麻江县冷水营(清道光)通饬禁革驿站积弊碑》:"照得滇、黔僻处边徼,罕有京差经过,需用夫、马本属无多。"

㉗虚悬:犹虚设。《宋书·孝武帝纪》:"凡寰卫贡职,山渊采捕,皆当详辨产殖,考顺岁时,勿使牵课虚悬,睽忤气序。"《明史·王元翰传》:"九卿强半虚悬,甚者阖署无一人。"

㉘课额:赋税的数额。(宋)王辟之《渑水燕谈录·谠论》:"一年之内,国家预得江、淮、荆湖三路卖盐课额。"

㉙八寨:时为八寨厅,今丹寨县。明代,设八寨安抚司;清初,置天霸长官司;雍正八年(1730)置八寨厅;民国三年(1914)改为八寨县;民国三十年(1941)以丹江县大部分地方并入,易名丹寨县。

㉚永从:时为永从县,县治在今贵州省黎平县永从乡政府所在地。本元代福禄永从军民长官司,明代洪武中改置福禄永从蛮夷长官司,后废。永乐元年(1403)正月复置,属贵州卫。十二年三月属黎平府。正统六年(1438)九月改为县。民国三十年(1941)撤永从县,以西南地与下江县合并,改名从江县,县治设于今从江县丙妹镇;东北地划归黎平县。

㉛升科:明清时期定制谓开垦荒地,满规定年限(如水田六年,旱田十年)后,就按照普通田地征收钱粮。科,科税。(明)范濂《云间据目抄》卷四:"苟可修复故道,不妨动众劳民,万一不可,亦藉升科补之。"(清)龚自珍《乙丙之际塾议第二十》:"则历任州县升科,以达于户部矣。"

㉜苗夫折价:指将少数民族群众每年应服的徭役,折合成钱款。徭役,是古代官府强迫平民从事的无偿劳动,包括力役、杂役、军役等。明清时期,徭役分为三种,一为里甲役(承办本里的事务),二为均徭(即供官府经常性的差役),三为杂泛(即官府临时派遣的差役)。明代的里甲制度,每110户编为一里,由丁粮最多的10户轮流担任里长,其余100户则称为甲首。每年由1名里长率领10名甲首应当差役,并负责"管摄一里之事"。

㉝正额:正式规定的数额。(清)薛福成《叙疆臣建树之基》:"饷源以地丁、漕政、盐政、关税厘金为大宗,地丁有正额、耗羡、租粮三款。"

㉞疮痍:创伤,此处比喻遭受灾祸后凋敝的景象。《汉书·淮南厉王刘

长传》:"高帝蒙霜露,沫风雨,赴矢石,野战攻城,身被疮痍。"(汉)桓宽《盐铁论·国疾》:"然其祸累世不复,疮痍至今未息。"(宋)洪迈《容斋随笔·戒石铭》:"无令侵削,无使疮痍。下民易虐,上天难欺。"

㉟更始:重新开始;除旧布新。《庄子·盗跖》:"与天下更始,罢兵休卒。"(汉)司马相如《上林赋》:"出德号,省刑罚,改制度,易服色,革正朔,与天下为更始。"《逸周书·月令》:"数将几终,岁且更始。"《史记·孝武本纪》:"自新,嘉与士大夫更始,赐民百户牛一酒十石,加年八十孤寡布帛二匹。"

㊱毋乃:莫非;岂非。《礼记·檀弓下》:"君反其国而有私也,毋乃不可乎?"《汉书·董仲舒传》:"今废先王德教之官,而独任执法之吏治民,毋乃任刑之意与?"

㊲特谕:特降上谕的简称。《光绪会典》:"特降者为谕,因所奏请而降者为旨"。也就是说,上谕,是皇帝主动颁发的诏令;圣旨,是皇帝针对大臣奏事而下达的诏令。

㊳圣训煌煌:皇帝的训诰明亮昭彰。圣训,是对帝王说过的话、做过的事的尊称。煌煌,明亮辉耀貌,形容明亮昭彰,光彩夺目。

㊴加惠荒服:对边远地区施行额外的恩惠。加惠,指另外增加的优惠待遇;施予恩惠。荒服,古称离京师二千到二千五百里的边远地方;亦泛指边远地区。《夏书·禹贡》:"五百里荒服。"北宋孔传:"要服外之五百里,言荒又简略。"《史记·五帝本纪》:"方五千里,至于荒服。"《史记·周本纪》:"夷蛮要服,戎翟荒服。"(唐)陈子昂《白帝城怀古》诗:"荒服仍周甸,深山尚禹功。"

㊵不敏:不才。《论语·颜渊第十二》:"颜渊曰:'回虽不敏,请事斯语矣。'"

㊶三百官而重其典:对秩俸三百石的地方官吏,重视他们对法度的掌握和执行。三百官,指官秩为三百石的官员。重,重视,指认为重要而认真对待。典,典章制度;法律;法规。《周礼·大司寇》:"掌建邦之三典,轻典、中典、重典也。"

㊷庶几:希望;但愿。《诗经·小雅·车辖》:"虽无旨酒,式饮庶几;虽无嘉肴,式食庶几。"袁梅注:"庶几,幸。此表希望之词。"《左传·襄公二十六年》:"惧而奔郑,引领南望曰:'庶几赦余!'"

㊸交相:互相。《诗经·小雅·角弓》:"不令兄弟,交相为愈。"孔颖达疏:"其不善之人于兄弟则无恩义,唯交更相诟病而已。"《南史·儒林传·司马筠》:"经传互文,交相显发,则知慈加之义,通乎大夫以上矣。"

㊹上考同书:将考绩上等的试卷汇集在同一本书籍中。上考,考绩列为上等。同,共同;相同。书,书籍。《旧唐书·卢迈传》:"转给事中,属校定考课,

迈固让，以授官日近，未有政绩，不敢当上考，时人重之。"《新唐书·百官志四下》："岁以八月考其治否……观察使以丰稔为上考，省刑为中考，办税为下考。团练使以安民为上考，惩奸为中考，得情为下考。"

㊺ 俾撢礼乐以鞠黔民：意思是用好的制度和方法去育养贵州民众。俾，好的；有好处的。《说文》："俾，益也。"撢，寻求。《说文》："撢，探也"。礼乐，本义指礼节和音乐，引申为典章制度。鞠，通"育"，鞠养；抚养；养育。《后汉书·刘般传》："早失母，同产弟原乡侯平尚幼，纡（恩王纡）亲自鞠养，常与共卧起饮食。"《旧唐书·李承传》："承幼孤，兄晔鞠养之。"（清）蒲松龄《聊斋志异·婴宁》："渠母改醮，遗我鞠养。"

㊻ 粮储道：官名。清代管理漕粮储运等事务的道员，秩正四品，受总督、巡抚统辖。

# 【译文】

贵州，土壤贫瘠。汉人和少数民族混杂而居，历来以难于治理而著称。我大清朝建国以来，仍然沿袭明朝的旧制度，设立贵州行省，对民众施以广大的深恩，不管多远之处，没有达不到的，这大概二百多年了。在这期间，每个时代都有著名贤臣的丰功伟绩被记载于志书，散发出耀眼的光辉。经过咸同战乱之后，今时与往昔的境况截然不同了。本人从光绪九年（1883）奉朝廷之命担任贵州粮储道员，刚进入省境，看见各县有流落逃亡在外的人，土地坚硬瘠薄，久久地为之感到悲哀不已。到了正式上任履职的那一天，我与同事商讨让贵州富庶起来的治理策略，大家都没有应对办法。

现在潘大人受皇帝特别委派署理贵州巡抚，努力不懈地设法使社会得到安定，也认为当下贵州的事情没有比"患寡患贫"更急迫的。他到任后，首先上疏实行屯垦，其次救济孤苦贫寒，接着兴办矿务，先后得到圣旨允许，已经通令全省各地遵照执行了。潘大人虽然地位很高，但很关心社会地位低的民众，德高望重却谦逊无比，已经集中同僚逐条商议，按照次序部署任务，仍然担心未完全掌握形势利弊，不能迅速地扩大皇帝的仁德，符合皇上的爱民之意，又命令省里和府、厅、州、县官员到巡抚衙门进行面谈和策试，让我和分头校阅的书吏，逐卷进行点勘。这些策论大都通晓政治法度，确实切中时势的作品，除付印出书的佳作不做过多赘述外，其余的文章，有的非常有见解，有的熟悉情况，可见写文章的这些人都不是满嘴空谈而不办实事的人。有人说："边境之地，多有人才。"我相信这不是虚假荒谬的赞叹。

只是此间有人谈到少数民族的田地免征赋税，应当将虚设的税额，划拨给八寨等地，按田亩数进行摊派。这是一种说法。也有人认为永从等县在嘉庆、道光年间全部进行开垦，应该清查测量，征收钱粮。这也是一种说法。而且，还有打算将少数民族民众应服的徭役，折合成钱款，用于填补正式税赋的数额。同时，提请将官庄、军田改同征收钱粮的普通民田。这又是一种说法。他们的陈述，不算没有见地和知识。为官处理政事的原则，在于遵循既有的规章制度。而今社会创伤还未得到康复，正应当让民众除旧布新，使之生活安定、经济得到恢复和发展，在此状况下民众尚且还不足以维持日常生活，竟打算改变制度，岂不是扰民者自己给自己找麻烦吗？何况，对贵州少数民族永远免赋，乾隆时期已特降诏令。乾隆皇帝的训诰明亮昭彰，他施加给边远地区的恩惠，更加足以成为万世遵守的法度啊！

黄元善不才，有幸在潘大人手下当差。我私下认为，有了治理的法度，仍然依赖有治理民众任务的知府和知县是亲民爱民的官吏。有了循吏和良吏，政务就不会被毁弃与荒废。往昔，尧舜领有十二牧，定期对之进行考核，称为"考绩"。周朝的制度，对秩俸三百石的地方官吏，重视他们对法度的掌握和执行，称为"计吏"。今天潘大人出策题询问诸位官员，希望相互劝导勉励，将上等试卷汇编成一本书，让大家用好的制度和方法去管理贵州民众，并且将要把一穷二白转化成富饶丰足，岂不是很美好吗？

光绪十二年丙戌农历四月粮储道黄元善题序

【原文】

## 三月二十六日策題

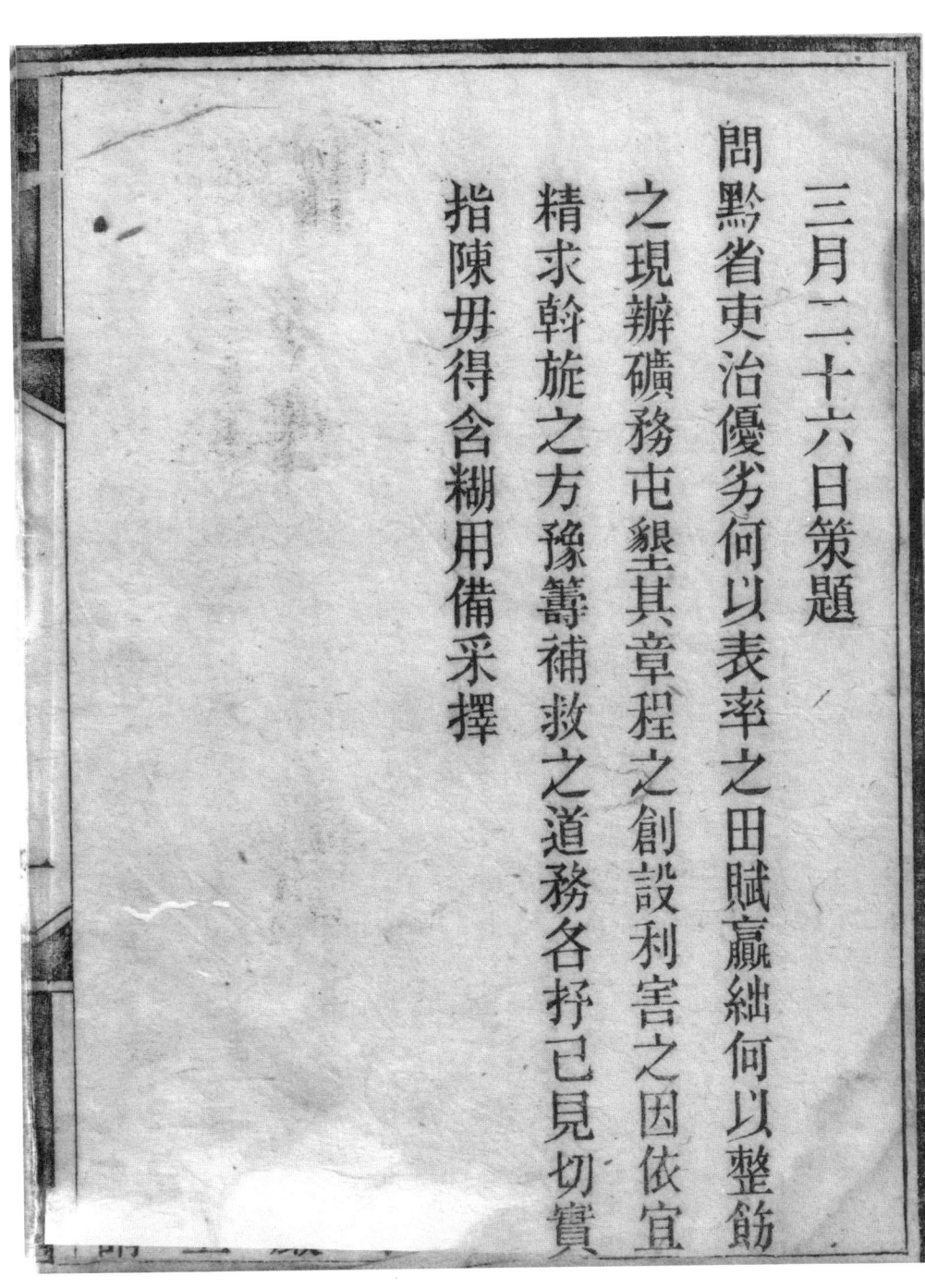

三月二十六日策題

問黔省吏治優劣何以表率之田賦贏絀何以整飭之現辦礦務屯墾其章程之創設利害之因依宜精求幹旋之方豫籌補救之道務各抒已見切實指陳毋得含糊用備采擇

## 【释文】

问：黔省吏治①优劣，何以②表率③之？田赋④赢绌⑤，何以整饬之？现办矿务⑥、屯垦⑦，其章程之创设，利害之因依⑧，宜精求何斡旋⑨之方，豫筹⑩何补救之道？

务各抒己见，切实指陈，毋得含糊⑪，用备采择⑫。

## 【注释】

①吏治：指地方官吏的作风和治绩。《史记·酷吏列传序》："汉兴，破觚而为圆，斫雕而为朴，网漏于吞舟之鱼，而吏治烝烝，不至于奸，黎民艾安。"《史记·卷六·秦始皇本纪》："繁刑严诛，吏治刻深，赏罚不当，赋敛无度。"《汉书·卷八·宣帝纪》："具知闾里奸邪，吏治得失。"

②何以：用什么；怎么。《诗经·召南·行露》："谁谓雀无角？何以穿我屋。"《东周列国志》第二回："叔带曰：'何以知之？'"《南史·陈后主纪》："监者又言：'叔宝常耽醉，罕有醒时。'隋文帝使节其酒，既而曰：'任其性，不尔何以过日？'"

③表率：督率，即监督领导；督促率领。《梁书·韦叡传》："（叡）乃堰肥水，亲自表率，顷之，堰成水通，舟舰继至。"《元曲章·刑部十五·禁例》："风化王道之始，宜令所司表率敦劝，以复淳古。"《明史·职官志一》："按吏部尚书，表率百僚，进退庶官，铨衡重地，其礼数殊异，无与并者。"梁启超《梁启超全集》："汤斌之欺君，圣祖察之，光地之忘亲贪位，彭鹏劾之。即微论大节，其私德已不足表率流俗矣。"

④田赋：按田亩征收的赋税，是中国旧时历代政府对拥有土地的人所课征的土地税，被列为国家正供，是国家财政收入的最基本、最主要来源。

⑤赢绌 [yín chù]：增减，盈余与亏损。《吕氏春秋·执一》："故凡能全国完身者，其唯知长短赢绌之化邪！"（清）唐甄《潜书·食难》："是故君子不言货币，不问赢绌。"《清史稿·兵志十二》："二十四年，定牧群牲畜岁终汇报增减数目，视其赢绌，以第赏罚。"

⑥矿务：采矿事务。（清）薛福成《筹洋刍议·矿政》："今于操练之馀，课以矿务，使之勤劭于山谷之间，犹得葆其朴勇之气。"（清）马建忠《富民说》："若不于此时力与维持，听其停闭，则功亏一篑，微特平度之矿可惜，恐中国

矿务永难复振。"

⑦屯垦：指聚集民众、军队等定居下来垦荒。《明史·费瓛传》："以凉州多闲田，请给军屯垦。"《清史稿·食货志一》："罪徒当遣者，限年屯垦，已事释还。"郭沫若《李白与杜甫在诗歌上的交往》："在唐代就有人围湖作圩以事屯垦。"

⑧因依：原因；原委。（宋）苏轼《辨题诗札子》："臣今省忆此诗，自有因依，合具陈述。"《水浒传》第二二回："唐牛儿告道，'小人不知前后因依。'"

⑨斡旋：扭转；挽回，引申为调解；解决。（宋）范成大《两木》："大钧播群物，斡旋不作难。"《三国演义》第三七回："将军欲使孔明斡旋天地，补缀乾坤，恐不易为，徒费心力耳。"

⑩豫筹：预为筹划。豫，通"与"。《后汉书·皇甫规传》："臣生长邠岐，年五十有九，昔为郡吏，再更叛羌，豫筹其事，有误中之言。"

⑪含糊：含糊其词。形容有顾虑，不敢把话照直说出来。出自（宋）袁燮《侍御史赠通议大夫汪公墓志铭》："是非予夺，多含糊其词；公则不然，可则曰可，否则曰否。"

⑫采择：选用；选取；采用。《汉书·赵充国传》："臣充国材下，犬马齿衰，不识长册，唯明诏博详公卿议臣采择。"《三国志·吴书·吴主传》："若小臣之中，有可纳用者，宁得以人废言而不采择乎？"（宋）苏轼《试馆职策问》之一："愿深明所以然之故，而条具所当行之事，悉著于篇，以备采择。"（汉）陆贾《新语·思务》："闻见欲众而采择欲谨。"（宋）范仲淹《上资政晏侍郎书》："请露肝膂之万一，皆质于前志，非敢左右其说，惟公之采择。"

# 【译文】

## 三月二十六日策题

问：贵州省吏治好坏，怎么监督领导？田赋是盈是亏，如何加以整治？当前兴办矿务、屯垦，其规章制度的设置，好处与坏处的原委，应当细致寻求什么样的解决方法，以及预为筹划哪些补救的途径？

务必各自充分发表意见，据实指明和陈述，不得含糊其词，为选用作好准备。

【原文】

## 策问·超等第一名任塍①

策问

黔古荒服地也。元始名贵州。明设布政司。我
朝廓清函夏。先后戡定苗匪。而黔疆始靖。至咸同间。
迭经苗乱。肃清后盖二十年。於兹矣。夫事既困境。
而迁法必随时而立。今将举边徼之区。力图补救。
必自勤求吏治始。勤求吏治。必自慎选守令始。守
令为亲民之官。任繁责重。而正供所系。考成尤严。
吏治之优劣。係焉。黔自军务肃清。赋额多悬。而至
今尚未规复者。大抵奸胥之侵蚀。团首之把持。谓

某、某里、某堡水冲沙壓宜緩某名某戶逃亡故絕宜緩。而官並未親見也。今若以不足之額一律全徵。則捏荒者固有之而本荒者亦復不少。何以絕其弊。而持其平竊以為清賦有數策焉。一勘荒田黔中地廣山多壟畝奇零不成片段按畝清丈勢不能行且虞滋擾計惟於查荒之中兼查保甲倣王文成十家牌法舉牌長一人責令舉報荒田官為履勘造冊荒田之冊以田為主而畢舉其地名穀石畝數以為之經又另編一冊以戶為主田各歸其户而并举其逃亡逆绝之数以为之纬荒田一有实据而成熟之田应征者自无揑飾矣一設糧櫃錢糧定例自封投櫃不准胥差包徵黔中鄉民距城窵遠糧書囤總包納攬收民不知投櫃爲何事也今擬官署設總櫃四鄉設分櫃令民親自完納掣票則某堡計若干戶某戶計若干糧縷晰登記瞭如指掌而團首糧差包徵之弊胥杜矣一清糧戶糧有戶有名卽古版籍之制黔民積習絕賣之田並不除收過割故有田更數主而仍歸原

戶完糧者有杜賣已久而仍託為典當者其初不過避稅契耳久之糧無主名飛灑詭寄百弊叢生矣今宜申明定例受買後過戶投稅違者照例追半價入官並嚴禁推收房吏例外需索則糧戶清而賦額自無影射矣至若本荒之田撥練屯墾成熟以後計畝攤糧則墾荒又足賦之良法論者謂民勇雜居必滋事端不知屯耕之制自漢趙充國行之厥後許下渭濱壽春成法具在從未肇釁況黔中練軍皆鄰省川楚之民雖非土著日久相安

所慮者習成惰廢遍令耕作非所優爲、是在各管帶加意遴選、必諳農事者方令歸屯、並於開補時察係向務農業者方準補練、彼練丁本有勇糧兼領、資本且得分租、有不樂於趨工、果於成事者乎。是卽古者寓兵於農之法也。且夫黔至今日亦貧甚矣。賦額不全、釐金不旺、各省協餉又不繼於此而圖救貧之策、莫如礦務。現今遴員設局、條舉章程、宜無弊矣。所患者利之所在、人競趨之、禁令愈嚴、私販愈巧、倘緝私不力、全局減色、緝私之法地方官轄境過寬似難遍及釐金局員本有巡緝漏稅之責如上游之白層河坡腳松坎赤水平鰲仁岸五官壩等局下游之丙妹曹家溪甕洞漾頭司等局皆係出境要隘準由就近練軍指撥練丁專司巡緝其拏獲私販者按計貨價抽提優賞倘梭巡不力私行賣放別經發覺或由地方官查出則巡丁必從嚴懲辦並將局員記過如此則私販一除利源涓滴歸公矣他如設立義倉釐正插花清理詞訟辦理蠶桑皆司牧者分內之事而責無旁

貸者如以地瘠民貧諉爲難治則試思禹貢揚州厥田下下而迄今財賦甲天下矣黔獨不可轉旋哉。

撫部院潘　批

不矜才不使氣惟洞悉黔中利弊故能言之鑿鑿

布政使司李　批

礦務緝私責成釐金局員可謂疎而不漏尤屬可行

糧儲道黃　批

曲折詳盡有病有藥皆可以坐言起行

從吏治說入隨即撇開歸重田賦一條並將屯墾消
納其中識解既高作法尤慘淡經營中間親履勘毀
投櫃定推收三條皆可見諸施行此古人成法如果
實力遵辦不惟荒田易於清查屯墾可卽開闢卽吏
治礦務亦必日有起色矣礦務一條首重緝私尤能
撮其綮要至其文氣靜穆疏宕駸駸入古猶其餘事

## 【释文】

黔，古荒服②地也，元始名"贵州"，明设布政司③。我朝廓清④函夏⑤，先后勘定⑥苗匪，而黔疆始靖⑦。至咸同间，迭经苗乱。肃清后，盖二十年于兹矣。

夫事既因境而迁，法必随时而立。今将举边瘠之区，力图补救，必自勤求吏治始。勤求吏治，必自慎选守令⑧始。守令为亲民之官，任繁责重。而正供⑨所系，考成⑩尤严，吏治之优劣系焉。

黔自军务肃清，赋额多悬⑪，而至今尚未规复⑫者，大抵奸胥⑬之侵蚀、团首⑭之把持⑮。谓某里某堡，水冲沙压宜缓⑯；某名某户，逃亡故绝宜缓。而官并未亲见也。今若以不足之额，一律全征，则捏荒者⑰固有之，而本荒者⑱亦复不少。何以绝其弊而持其平⑲？窃以为清赋有数策焉。

一、勘荒田。黔中地广山多，陇亩奇零⑳，不成片段㉑。按亩清丈，势不能行，且虞滋扰。计惟于查荒之中，兼查保甲，仿王文成十家牌法㉒，举牌长一人，责令举报㉓荒田，官为履勘造册㉔。荒田之册，以田为主，而毕举㉕其地名、谷石、亩数，以为之经㉖。又另编一册，以户为主，田各归其户而并举其逃亡、逆、绝之数㉗，以为之纬。荒田一有实据，而成熟之田应征者，自无捏饰㉘矣。

一、设粮柜。钱粮定例㉙，自封投柜㉚，不准胥差包征。黔中乡民距城窎远㉛，粮书㉜、团总包纳揽收，民不知"投柜"为何事也。今拟官署设总柜，四乡设分柜，令民亲自完纳㉝、掣票。则某堡计若干户、某户计若干粮，缕晰㉞登记㉟，了如指掌，而团首、粮差包征之弊胥杜矣。

一、清粮户。粮有户，户有名，即古版籍㊱之制。黔民积习㊲：绝卖㊳之田，并不"除""收"过割㊴。故有田更数主，而仍归原户完粮者；有杜卖㊵已久，而仍托为典当者。其初不过避税契㊶耳，久之粮无主名，飞洒㊷诡寄㊸，百弊丛生矣。今宜申明定例，受买后过户投税，违者照例追、半价入官，并严禁推收房吏㊹例外需索，则粮户清，而赋额自无影射㊺矣。

至若本荒之田，拨练屯垦，成熟以后，计亩摊粮，则垦荒又足赋之良法。论者谓民勇杂居，必滋事端。其不知屯耕之制，自汉赵充国㊻行之，厥后许下、渭滨、寿春成法具在，从未肇衅㊼。况黔中练军，皆邻省川、楚之民，虽非土著，日久相安。所虑者，习成惰废㊽，遽令耕作，非所优为㊾。是在各管带加意遴选，必谙农事者，方令归屯，并于开补时，察系向务农业者，方准补练。彼练丁本有勇粮，兼领资本，且得分租，有不乐于趋工，果于成事者乎？是即古者"寓兵于农"㊿之法也。

且夫黔至今日亦贫甚矣。赋额不全，厘金㉛不旺，各省协饷㉜又不继㉝。于此而图救贫之策，莫如矿务。现今遴员设局，条举㉞章程，宜无弊矣。所患者利之所在，人竞趋之㉟，禁令愈严，私贩愈巧㊱。倘缉私不力，全局减色。缉私之法，地方官辖境过宽，似难遍及。厘金局员，本有巡缉漏税之责。如上游之白层河、坡脚、松坎、赤水、平彝、仁岸、五官坝等局，下游之丙妹、曹家溪、瓮洞、漾头司等局，皆系出境要隘，准由就近练军指拨练丁专司巡缉，其拿获私贩者，按计货价抽提㊲优赏㊳。倘梭巡㊴不力，私行卖放㊵，别经发觉，或由地方官查出，则巡丁必从严惩办，并将局员记过。如此则私贩一除，利源涓滴归公㊶矣。

他如设立义仓，厘正插花，清理词讼，办理蚕桑，皆司牧者分内之事，而责无旁贷者。如以地瘠民贫诿为难治，则试思《禹贡》㊷："扬州……厥田下下。"㊸而迄今财赋㊹甲天下㊺矣！黔独不可转旋㊻哉？

抚部院潘批："不矜才，不使气，惟洞悉黔中利弊，故能言之凿凿。矿务缉私，责成厘金局员，可谓疏而不漏㊼，尤属可行。"

布政使司李批:"曲折㊻详尽,有病有药,皆可以坐言起行㊽。"

粮储道黄批:"从吏治说入,随即撇开,归重田赋一条,并将屯垦消纳其中,识解既高,作法尤惨淡经营。中间亲履勘、设投柜、定推收三条,皆可见诸施行,此古人成法。如果实力遵办,不惟荒田易于清查,屯垦可即开辟,即吏治、矿务亦必日有起色矣。矿务一条,首重缉私,尤能撮其窾要㊺。至其文气㊼,静穆疏宕,骎骎入古㊿,犹其余事○。"

## 【注释】

①任塍:生卒年月不详。(民国)《贵州通志·宦迹志》记载:"字秋田,浙江绍兴人。光绪庚辰年(1880)进士,由户部主事截取知县至黔。光绪十七年(1891)权县事。慈和儒雅,听讼明察,暇则聚邑中人士论文会课,不晏起,不早寝,案无留牍,署无废事。尝捐资出名士某之孙于缧绁,又筹款增加各书院膏火,民间健讼者知不可欺,邑中词讼渐少。去后,士民思之,为镌碑立石以志不忘。"

②荒服:古人称离京师1500~2000里的地区为"要服",2500里以上的地区为"荒服"。后来,"荒服"引申为泛指一切边远地区。《夏书·禹贡》:"五百里荒服。"孔传:"要服外之五百里,言荒又简略。"《史记·五帝本纪》:"方五千里,至于荒服。"《史记·周本纪》:"夷蛮要服,戎翟荒服。"(唐)陈子昂《白帝城怀古》诗:"荒服仍周甸,深山尚禹功。"

③明设布政司:明朝永乐十一年(1413)设置贵州承宣布政使司,正式建制为省,以贵州为省名。

④廓清:澄清,肃清。(汉)荀悦《汉纪·高祖皇帝纪卷第四》:"征乱伐暴,廓清帝宇,八载之内,海内克定。"《隋书·李密传》:"明公以英桀之才,而统骁雄之旅,宜当廓清天下,诛剪群凶。"

⑤函夏:即包涵诸夏之意,以"函夏"指称全国。《汉书·扬雄传上》:"以函夏之大汉兮,彼曾何足与比功?"颜师古于此句后注引服虔曰:"函夏,函诸夏也。"

⑥勘定:即戡定,以武力平定。勘,通"戡"。(明)赵震元《为袁石寓(袁可立子)复开封太府》:"是玉剞中州,为恢复一统之根本,而汴国尤勘定全豫之先资。"

⑦靖:安定;和平。《广雅》:"靖,安也。"(明)冯梦龙《东周列国志》:

"毋乃以靖国之故,而祸及于君。"

⑧守令:指太守、刺史、县令等地方官。《史记·陈涉世家》:"攻陈,陈守令皆不在。"太守,明清时专指知府。刺史,清为知州之别称。县令,明清称知县。

⑨正供:亦称常供,指法定的赋税。《清会典事例·户部·赐复一》:"大兵屯驻西边,一切军兴徵缮,皆动支正供帑项,不使累及闾阎。"(清)侯方域《豫省试策四》:"正供之额,概从俭薄。"

⑩考成:在一定期限内考核官吏的政绩。《周礼·地官·小司徒》:"岁终,则考其属官之治成而诛赏。"《魏书·广陵王羽传》:"是以《书》称三考之绩,《礼》云考成之章。"《明史·萧彦传》:"有司悼考成,必重以敲扑。"

⑪赋额多悬:指赋税的数额大多虚假不实。赋额,赋税的数额。多,大多数。悬,虚悬,虚设。

⑫规复:图谋恢复。《魏书·杨椿传》:"初,武兴王杨集始为杨灵珍所破,降于萧鸾。至是,率贼万余自汉中而北,规复旧土。"《明史·丘禾嘉传》:"登莱巡抚孙元化议彻岛上兵于关外,规复广宁及金、海、盖三卫。"蔡锷《滇省光复始末记》:"将驻城军队仍派回屯营,严行训练,规复秩序。"

⑬奸胥:旧指官府中巧于舞弊的小吏、衙役。

⑭团首:对"团"的首领的称呼。团,旧时某些地区相当于乡一级的政权机关。安成祥《石上历史·剑河县沟洞(清光绪)团首记事碑》:"我等忠信一团搜山被杀,冻馁妻子,大寨复原其半,小村十仅存一。"

⑮把持:专揽;控制。(清)方苞《狱中杂记》:"有某姓兄弟,以把持公仓,法应立决。"安成祥《石上历史·锦屏县瑶光(清嘉庆)运输木材工价碑》:"诚恐章程不移,或有地棍借故把持勒诈,或有流棍借端煽惑,客商敛银滋讼,合行出示晓谕。"

⑯宜缓:应延期完纳。宜,应该;可以。缓,延期;延迟。《孟子·滕文公上》:"民事不可缓也。"《战国策·宋卫策》:"今王缓于事己者,安能急于事人?"

⑰捏荒者:指把有人耕种的熟地捏造为无人耕种的荒地。捏,本义指用拇指和其他手指夹住,引申为假造;虚构;捏造;凭空编造。荒,指长满野草,或无人耕种。

⑱本荒者:指本来就无人耕种的一直荒芜着的土地。本,原来的;基础的;根源的。《章太炎全集·别录乙·汤斌》:"汤斌本意欲以此养高,出而缘饰吏事,故终身无自得。特工为剽取,调和朱陆间以自文,而流俗遂相扇为大儒,稍稍忘其拒义师战功矣。"《诸子喻山水》:"有本者如是,是之取尔。"

⑲持其平:持守公平,指主持公正或公平,没有偏颇。(汉)董仲舒《春

秋繁露·山川颂》："水则……盈科后行，既似持平者。"《南齐书·王延之传》："时人为之语曰：'二王持平，不送不迎。'"（宋）苏舜钦《王公行状》："苟遇物持平，轻重判然于中矣。"

⑳陇亩奇零：田地七零八落很不完整。陇亩，指田地。《战国策·赵策四》："昔者尧见舜于草茅之中，席陇亩而荫庇桑，阴移而授天下传。"《三国志·蜀书·诸葛亮传》："亮躬耕陇亩，好为《梁父吟》。"（唐）杜甫《兵车行》："纵有健妇把锄犁，禾生陇亩无东西。"（明）冯梦龙《东周列国志》："以子之才，何以屈于陇亩？"奇零，也作"畸零"，本义指不满整数的零头数，引申指残缺不全。

㉑不成片段：不能形成大面积的完整个体。片段指相对完整的个体。（清）王士禛《池北偶谈·谈艺五·退谷论经学》："吕氏集众说，不甚成片段。"（清）赵翼《瓯北诗话》："盖诗境愈老，信笔所之，不古不律，自成片段。"

㉒王守仁（1472—1529），浙江绍兴府余姚县（今宁波市余姚）人，字伯安，别号阳明，谥号"文成"。因曾筑室于会稽山阳明洞，自号阳明子。明代著名的思想家、文学家和军事家，陆王心学之集大成者。北宋熙宁初，宰相王安石改募兵制为保甲制，置牌以书其户数及姓名。元朝时，兵制设万夫、千夫、百夫，而以牌甲为基层单位。明代，王守仁在南赣汀漳等处将牌甲形成定制，十户为一牌，十牌为一甲，十甲为一保，十保为一乡。清代，随明制。

㉓举报：指检举；报告。（清）黄六鸿《福惠全书·教养·礼耆德》："择本乡年八十以上，素有德行，从公确实举报。"

㉔官为履勘造册：地方官实地踏勘编制簿籍进行登记。履勘，指实地勘测。（清）马建忠《借债以开铁道说》："中国铁道未经监工估计，而由津至京，闻有一英国监工尝为履勘。"造册：即编制簿籍加以记载。《警世通言·钝秀才一朝交泰》："往年抄没田宅，俱用官价赎还，造册交割，分毫不少。"

㉕毕举：犹毕具，齐备。此处指将所有应列之项一一开列。《梁书·文学传下·刘杳》："君爱素情多，惠以二赞，辞采妍富，事义毕举。"

㉖经：与"纬"相对。用织布机织布，纵线叫"经"，横线叫"纬"。

㉗举其逃亡、逆、绝之数：详细列举出其中逃亡在外者、叛逆朝廷者、死亡绝户者的田地数额。逃亡，逃走流亡，指逃跑在外；出走逃命。逆，叛逆，指有背叛行为的人。绝，绝户，指一家老小已尽数死亡。

㉘捏饰：亦作"揑饰"。掩饰。（清）江藩《汉学师承记·王兰泉先生》："回至荆州，方家渊堤工尚未修补，乃具奏方理草率捏饰，落其职。"

㉙钱粮定例：征收田赋的惯例。钱粮，旧时征收田赋，既征粮食，又征银钱，总称钱粮。唐德宗用杨炎"两税法"，改变只征实物（粟帛）的办法，规定钱

粮并征，以后就把田赋叫作钱粮。定例，常规；惯例，指沿袭下来经常实行的规矩。

㉚自封投柜：完税人自行将密封的凭据递交到指定柜房进行登记。自，自己；自行；亲自。封，密封好的凭证。投，递交；投交。柜，柜房；账房，指保存账册和处理账务的房间或办公室。

㉛窎远[diào yuǎn]：指距离遥远。（宋）李纲《再乞招抚曹成奏状》："虽已具奏道依近降圣旨，踏逐军马，道路窎远，见今阻隔，卒难办集。"《初刻拍案惊奇》卷二十："（李克让）本是西粤人氏，只为与京师窎远，十分孤贫，不便赴试。"（清）李汝珍《镜花缘》第一回："且说天下名山，除王母所住昆仑之外，海岛中有三座名山。一名蓬莱，二名方丈，三名瀛洲。都是道路窎远，其高异常。"

㉜粮书：1.完粮凭书，即交完钱粮后取得的凭证文书。2.经管钱粮的小吏。此处指经管钱粮的小吏。

㉝完纳：交纳赋税。《警世通言·金令史美婢酬秀童》："他虽则管了库，正在农忙之际，诸事俱停，那里有什么钱粮完纳？"（清）夏燮《中西纪事·长江设关》："货物出口、入口之税课，俱或在镇江，或在上海完纳。"安成祥《石上历史·锦屏县新民（清光绪）严禁加收钱粮碑》："如上实米，除例征耗米外，另有地盘样米、尖斗尖升等项浮征，致上粮一石、非贰叁石不能完纳。"

㉞缕晰：详尽而清楚。（清）林则徐《批驳余保纯等为英商货船听候请照开盘会禀》："此次该牧等承办夷务，疏率不合之处，已于前禀缕晰批明矣。"陈春生《庚子惠州起义记》："兹将该土匪勾结起事及调营剿办详细情形谨缕晰陈之。"

㉟登记：指把有关事项或东西登录记载在册籍上。（明）李颐《条陈海防疏》："兵部量发马价，于密、蓟、永三道，每道二万两，听专备前项买马造器及海防杂办一应必需之物，详为登记。"

㊱版籍：户口册。《后汉书·仲长统传》："明版籍以相数阅，审什伍以相连持。"李贤注："《周礼》曰：'凡在版者。'注云：'版，名籍也，以版为之也。'"（宋）曾巩《本朝政要策·户口版图》："兴国初，有上言事，以闰为限，三岁一令天下贡地图与版籍上尚书省，所以周知地理之险易、户口之众寡。"《明史·食货志一》："元季丧乱，版籍多亡，田赋无准。"《清史稿·食货志一》："及同治、光绪间，交通日广，我国之民耕种贸迁，遍于重瀛，亦有改入他国版籍之事。"

㊲黔民积习：贵州民间长期形成的习惯。民，民众，民间，指非官方的。积习，长期形成的习惯。（汉）董仲舒《春秋繁露·天道施》："积习渐靡，物之微者也。

其入人不知，习忘乃为，常然若性，不可察也。"（唐）刘知几《史通·书志》："大抵志之为篇，其流十五六家而已，其间则有妄入编次，虚张部帙，而积习已久，不悟其非。"（清）侯方域《代司徒公屯田奏议》："法弊于积习，人乐于因循，得无怨清厘为纷更，而诋整顿为操切乎！"

㊳绝卖：土地、房屋等典期届满后，典当方不赎回标的物，致使该标的物的所有权发生转移，称为"绝卖"。一般的典地都属"活卖"，即典主保留在约定期限内赎回的权利，双方约定的赎回期限届满后，典方不赎回标的物，并将该标的物的所有权让渡给受典当方，即成"绝卖"。

㊴不"除""收"过割：指不去官府办理过户手续。除，指卖方将田地的所有权从自己名下去掉，让渡给别人。收，指买方将田地的所有权接收到自己的名下。过割，旧时田宅买卖、典当或赠予所办的过户或转移产权手续。

㊵杜卖：订立"杜卖契"。杜卖契，俗称死契，指买卖双方约定不能赎回标的物的契约。

㊶税契：指旧时民间买卖、典当不动产，在契约成立后，新业主应持"白契"向官署交纳契税的行为。一经交税，官府就会在"白契"上盖印，从而变成"红契"，并为之办理过户手续。

㊷飞洒：特指明清时期地主勾结官府，将田地赋税化整为零，分洒到其他农户的田地上，以逃避赋税的一种手段。（明）何良俊《四友斋丛说·史三》："若钱粮作弊飞洒各区，则是家至户到，无不受其荼毒。"（清）蒲松龄《聊斋志异·刘夫人》："谋同飞洒，不令主知。"姚雪垠《李自成》第二卷第四六章："不知啥时候起，就将别人的八分地钱粮飞洒到这三亩田地上。"

㊸诡寄：将自己的田地伪报在他人名下，借以逃避赋役的一种方法。（明）海瑞《兴革条例·工属》："其寿官义民并称王府官名色，及本县寄庄乡宦，本县诡寄女户畚田等项，悉行禁革，俱不准冒免。"（清）顾炎武《生员论中》："民地愈少，则诡寄愈多；诡寄愈多，则民地愈少，而生员愈重。"

㊹推收房吏：推收房的书吏，其负责经办产权和赋税过户。推收，指旧时民间田宅典当买卖时，报请官府办理产权和赋税的过户手续。《宋史·食货志上二》："神宗讲究方田利害，作法而推行之，方为之帐，而步亩高下丈尺不可隐；户给之帖，而升合尺寸无所遗；以卖买，则民不能容其巧；以推收，则吏不能措其奸。"《元典章·户部五·典卖》："今后典卖田宅，先行经官给据，然后立契，依例投税，随时推收。"《明史·食货志二》："推收之法，以田为母，户为子。"

㊺影射：蒙混；假冒；弄虚作假。《元典章·户部·立都提举司办盐课》："如不为用心拘刷，纵令客旅达限不纳，夹带私盐，影射使用，从行省究治。"（明）

高明《琵琶记·义仓赈济》："不问仓实仓虚，假饶清官廉吏，被我影射片时。"《二十年目睹之怪现状》第二十九回："京都大栅栏的同仁堂，本是几百年的老铺，从来没有人敢于影射他的招牌的。"

㊻赵充国（前137—前52），字翁孙，谥号"壮"，西汉著名将领，为"麒麟阁十一功臣"之一。神爵元年（前61），赵充国年逾七十，仍督兵西陲，挫败羌人进犯后，向朝廷提出"以兵屯田"的主张，得到汉宣帝的赞赏。之后，请命带兵屯田湟中（今青海省湟水两岸）作为持久之计，提出亦兵亦农，就地筹粮的办法。其"以兵屯田"的做法，对支援频繁的战争，减轻人民负担，发挥了极大的作用，一直影响到后世。

㊼肇衅：启衅，挑起争端。（南朝·陈）徐陵《册陈王九锡文》："孙卢肇衅，越貊为灾。"（清）林则徐《会奏夷船互市情形并空趸开行只数折》："但既未流毒中华，即不便穷追肇衅。"

㊽惰废：怠惰废业。《周礼·夏官·大司马》："进贤兴功。"（唐）贾公彦疏："起其劝善乐业之心，使不惰废。"

㊾优为：谓任事绰有余力。《礼记·文王世子》："仲尼曰，'昔者周公摄政践阼而治，抗世子法于伯禽，所以善成王也。闻之曰，为人臣者杀其身有益于君则为之，况于其身以善其君乎？周公优为之。'"孔颖达疏："周公比杀身之人则优饶为之。"章炳麟《国故论衡·论式》："出入风议，臧否人群，文士所优为也；持理议礼，非擅其学莫能至。"

㊿寓兵于农：指给农民以一定军事训练，或者将军队用于屯垦，平时务农，战时参战。寓，寄寓；包含。（宋）邵博《邵氏闻见后录》卷一："予谓议者以本朝养兵为大费，欲复寓兵于农之法，书生之见，可言而不可用者哉。"

(51)厘金：清代后期至民国初年征收的一种商业税，因其初定税率为1厘(1%)，故名"厘金"。最早，它是地方筹集饷需的方法，又名"捐厘"。(光绪)《黎平府志》："境内物产……均无税课。古州厘卡设自咸丰乙卯。""咸丰年间，因筹办练费，曾于瓮洞设局抽厘，即系商等所出。"

(52)协饷：清代对地方贫瘠、收支不能平衡的省份，规定由税收富裕的省份拨款协助之，叫作"协饷"。《清会典·户部七·江西清吏司》："凡各省之协饷，则稽其数。"原注："每年直隶……贵州不敷兵饷银，由北档房核明，在邻省协拨。"《二十年目睹之怪现状》第五四回："山东藩库里存了一笔银子，是预备支那里协饷的。"又第五五回："协饷银子未必是现银，是打汇票的，他如何骗得去？"

(53)不继：接续不上；时断时续。继，连续不断。（东汉）许慎《说文》："继，续也。"

(54)条举：逐条制定、列举。

(55)人竞趋之：人们争相追逐。竞，竞争；角逐；比赛。趋，追求；追逐。

(56)巧：虚假不实；玩弄花样。

(57)抽提：抽取提成。

(58)优赏：厚加赏赐，指给予优厚的奖赏。优，优厚。（唐）韩愈《元和圣德诗》：“优赏将吏，扶珪缀组；帛堆其家，粟塞其庾。”《宋史·太宗纪一》：“优赏归顺将校。”

(59)梭巡：指往来如穿梭般巡逻。形容巡逻频繁。郑观应《盛世危言·防海下》：“游弋者以四快船、八雷船为奇军，梭巡不绝，往来于成山、鸭绿之间。”

(60)卖放：受贿私放。《隋唐演义》第三三回：“将军讲得有理，只不要路上卖放了，又来我们集上做贼。”《清史稿·食货志六》：“至是，御史晋昌复言巡役勒索，胥吏卖放，特派满、汉御史各一，专司稽查，一年而代。”

(61)涓滴归公：是一个成语，意思是一点一滴，全都缴公。涓滴，小水滴，比喻细微的东西。（清）李宝嘉《官场现形记》第三三回：“什么马车钱，包车夫，还有吃的香烟、茶叶，都是小侄自己贴的。真正是涓滴归公，一丝一毫不敢乱用。”

(62)《禹贡》：是我国最早的一部有关全国性的地理著作。它采用自然分区方法，将全国划为九州，把山川、地形、土壤、物产、交通、贡赋等情况作了记述。其写作年代，颇多歧义，尚无准确定论，除禹时作外，还有西周、春秋、战国时作等主张。

(63)厥田下下：扬州地区的土质是下等中的第三级。厥，其，指扬州之地。下下，下等中的第三级，也是最末的一级。《禹贡》将赋税和土质分为上、中、下三等，每等又划分为上、中、下三级。

(64)财赋：财物；财富。《旧唐书·郭子仪传》：“公私财赋，一皆遏绝。”（明）施耐庵《水浒传》第十六回：“我七个只有些枣子，别无甚财赋。”

(65)甲天下：甲冠天下，形容人或事物十分突出，无与伦比。甲，甲冠，第一。

(66)转旋：扭转；挽回；逆转。（明）张居正《答南中提学御史耿楚侗书》：“惟虚平此心，不敢向人间作好恶耳，至于转旋之机，未免有迹非心是之判。”（清）薛福成《书桐城程忠烈公遗事》：“卒之大局转旋，生民蒙福，公之成功甚伟。”

(67)踈而不漏：即成语“疏而不漏”，意思是简要而不遗漏。踈，通“疏”。《隋书·律历志下》：“日之与月，体同势等，校其食分，月尽为多，容或形差，微增亏数，疏而不漏，纲要克举。”（唐）刘知几《史通·补注》：“切惟范晔之删《后汉》也，简而且周，疏而不漏，盖云备矣。”（唐）刘知几《史通笺记·书事》：“夫记事之体，欲简而且详，疏而不漏。”踈，通“疏”。

(68)曲折：委曲，详细情况。《史记·魏其武安侯列传》：“夫创少瘳，又复请将军曰：‘吾益知吴壁中曲折，请复往。”（宋）苏洵《议修礼书状》：“遇事而记之，不择善恶，详其曲折。"（清）魏源《圣武记》卷十一："虽午夜必起披览，召见军机大臣，指示曲折，万里如禁闼。"郑振铎《桂公塘》："他是一个地理鬼，镇江的全城的街巷曲折，都烂熟在他的心上。"

㉙ 坐言起行：是一个成语，意思是坐能言，起能行。谓言论切实可行。亦比喻勇于实行。语本《荀子·性恶》："凡论者贵其有辨合，有符验，故坐而言之，起而可设，张而可施行。"（清）欧阳兆熊《水窗春呓·罗忠节轶事》："凡天文、舆地、律历、兵法，及盐、河、漕诸事务，无不探其原委，真可以坐言起行，为有用之学者。"（清）王韬《淞隐漫录·眉绣二校书合传》："所论战守各策，皆可坐言起行，当道试之于用，咸有实效。"

⑦⓪ 撮其窾要：抓住关键；抓住要害。撮，用手指捏取细碎的东西。窾要[kuǎn yào]，指要害或问题的关键。

⑦① 文气：文风；文章的气势。（宋）程大昌《演繁露·墓志铭》："然《西京杂记》所记制度，多班固书所无，又其文气妩媚，不能古劲，疑即葛洪为之。"

⑦② 骎骎入古：迅疾地进入高古的境界，形容作品颇有古人之风。骎骎，形容马跑得很快的样子。

⑦③ 犹其余事：犹如无须投入主要精力似的。形容作者驾轻就熟，具有高超的驾驭文字的能力和水平。犹，犹如；如同。

## 【译文】

贵州，古时候是"荒服"之地，元朝始称"贵州"，明朝设立布政使司。我大清朝肃清和统一全国，先后戡定匪患，全省开始安定。到了咸丰、同治年间，屡经民族起义变乱。平定后到现在，大概有二十年了。

事情既然因为环境的变化而变化，法规制度也必会随着形势的发展而发展。当前，要想振兴边远贫穷地区，极力谋求弥补，必须从努力解决吏治开始。要努力解决吏治，必须从慎重选用知府、知州和知县开始。知府、知州和知县是最接近百姓的官员，任务多责任重。而且，关乎国家赋税，考核尤其严格，也关系着吏治的好坏。

贵州自从平定咸同战端以来，赋额大多虚假不实。然而，至今民生尚未得到恢复的原因，大概是奸猾小吏侵占贪污、团首独揽专权。他们说某里某堡遭洪水冲击，被流沙压覆，应当延期交税；某名某户逃荒流亡，所以无收，应当延期纳税。可是，州、县官员并未亲眼看见。现在如果将未缴清的赋额，一律全额征收，那么捏造荒地的情形固然有，但是本来就撂荒的情况也不少。如何能既杜绝弊端又坚守公平呢？我认为清理赋税有几条办法。

一是勘测荒田。贵州境域广阔，山脉众多，田地七零八落，不能形成大面积的完整地块。逐块进行丈量，肯定行不通，并且担心滋扰民众。唯今之计，在清查荒地的同时，一并清查保甲制度，效仿王守仁将十户编为一牌的方法，每牌推举一位牌长，责令牌长据实报告荒田情况，官员实地勘核造册登记。荒田登记册，以田地为主干，详细载明它的地名、粮赋数额、面积大小，以此为"经"。又另外编一本册子，以家庭为主干，田地各自归记到每个家庭，并且列举出其中逃亡、叛逆、绝户的田亩数，以此为"纬"。一旦荒田具有切实数据，那么应该征税的熟田，自然无法掩饰了。

二是设置完粮登记柜房。钱粮的征收惯例是，完税人自行到官府柜房进行登记，不允许胥吏和差役包办代征。全省居住在乡下的民众，距离城市遥远，胥差、团首包揽代收钱粮，民众不知道"投柜"是怎么回事。现在，准备在州县衙门设立总柜房，各乡设立分柜房，责令民众亲自交纳钱粮、保存凭证。那么，某堡总共多少户、某户总计多少粮，详尽而清楚地登记，一切了如指掌，从而把团首、粮差包揽代征的弊端都彻底消除了。

三是清查完粮户口册。完粮持有户口册，户口册载有姓名，这是古代户籍的编制规范。贵州民间长期形成的习惯是："绝卖"的田地，双方都不去官府办理过户手续。所以，有的田地更换了若干主人，可是仍然由原来的户主交纳田赋；有的田地"杜卖"很长时间了，可是买主仍然假托是典当人的财产。他们当初不过是逃避契税罢了，时间一长，完纳钱粮时找不到户主姓名，"飞洒""诡寄"

等弊端层出不穷。现在应当重申法律制度，受买之后过户纳税，违反者按照制度追究，以半价没收入官。同时，严厉禁止推收房的书吏在规定之外勒索财物。这样，完纳钱粮的户口得到厘清，而赋税的数额自然无法弄虚作假了。

至于本来就撂荒的田地，调拨练军进驻耕种，变为熟地之后，按面积摊派钱粮，这是既开垦荒地又充实赋税的好办法。有人说农民与练勇混杂居住，必然滋生事端。他们不知道"以兵屯田"的制度，从西汉名将赵充国开始实践，其后许下、渭滨、寿春的成功做法全部存在，从来没有挑起事端。何况贵州省的练军，都是邻省四川、湖南的民众，虽然不是土生土长的当地人，但时间长了也会与本地居民和平相处。值得担心的是，练勇已养成怠惰废业的习气，突然命令他们从事农业生产，并不是他们的专长。这就需要各个练营的长官用心挑选，必须选择熟悉农业耕作的人，才批准他们去屯垦，并在今后补充练勇的时候，观察他们是否为一贯务农者，才允许补充到练勇队伍中。那些练军兵勇，本来领有粮饷，加上领取生产物资，能分得耕作收成，哪有不愿意尽力干活，果敢地把事情办成的呢？这就是古时候"寓兵于农"的方法。

况且贵州至今依然十分贫穷。田赋不足额，厘金不兴盛，各省拨解的"协饷"又经常接续不上。在这种形势下寻求摆脱贫困的办法，不如兴办采矿事务。当下选任有能力的人，设置矿务局，制定和推行管理制度，应当没有弊病。所要担心的是，有利可图之处，人们都会争相逐利，禁止私采私贩的法令越严格，私自偷运的行为越加花样百出。倘若查缉走私不得力，整个局面就会黯然失色。查缉走私的办法，地方官所管辖的地域太宽，似乎难得遍及全境。厘金局的人员，本来具有巡查缉捕偷逃赋税的职责。比如上游的白层河、坡脚、松坎、赤水、平彝、仁岸、五官坝等厘金局，下游的丙妹、曹家溪、瓮洞、漾头司等厘金局，都是进出省境的紧要关隘，准许附近的练军指定调拨练丁专门负责巡查缉捕，他们抓获私自贩运的，按照货物计算价值，抽取提成厚加赏赐。倘若巡逻查缉不尽力，自行受贿私放，一经发现，或者被地方官查出，对巡逻的练丁必须从严惩处，并对厘金局的官员记过。这样，私贩现象一清除，财源就涓滴归公了。

其他的事项，比如设置义仓、整治改正插花地、清理诉讼、办理蚕桑，都是地方官分内的事情，由他们自己去尽责解决，不能推卸给别人。如果用土地贫瘠、人民贫穷作为难以治理的推托之辞，那么请试想，《禹贡》曾说："扬州地区的土质是下等中的第三级。"可是，至今该地却富甲天下！唯独贵州不能逆转吗？

    巡抚潘霨的批语："不以才能自负，不恣逞意气。只有清楚地知道贵州的利弊，才能言之凿凿。采矿事务中稽查私贩的事，责成厘金局官员负责，称得上疏而不漏，尤其属于可以施行的好措施。"

    布政使李元度的批语："委曲详尽，有病症有药方，所有言论切实可行。"

    粮储道员黄元善的批语："从吏治谈起，立刻撇开。重点归在田赋这一条，并且把屯垦容纳在当中，见解高明，作文方法更是精心地谋篇布局。其中，亲自勘测荒田、设置登记柜房、订立过户制度这三条，都可以推行，这是古人的成功做法。如果切实用力遵照办理，不只荒田容易被清查，屯垦可以立即创办，即便是吏治、矿务也必定一天天地有所好转。矿务这一条，首先重在稽查私贩，尤其能够切中要害。至于他的文风，安静严肃，流畅奔放，境界高古，驾轻就熟。

【原文】

## 策问·超等第二名余云焕

策问。天下事误於欺饰者久矣黔省吏治不肃田赋不完矿务既未讲求屯垦又多窒碍良由积习大深。辨理未中窾要我

憲台奉

命撫黔。下車以來圖治勵精求賢若渴卑府不肖不敢始終欺飾並不敢許以為直請執有犯無隱之義推事

君者以事上司為

宪台觐缕陈之一曰吏治吏治万事之根本府厅州县不得其人则百姓实受其祸督抚表率司道者也道府又为州县表率语曰表正则影端又曰子帅以正孰敢不正是僚属之贤否其机括全系乎上司矜乱初平阘茸竞进奔走谄媚之辈相习成风令　黎文肃公　制府岑公前抚黔时访察属吏恶其钻营取巧也登诸白简颇不乏人现欲整饬吏治非破除朋党杜绝苞苴似不足网罗贤俊共体时艰以副

憲台殷殷望治之心竊思黔省雖小寶缺候補中，豈無留心國計民生者精選數十員若有操守若有才具某任某事某任某缺因地擇人不因人擇地才之所不能者不可使也志之所不願者不可使也而又推心置腹與之悉心籌畫一委以事則久於其任深信不疑勿為浮言所惑勿使中道棄捐有志之士莫不聞風興起感激涕零勉為循吏以報一日之知彼奔走諂媚之輩畏不敢前且或時有洗心革面者況鋸齒不斜不能斷木使貪使詐亦在駕馭得法而已一曰田賦貴州肅清已久上下游人民歸業有何荒產有何欠糧荒田有主完納丁糧早經足額吾誰欺欺天乎卑府前興義府篆丁糧各欺報解完額惟例徵糧米不能全徵盡解至今猶抱隱慚近奉
諭旨嚴切責成各省甄別官吏經徵積弊并頒發徵信冊以期規復舊章誠如部議非好刻核實亦勢逼處此我
憲台公忠體國實事求是若再請展緩是受屬員

朝廷也。查近省各府縣荒產間或有之其餘不過十之一二然丁糧已多半完足矣為今之計應請憲台嚴飭各屬并明定賞罰章程寬其既往警其將來自光緒十二年九月開徵日起至下忙限內止勒令一體全征全解不准蒂欠絲毫如有挪稱民欠申請豁免者另籌發奸杜弊之方即時立予泰劾惟查各屬豁免多寡不同缺分肥瘠不一難逃之欺以欺宪台洞鉴其缺分之最苦者势难自立可否酌给津贴俾禄足代耕辦公行費得以盡心民事出自鴻施此非卑府所能妄擬也一曰礦務軍興以來廠峒荒廢如興義修文水碾礦冊亨雄礦礦大定水城白鉛礦威甯黑鉛礦獨山銅仁硃砂礦凱里鉛礦歷經集股開辦迄無成驗卑府在普安任內奉交查復廳境銅礦則有仙冲燈盞窩等處銀礦則有梭白沙糞箕灣綠塘等處鉛礦則有九家村八納山等處本年正月曾經採取礦苗申送善後

局查驗在案至煤炭硝礦廳境所在皆有惜無水路可通舟楫現經
憲台委員於仁懷鎮遠各處開辦自有灼見真知○卑府不諳礦務未敢妄言惟拱手立於不敗之地○
以慶成功而已○一日屯墾貴州自經兵燹人民離散田土荒蕪光緒丙子○卑府筮仕來黔經過下游竊見荒涼徧野盡焉傷之因上書各憲謂昔日之貴州以人滿爲患今日之貴州以土滿爲患有人此有土有土此有財一定之理請

招集流亡以復舊業毋容改作官莊屯田致滋流弊未蒙舉行昔明大祖就衛立屯初年定額九千三百四十頃繼增額三十九萬二千餘畝厥後法久弊生兵憜將驕咸以耕耨爲羞有寄佃於人而收其息者有抵借他姓而更其名者有名存而於人者有田存而主異其名者有田售於豪右而身應賦役者此舉蓋未可輕易也同治間曾文誠公奏辦平貴清黃屯田於清平設局舉辦奈經理者既不考校古法又非詢謀僉同且三七二八

之制並不講求乃竟貿然為之無怪其怨謗環生訟獄迭興也嗣前撫憲岑公仿宋淳祐三年四川屯案奏請將墾田發還民間卑府彼時曾經接辦竊以為興大利者不計小害卽使辦法未善儘可更正何必全行撤銷以此見郉始難圖成尤不易也官莊一項

國初雍正上下游辦理不少今已有名無實矣憲台奏辦屯墾分撥練軍將官莊荒田承種不許民間冒認以杜虞芮之爭自係仿古屯田成法辦

理○叛產絕產會經委員清查撥歸各屬書院廟宇○似難再行更張至近省荒田知業主有契券執照又復完納丁糧若舉而授之練兵難免不有侵佔情事應請

憲台出示曉諭紳民并嚴飭練軍所有已經新墾荒田限三年後歸還田主不准久佔亦不提作官莊屯田庶幾嗷鴻安集受惠無窮當亦黔省百萬生靈同聲禱祝者也謹陳一得之愚未盡片長之技田賦復額一節尚有芻言容俟面稟統希

炤警不勝惶恐待罪之至。

撫部院潘　批

侃侃而談望而知為實心任事者筆亦倜儻不羣誠寔無僞此任事才也

布政使司李　批

有捫蝨而談旁若無人之概尤難在不欺隱

糧儲道黃　批

吏治礦務兩件俱能言之鑿鑿是平日尚屬講求經濟者

## 【释文】

天下事误于欺饰①者久矣。黔省吏治不肃②,田赋③不完,矿务既未讲求④,屯垦又多窒碍⑤,良由积习⑥太深,办理未中窾要⑦。我宪台⑧奉命抚黔,下车以来,图治励精,求贤若渴。卑府不肖⑨,不敢始终⑩欺饰,并不敢"讦以为直"⑪,请执"有犯无隐"⑫之义,推事君者以事上司,为宪台觍缕⑬陈之。

一曰吏治。

吏治,万事之根本。府、厅、州、县不得其人,则百姓实受其祸。督、抚表率⑭司、道者也,道、府又为州、县表率。语曰:"表正则影端。"⑮又曰:"子帅以正,孰敢不正?"⑯是僚属之贤否,其机栝⑰全系乎上司。黔乱初平,阘茸竞进⑱,奔走谄媚之辈,相习成风。今黎文肃公⑲、制府岑公⑳前抚黔㉑,时访察属吏,恶其钻营取巧也,登诸白简㉒,颇不乏人。现欲整饬吏治,非破除朋党、杜绝苞苴㉓,似不足网罗贤俊,共体时艰㉔,以副宪台殷殷望治之心。

窃思黔省虽小,实缺候补中,岂无留心国计民生者?精选数十员,若有操守,若有才具,某任某事,某任某缺。因地择人,不因人择地。才之所不能者不可使也,志之所不愿者不可使也。而又推心置腹与之悉心筹划。一委以事,则久于其任,深信不疑,勿为浮言㉕所惑,勿使中道弃捐㉖。有志之士莫不闻风兴起,感激涕零,勉为循吏以报一日之知。彼奔走谄媚之辈,畏不敢前,且或时有洗心革面者。况锯齿不斜不能断木,使贪使诈,亦在驾驭得法而已。

一曰田赋。

贵州肃清已久,上下游人民归业,有何荒产,有何欠粮?荒田有主,完纳丁粮,早经足额。吾谁欺?欺天乎?卑府前署兴义府篆,丁粮各款,报解完额,惟例征粮米,不能全征全解,至今犹抱隐惭

〔惭隐〕㉗。近奉谕旨严切㉘，责成各省厘剔㉙官吏经征积弊，并颁发征信册，以期归复旧章。诚如部议，非好刻核，实亦势逼处此。我宪台公忠体国㉚，实事求是，若再请展缓，是受属员之欺以欺朝廷也。

查近省各府、县，荒产间或有之，其余不过十之一二，然丁粮已多半完足矣。为今之计，应请宪台严饬各属，并明定赏罚章程，宽其既往，警其将来。自光绪十二年九月开征日起，至下忙㉛限内止，勒令一体全征全解，不准蒂欠㉜丝毫。如有捏称民欠、申请豁免者，另筹发奸杜弊之方，即时立予参劾。惟查各属豁免多寡不同，缺分㉝肥瘠不一，难逃宪台洞鉴㉞。其缺分之最苦者，势难自立，可否酌给津贴，俾禄足代耕㉟，办公有费，得以尽心民事。出自鸿施㊱，此非卑府所能妄拟也。

一曰矿务。

军兴以来，厂峒荒废。如兴义、修文水银矿，册亨雄磺矿，大定、水城白铅矿，威宁黑铅矿，独山、铜仁朱砂矿，凯里铅矿，历经集股开办，迄无成验。卑府在普安任内，奉文查复厅境，铜矿则有仙冲、灯盏窝等处，银矿则有梭白、沙粪、箕湾、绿塘等处，铅矿则有九家村、八纳山等处。本年正月，曾经采取矿苗㊲，申送善后局查验在案。至煤炭、硝矿，厅境所在皆有，惜无水路可通舟楫㊳。现经宪台委员于仁怀、镇远各处开办，自有灼见真知，立于不败之地。卑府不谙矿务，未敢妄言，惟拱手以庆成功而已。

一曰屯垦。

贵州自经兵燹，人民离散，田土荒芜。光绪丙子㊴，卑府筮仕㊵来黔，经过下游，窃见荒凉遍野，盡㊶焉伤之。因上书各宪，谓："昔日之贵州以人满为患，今日之贵州以土满为患。'有人此有土，有土此有财㊷。'一定之理。请招集流亡以复旧业，毋容改作官庄屯田，致滋流弊。"未蒙举行。

昔明太祖就卫立屯，初年定额九千三百四十顷，继增额三十九万二千余亩。厥后，法久弊生，兵惰将骄咸以耕耨㊸为羞，有寄佃于人而收其息者，有抵借他姓而更其名者，有名存而田质于人者，有田存而主异其名者，有田售于豪右㊹而身应赋役者。此举盖未可轻易也。

同治间，曾文诚公㊺奏办平、贵、清、黄屯田，于清平设局举办，奈经理者既不考校古法，又非询谋㊻佥同㊼，且“三七”“二八”之制并不讲求，乃竟贸然为之。无怪其怨谤环生㊽，讼狱迭兴㊾也。

嗣㊿前抚宪岑公(51)，仿宋淳祐三年四川屯案，奏请将垦田发还民间。卑府彼时曾经接办，窃以为兴大利者不计小害，即使办法未善，尽可更正，何必全行撤销。以此见，创始难图，成尤不易也。

官庄一项，国初、雍正，上下游办理不少，今已有名无实矣。宪台奏办屯垦，分拨练军将官庄荒田承种，不许民间冒认，以杜虞芮之争(52)，自系仿古屯田成法办理。惟叛产(53)、绝产(54)曾经委员清查，拨归各属书院、庙宇，似难再行更张。

至近省荒田，如业主有契券、执照，又复完纳丁粮，若举而授之，练兵难免不有侵占情事。应请宪台出示晓谕绅民，并严饬练军：所有已经新垦荒田，限三年后归还田主，不准久占，亦不提作官庄屯田。庶几嗷鸿安集(55)，受惠无穷，当亦黔省百万生灵同声祷祝者也。

谨陈一得之愚(56)，未尽片长之技(57)。田赋复额一节，尚有多言，容俟面禀。统希炤詧(58)，不胜惶恐待罪之至。

抚部院潘批：“侃侃而谈，望而知为实心任事者。笔亦倜傥不群(59)，诚实无伪，此任事才也。”

布政使司李批：“有扪虱而谈(60)、旁若无人之概。尤难在不欺隐。”

粮储道黄批：“吏治、矿务两件，俱能言之凿凿(61)，是平日尚属讲求经济(62)者。”

## 【注释】

①欺饰：欺骗掩饰。（清）吴敏树《与朱伯韩书》："敏树庸劣，诚无所能，不当厚自欺饰，以辱大君子特达之知。"

②不肃：不严厉；不严肃。《孝经·三才》："是以其教不肃而成，其政不严而治。"

③田赋：中国古代历代政府对拥有土地的人所课征的土地税，被列为国家正供，是国家财政收入的最基本、最主要来源。清代田赋包括地丁、升科、租课三个项目。地丁，是指地赋与丁赋。源于清朝雍正二年（1724）以丁粮摊入地粮内合一征收，故称为地丁。升科，是指凡新购买土地或留置旗产地亩或开垦荒地及官、旗、黑地，初报完粮者。升科项内有旗产升科、官荒升科、旗地升科、旗租升科、黑地升科及官产升科之分。租课，是指官田或公有地租给农民耕种，由官府征收地租。地丁、升科、租课各项合称为粮额。

④讲求：追求；重视。夏丏尊、叶圣陶《文心》十六："因为讲求快速，行书比楷书更多用处。"沙汀《困兽记》十二："他是很讲求实际的，可是别人却也并不虚华。"

⑤窒碍：障碍；阻碍。（宋）苏辙《论衙前及诸役人不便札子》："庶几推行而终有窒碍，乞下有司早议成法。"（明）顾大典《青衫记·赎衫避兵》："叹穷途多窒碍；死和生，成和败，难闪难猜。"

⑥积习：长期形成的习惯。（汉）董仲舒《春秋繁露·天道施》："积习渐靡，物之微者也。其入人不知，习忘乃为，常然若性，不可不察也。"（唐）刘知几《史通·书志》："大抵志之为篇，其流十五六家而已，其间则有妄入编次，虚张部帙，而积习已久，不悟其非。"（清）侯方域《代司徒公屯田奏议》："法弊于积习，人乐于因循，得无怨清厘为纷更，而訾整顿为操切乎！"

⑦窾要[kuǎn yào]：指要害或问题的关键。（清）王士禛《先祖事略》："悉中窾要。以忤当事意，调贵阳。"

⑧宪台：旧时对上官的尊称。（清）袁枚《随园随笔·称谓》："鄂西林相公云：'唐龙朔二年改御史台为宪台，是宪台之称，内惟都御史，外惟总督巡抚当之耳。今通称司、道、府为宪台，误矣。'余按……唐虽改御史台为宪台，而亦改中书为西台，秘书为堅台，不专以御史所属为台，则以宪台称上官，似可通融。"

⑨不肖：自谦之称，犹不才。《战国策·齐策二》："今齐王甚憎张仪，仪之所在，必举兵而伐之。故仪愿乞不肖身而之梁。"（唐）韩愈《上考功崔虞部书》："愈不肖，行能诚无可取。"《辽史·耶律阿息保传》："不肖适

异国，必无生还，愿公善辅国家。"

⑩始终：谓事情的本末或原委。（汉）荀悦《汉纪·元帝纪三》："臣恐议者不深虑其始终，欲以一切息徭役，十年之后，百年之内，卒有他变。"《隋书·律历志下》："胄玄所违，焯法皆合，胄玄所阙，今则尽有，隐括始终，谓为总备。"（唐）韩愈《唐河中府法曹张君墓碣铭》："愈既哭吊，辞；遂叙次其族世名字、事始终。"（明）王鏊《震泽长语·经传》："盖知物之本末始终，而造能得之地，是格物之义也。"

⑪讦以为直：揭发别人的短处还自认为是直率。出自《论语·阳货》："恶徼以为知者，恶不孙以为勇者，恶讦以为直者。"讦[jié]：指用言论攻击别人的短处或揭发别人的隐私。《汉书·贾谊传》："所上者，告讦也。"《汉书·赵广汉传》："吏民相告讦。"

⑫"有犯无隐"是封建时代所提倡的一种事君之道。谓臣下宁可冒犯君上而不可有所隐瞒。《礼记·檀弓上》："事君有犯而无隐，左右就养有方。"（唐）刘禹锡《代请朝觐表》："臣闻臣之事君，有犯无隐。悃诚所至，敢不罄陈。"《旧唐书·李逊传》："事君之义，有犯无隐，陈诚启沃，不必择辰。"

⑬觍缕[luó lǚ]：详细而有条理地叙述。（宋）苏轼《答陈季常书》之二："恐此书到日，已在道矣。故不觍缕。"（清）赵翼《哭缄斋侄》诗："问疾只嫌阍拒客，不教觍缕诉心期。"

⑭表率：榜样。《汉书·韩延寿传》："幸得备位，为郡表率。"（宋）司马光《论两府迁官状》："凡公卿者，百吏之表率。"（清）陆以湉《冷庐杂识·吴小宋大令》："十城表率，九郡先驱，亿万姓瞩目相看，刑赏惟求乎众志。"

⑮表正则影端：国君正直，臣子才会端正。语出（唐末五代）杜光庭《道德真经广圣义·古之善为道》："义曰：君犹表也，表正则影端，表邪则影曲。正则人随而正，邪则人从而邪，邪正淳漓，匪由他矣。"

⑯子帅以正，孰敢不正：你自己带头端正了，谁还敢不端正呢？语出《论语·颜渊》："季康子问政于孔子。孔子对曰：'政者，正也。子帅以正，孰敢不正？'"

⑰机栝：弩上发矢的机件，借喻治事的权柄或事物的关键。《庄子·齐物论》："其发若机栝，其司是非之谓也。"成玄英疏："机，弩牙也。栝，箭栝也。"（汉）应劭《风俗通·过誉·司空颍川韩稜》："稜统机栝，知其虚实。"（清）王士禛《池北偶谈·谈献二·王公家书》："盖中宫危则皇长子危，长子危则宗庙社稷危，此回天机栝，曲突徙薪上策。"

⑱阘茸竞进：品行卑劣能力低下的人争相前进。阘茸[tà róng]：指地位卑微或品格卑鄙的人。《汉书·司马迁传》："为埽除之隶，在阘茸之中。"竞进，

争相前进。《楚辞·离骚》："众皆竞进以贪婪兮，凭不厌乎求索。"游国恩纂义引陈第曰："竞，争也。"（汉）王充《论衡·程材》："竞进不案礼，废经不念学。"

⑲黎文肃公：黎培敬（1826—1882），字开固，又字开周，号简堂，谥号"文肃"。湖南省长沙府湘乡县（今湖南省湘潭市）人。历任贵州学政、贵州布政使、贵州巡抚、四川按察使、漕运总督、江苏巡抚等职。公，敬辞，尊称男子。

⑳制府岑公：指云贵总督岑毓英。制府，亦称"制台""总制""督宪"，在清代是对统辖一省或数省行政、经济及军事长官"总督"的尊称，官阶为正二品，加兵部尚书衔者为从一品。岑，岑毓英（1829—1889），广西西林人，字彦卿，号匡国，谥"襄勤"，光绪五年至七年（1879—1881）任贵州巡抚，加"兵部尚书"衔；光绪七年至八年（1881—1882），任福建巡抚；光绪八年（1882）署云贵总督，九年至十五年（1883—1889），任云贵总督。公，敬辞，尊称男子。

㉑前抚黔：之前巡抚贵州。前，从前的；过去的；较早的。抚，巡抚。

㉒白简：古时弹劾官员的奏章。《晋书·傅玄传》："玄天性峻急，不能有所容；每有奏劾，或值日暮，捧白简，整簪带，竦踊不寐，坐而待旦。"（宋）陆游《送杜起莘殿院出守遂宁》诗："白简万言几恸哭，青编一传可前知。"（明）张景《飞丸记·发迹锄强》："欲把丹心悬魏阙，且将白简奏朝廷。"（清）钱谦益《工部右侍郎赠尚书程公传》："公在谏垣，以别白贤奸、澄清世道为己任，白简屡上，皆弹劾执政私人。"

㉓苞苴 [bāo jū]：贿赂。苞，通"包"。《荀子·大略》："汤旱而祷曰：'……苞苴行与？谗夫兴与？何以不雨至斯极也！'"杨倞注："货贿必以物苞苴，故总谓之苞苴。"（唐）李德裕《管仲害霸论》："近世有以宫中之乐饵其君者，而苞苴日行，纪纲日坏，朋党益炽，谗言益昌。"

㉔共体时艰：共同面对时下的艰难困苦。时艰：时局的艰难困苦。（南朝·宋）颜延之《从军行》："苦哉远征人，毕力干时艰。"

㉕浮言：无根据的话。《书传会选·盘庚上》："汝曷弗告朕，而胥动以浮言。"（唐）张九龄《与李让侍御书》："我有独见之明，物无浮言之信。"（清）蒲松龄《聊斋志异·仇大娘》："因邵寡，伪造浮言以相败辱。"

㉖弃捐：抛弃；废置。《战国策·秦策五》："子曰：'少弃捐在外，尝无师傅所教学，不习于诵。'"《淮南子·览冥训》："弃捐五帝之恩刑，推厥三王之法籍。"《汉书·淮阳宪王刘钦传》："博自以弃捐，不意大王还意反义，结以朱颜，愿杀身报德。"

㉗惭隐：羞惭隐瞒。《旧唐书·高郢传》："怀光乃大集将卒，白刃盈庭，引郢诘之。郢挺然抗辞，无所惭隐。"

㉘严切：严格；严肃；严厉。《后汉书·陈宠传》："是时承永平故事，吏政尚严切，尚书决事率近于重。宠以帝新即位，宜改前世苛俗。"《孽海花》第五回："又隔一日，见报上有一道长上谕，却是有人奏参浙闽总督和贵州巡抚的劣迹，还带着合肥李公，旨意很为严切，交两江总督查办。"安成祥《石上历史·锦屏县王寨（清道光）捞获木植工价碑》："为严切晓谕，靖地通商事。"

㉙厘剔：清理剔除；革除。《明史·黄镐传》："镐有才识，敏吏事，理盐政，多所厘剔，时论称之。"《二十年目睹之怪现状》第十四回："他要是将一省的弊窦都厘剔干净，他又从哪里调剂私人呢？"

㉚公忠体国：指尽忠为国。郭沫若《奴隶制时代·〈侈靡篇〉的研究》："办外交的人有私心是不行的，一定要用公忠体国的有才能的人，来办这项国事。"

㉛下忙：清代征收田赋分上下两期，上期于农历二月开征至五月截止，叫"上忙"；下期从农历八月开征到十一月截止，叫"下忙"。

㉜蒂欠：尾欠。指剩下尚未交纳或未偿还的一小部分财物。蒂[dì]，本意是指花、叶或瓜、果与枝茎连接的部分，引申为末尾。

㉝缺分：指官职或差使。（清）严如熤《三省边防备览》卷十四："五年无过，以边俸升用，庶缺分虽苦，有升转以答其贤劳，自奋勉而勤于抚驭。"《老残游记》第七回："缺分太苦，前任养小队五十名，盗案仍是叠出，加以亏空官款，因此诖误去官。"《官场现形记》第四回："缺分有高低，要看货讨价。"

㉞洞鉴：亦作"洞监"。明察；透彻了解。（晋）郭璞《客傲》："玄悟不以应机，洞鉴不以昭旷。"（南朝·梁）刘勰《文心雕龙·物色》："然屈平所以能洞监《风》《骚》之情者，抑亦江山之助乎？"

㉟代耕：旧时官吏不耕而食，因称"为官食禄"为代耕。《礼记·王制》："诸侯之下士，视上农夫，禄足以代其耕也"。（汉）荀悦《汉纪·孝惠皇帝纪卷》："先王之制禄也，下足以代耕，上足以克祀。故食禄之家，不与下民争利，所以厉其公义，塞其私心。"（晋）陶潜《杂诗》之八："代耕本非望，所业在田桑；躬亲未曾替，寒馁常糟糠。"《续资治通鉴·宋高宗建炎三年》："朝廷官人以爵，使禄足代耕。"

㊱鸿施：鸿恩。（唐）常衮《谢敕书手诏状》："鸿施未酬，惭惧弥积。"（明）张居正《贺瑞雪表六》："惟深雀跃，益戴鸿施。"《镜花缘》第六八回："臣蒙皇上高厚，特擢才女，叠沐鸿施，涓埃未报，岂忍竟回本国。"

㊲矿苗：指岩石、矿脉、矿床露出地面的部分。为矿床存在的直接标志。《文明小史》第五三回："这矿师不多几时，到内地来游历过一次，带便到各处察看察看矿苗。"（清）谭嗣同《报贝元徵书》："得太古以前冰山、火山、沧海桑田之形势，动物、植物之同异，及矿苗之类别。"郭小川《昆仑行》诗之二：

"好一座大山，真是无穷奥妙；这几年来，已经发现许多重要的矿苗。"

㊳舟楫：亦作"舟檝"，泛指船只。《战国策·赵策二》："今吾国东有河、薄洛之水，与齐、中山同之，而无舟檝之用。"（唐）孟浩然《临洞庭湖赠张丞相》诗："欲济无舟楫，端居耻圣明。"安成祥《石上历史·天柱县三门塘（清嘉庆）重修兴隆庵碑》："昼则舟楫上下，夜则渔火辉煌。"

㊴光绪丙子：光绪二年，公元1876年。

㊵筮仕[shì shì]：出仕做官。古人迷信占卜，在做任何事之前都要先卜测吉凶，所以士人将要出仕做官时，也一定要先占卦问吉凶。后人便称出仕做官为"筮仕"。《左传·闵公元年》："初，毕万筮仕于晋……辛廖占之，曰：'吉'。"

㊶衋[xì]：悲伤痛苦。《周书·酒诰》："民罔不衋伤心。"《说文》："衋，伤痛也。"（宋）曾巩《寄欧阳舍人书》："至其所可感，则往往衋然不知涕之流落也。"

㊷语出《礼记·大学》："君子先慎乎德。有德此有人，有人此有土，有土此有财，有财此有用。德者本也，财者末也。外本内末，争民施夺。"意思是有人才才会有国土，有国土才会有财富。此，副词，乃；则。

㊸耕耨[gēng nòu]：耕田除草；亦泛指耕种。《周礼·天官·甸师》："掌帅其属耕耨王藉，以时入之，以共齍盛。"（汉）王充《论衡·感虚》："神农之揉木为耒，教民耕耨，民始食谷，谷始播种。"（宋）苏辙《策问论》："盖耕耨稼穑，草木鸟兽皆民之所赖以生，而国用之所由以足者。"

㊹豪右：豪门大族。汉以右为上，故称豪右。《后汉书·明帝纪》："滨渠下田，赋与贫人，无令豪右得固其利。"李贤注："豪右，大家也。"《后汉书·张衡传》："又多豪右，共为不轨。"《宋史·刘综传》："综强敏有吏材，所至抑挫豪右，振举文法，时称干治。"《明史·毛吉传》："痛抑豪右，民大悦。"

㊺曾文诚公：曾璧光（1795—1875），四川洪雅人，字枢垣，谥号"文诚"。道光三十年（1850）进士，选庶吉士，授编修。咸丰九年（1859）出任贵州镇远府知府。同治元年（1862）署贵东道（驻古州，今榕江县城）。二年（1863）剿平铜仁踞贼萧文魁，赐花翎。云贵总督劳崇光荐其才，选署粮储道、按察使、布政使。六年（1867）予二品顶戴，署贵州巡抚。七年（1868），实授。十二年（1873），加太子少保、一品顶戴，予云骑尉世职。光绪元年（1875）卒于任上，追赠太子太保，谥"文诚"。

㊻询谋：咨询；商议。《后汉书·桓帝纪》："永惟大宗之重，深思嗣续之福，询谋台辅，稽之兆占。"（宋）曾巩《再乞登对状》："所以询谋、抚纳、勉慰、称扬之殊，皆非素望所及。"

㊼佥同[qiān tóng]：一致赞同。《书·大禹谟》："朕志先定，询谋佥同。"

（清）魏源《海运全案序》："维时辅臣力赞，大府佥同。"

㊽怨谤环生：怨恨非议连续不断。怨谤，怨恨非议。《墨子·尚贤中》："是以美善在上，而所怨谤在下。"《汉书·五行志第七中之上》："君炕阳而暴虐，臣畏刑而钳口，则怨谤之气发于歌谣，故有诗妖。"（宋）陆游《丁未除夕前二日休假感怀》诗："怨谤相乘真市虎，技能已尽似黔驴。"《明史·刘健传》："内贼纵横，外寇猖獗，财匮民穷，怨谤交作。"环生，连续地发生。（清）纪昀《阅微草堂笔记·如是我闻一》："至作奸犯科，则奇计环生。"

㊾讼狱迭兴：诉讼事件此起彼伏。讼狱，诉讼。《管子·小匡》："无坐抑而讼狱者，正三禁之。"（唐）李隆基《赐诸州刺史以题座右》："虚誉不可饰，清知不可忘。求名迹易见，安贞德自彰。讼狱必以情，教民贵有常。"迭兴，交替兴起；相继兴起。《宋书·武帝纪下》："夫世代迭兴，承天统极。"（清）葆光子《物妖志·柳》："忧愤迭兴，惊疑靡一。"

㊿嗣[sì]：接着；随后。安成祥《石上历史·锦屏县塘东（清光绪）整饬吏治碑》："嗣后，除主考、学院过境照旧派夫迎送外，无论何项差役，不准派合民苗应夫供役；一切供应、陋规概行革除。"

㉛前抚宪岑公：岑毓英（1829—1889），广西西林县人，字彦卿，号匡国。历任云南布政使、云南巡抚、贵州巡抚、云贵总督。1889年6月，病逝于昆明，追赠太子太傅，谥"襄勤"。宪，旧时属吏对上司的尊称。《官场现形记》："且等本县见过学宪，再作道理。"安成祥《石上历史·锦屏县王寨（清咸丰）撤销常平仓碑》："本府前因办理军需，禀明各宪，碾用常平仓谷以济各营兵练口粮。"

㉜虞芮之争：虞国人与芮国人之间的土地纠纷。虞芮，周初二国名。相传两国有人曾因争地兴讼，到周求西伯姬昌平断。《诗经·大雅·緜》："虞芮质厥成，文王蹶厥生。"《史记·周本纪》："于是虞芮之人有狱不能决，乃如周。入界，耕者皆让畔，民俗皆让长。虞芮之人未见西伯，皆惭，相谓曰：'吾所争，周人所耻，何往为，只取辱耳。'遂还，俱让而去。"后因以"虞芮"指能谦让息讼者。（晋）葛洪《抱朴子·用刑》："但当先令而后诛，得情而勿喜，使伯氏无怨于失邑，虞芮知耻而无讼耳。"（明）李东阳《若虚诗来欲平马讼，五叠韵答若虚并柬文敬佩之》："欲令虞芮成礼让，不遣秦越相讥诃。"

㉝叛产：指叛逆者留下来的财产。

㉞绝产：指没有合法继承人或合法继承人放弃继承权的遗产。

㉟嗷鸿安集：流离失所而痛苦不堪的饥民就会安定下来。嗷鸿：哀鸣的鸿雁，喻指流离失所痛苦哀号的饥民。《诗经·小雅·鸿雁》："鸿雁于飞，哀鸣嗷嗷。"（清）林昌彝《亭槛词》之一："嗷鸿百万集中野，长官携笛

上高楼。"安集，安定。《汉书·曹参传》："齐国安集。"《三国志·孙破虏讨逆传》："太傅马日䃅杖节安集关东，在寿春以礼辟策，表拜怀义校尉，术大将桥蕤、张勋皆倾心敬焉。"

㊹一得之愚：是一个成语，指自己非常愚昧的一点见识。谦辞。出自《史记·淮阴侯列传》："智者千虑，必有一失；愚者千虑，必有一得。"

㊺片长之技：犹成语"片长末技"或"片长薄技"。意思是微小的特长，浅薄的技能。（清）沈葆桢《复奏洋务事宜疏》："抑知片长末技，以备顾问，以供驱策，未尝不可。"（清）郑观应《盛世危言·技艺》："乃后世概以工匠轻之，以舆隶概之，以片长薄技鄙数之。"

㊻炤詧：昭察；明察。炤，同"昭"，明显。詧，同"察"，是异体字。《秦汉史编年·秦国史编年》："因与由余曲席而坐，问其地形与兵势，尽察，而后令内史廖以女乐二八遗戎王。"

㊼倜傥不群：是一个成语，形容洒脱豪放，饱有才学，与众不同。倜傥，洒脱；不拘束。不群，与众不同。《晋书·索靖传》："或若登高望其类，或若既往而中顾，或若俶傥不群，或若自检于常度。"俶傥，同"倜傥"。（清）蒲松龄《聊斋志异·狐梦》："余友毕怡庵，倜傥不群，豪纵自喜。"

㊽扪虱而谈：字面意思是"一边捉虱子，一边谈论事情"，形容言谈不凡，从容不迫，无所畏忌。《晋书·王猛传》："桓温入关，猛被褐而诣之，一面谈当世之事，扪虱而言，旁若无人。"

㊾言之凿凿：是一个成语，形容说话有真凭实据，而不是空泛的用语。（清）纪昀《阅微草堂笔记·滦阳消夏录四》："宋儒据理谈天，自谓穷造化阴阳之本；于日月五星，言之凿凿，如指诸掌。"（清）蒲松龄《聊斋志异·段氏》："言之凿凿，确可信据。"

㊿经济：经世济民。《晋书·殷浩传》："足下沉识淹长，思综通练，起而明之，足以经济。"（宋）梅尧臣《汴渠》诗："我实山野人，不识经济宜。"

# 【译文】

国家和人民的事被欺上瞒下的人耽误很久了。贵州吏治松弛，田赋不完纳，矿务还未重视，屯垦又有诸多障碍，实在是积习太深，操办和管理未抓住要害。潘大人奉朝廷之命担任贵州巡抚，上任以来，励精图治，求贤若渴。本人不才，不敢掩饰事情的原委，也不敢"揭发别人的短处还自认为是直率",请允许我秉持"臣下宁可冒犯君上而不可有所隐瞒"的道义,将服侍君主的要求推广来用以侍奉上司,向巡抚潘大人详细而有条理地陈述意见。

一、关于吏治

吏治,是一切问题的根本。府、厅、州、县用人不当,百姓确实会遭受他们的祸害。总督、巡抚是布政使司、按察使司以及各道台的榜样,道台、知府又是州、县官员的榜样。古话说:"国君正直,臣子才会端正。"又说:"你自己带头端正了,谁还敢不端正呢?"这些属官是否贤明,其关键完全取决于上司。贵州动乱刚刚平定,品行卑劣、能力低下的人争相前进,上蹿下跳、奉承讨好的人相互学习形成风气。本朝已故黎培敬大人和现任云贵总督岑毓英大人,他们之前任贵州巡抚,当时访察下属官吏,厌恶其投机钻营,被他们弹劾过的人还不少。当下想要整顿吏治,不破坏和铲除利益团伙、彻底制止贿赂,似乎就不能访求、罗致才德出众的人才,共同面对艰难时局,用以实现潘大人殷切期望安定繁荣的心愿。

我私底下想,贵州虽然不大,在等候填补空缺的官员中,难道就没有关心国计民生的人吗?从中精选数十人,比如人品和修养好的,比如办事能力强的,某人负责某件事情,某人担任某个职务。按照地方实际选择人员,而不是根据个人愿望去选择地方。才能不具备的人不可以使用,心里不乐意前往的人不可以使用。接着,推心置腹地同他们一起仔细谋划。一旦委派事情,就让他们长久地在任上干下去,深信不疑,不被流言蜚语所迷惑,不使半途而废。这样一来,有志向的人没有不闻风奋起,感激涕零,做循吏来报答知遇之恩的。那些上蹿下跳、奉承讨好的人,会畏惧不敢上前,而且或许还有人因此而洗心革面。况且,锯齿不歪斜是不能锯断木材的,役使贪婪和狡诈的官吏,也在于驾驭得法罢了。

二、关于田赋

贵州平定已经很多年了,各地人民都已恢复生产,哪有什么撂荒的田地？哪有什么拖欠的钱粮？荒田有主人，交纳赋税，早已经足额。我们在欺骗谁呢？是在欺骗上天吗？我之前代理兴义知府职务，赋税的各款项，报告解运完成定额，只有按制度征收的粮食，不能做到全额征收、全数解运，到今天还在为隐瞒而羞惭。最近接到的朝廷谕旨很严厉，责令各个省革除官吏经办征税的弊端，同时颁发征信册，希望恢复执行原有制度。确实像户部的决议所说，不是喜欢刻意核查，实在也是受形势逼迫才这样处理。我们的潘霨大人尽忠为国，按实际情况办事，如果一再请求延缓征信册的推行时间，这是受下属官员的欺骗而欺骗朝廷。

考察靠近省城的各府、县，撂荒的田地偶尔有之，其他不过十分之一二，可是赋税已经大多数交纳足额了。为今之计，应该请求巡抚严加整治属吏，并且明确制定奖惩制度，宽宥他们过去的错误，警惕其将来再犯错误。从光绪十二年（1886）农历九月开征之日起，到明年农历八月至十一月的期限内，强令全省统一全额征收、全额解运，不允许拖欠一丝一毫。如果有谎称民户拖欠、请求免税的，另行设计揭发坏人坏事、以杜绝弊端的方法，届时立即进行弹劾。唯有清查各地免赋的不同数量，差使肥瘦的不同程度，难得逃过巡抚的明察。其中，差使最艰苦的地方，势必难得自己独立支撑，是否可以酌情给予补贴，使官吏俸禄有保障，办理公事有经费，能够尽心竭力为民办事。出于鸿恩，这不是本人所能够乱定的事情。

三、关于矿务

咸同战乱以来，工厂矿洞荒芜废弃。比如，兴义、修文的水银矿，册亨的雄黄矿，大定、水城的白铅矿，威宁的黑铅矿，独山、铜仁的朱砂矿，凯里的铅矿，都经过募集股份兴办，始终没有成功经验。我在普安任职期间，按照札文调查并回复本厅境内的情况，铜矿有仙冲、灯盏窝等处，银矿有梭白、沙粪、箕湾、绿塘等处，铅矿有九家村、八纳山等处。今年正月，我曾经采取矿苗，上报善后局查验并记录在案。至于煤炭、硝矿，普安厅境内到处都有，可惜没有河流能够通行船只。现在巡抚委派官员在仁怀、镇远各地方兴办矿务，自然有真知灼见，一定有充分的成功把握。我对采矿事务不熟悉，不敢乱说一气，只有拱手庆祝大功告成罢了。

四、关于屯垦

贵州自从经历战火，人民分离，田土撂荒。光绪二年（1876），我出仕做官来到贵州，经过下游地区，发现荒无人烟，如同偏僻山野，感到无比的悲伤。于是我就写信给各个上司，说："以前的贵州是以人口多、土地少为隐患，如今的贵州是以荒地多、人烟少为隐患。《礼记·大学》上说：'有人才才会有国土，有国土才会有财富。'这话有一定的道理。恳请招集流落逃亡在外的人返乡恢复生产，不容许改为官庄实行屯垦，以致滋生各种弊病。"这个建议没有得到采纳和施行。

从前，明太祖下令在靠近卫的地方建立军屯，初期确定屯垦数额为九千三百四十顷，接着增加三十九万二千余亩。其后，此法施行的时间久了，出现了弊端。兵士懒惰，军官骄横，他们都把从事农业生产当作羞耻，有的将田地租给佃农而收取地租，有的将田地抵押贷款而变更了户主名，有的保存户主之名而田地却质押给了别人，有的把田地卖给豪门大族自己却成为承担赋役的普通平民。这种办法或许不可以轻率地实行。

同治年间，曾璧光大人曾奏请举办平坝、贵筑、清平、黄平屯垦事宜，在清平设立屯垦局兴办屯垦。无奈负责经营管理的人，既不考查古代法度，又不经商议取得一致意见，而且也不讲究"三七""二八"的收成分配之法，竟敢轻率地推行。难怪大家的怨恨非议连续不断，诉讼案件此起彼伏。

随后，前任巡抚岑毓英，仿照宋淳祐三年(1243)四川屯垦案例，奏请把军田归还给了民众。我当时曾经接手经办，认为这样兴办会是一件益处很大的事情，不必计较一小点的害处，即便方法不完善，完全可以改正，不必全部取消。由此可见，开创初始难得画计，取得成功更加不容易。

官庄这一项，我朝建国初期和雍正朝，在上游和下游地区都建立不少，今天已经有其名而无其实了。巡抚潘大人奏请兴办屯垦，分头调拨练军将官庄的荒田承接耕种，不允许普通平民冒名认领，用以杜绝土地纠纷，自然是仿效古人屯田的成功经验作出的处理。唯有叛逆者的财产和无人继承的遗产，各地曾经委派人员清查，拨归各地的书院、庙宇，似乎很难再作改变。

至于靠近省城的荒田，假如业主持有契券、执照，而且又全额交纳赋税，如果将这类田地授予军队，难以避免不发生练兵侵占别人田产的事情。应该提请巡抚发布告示，告知乡绅和民众，并且严肃告诫练军：所有已经重新开垦的荒田，限定三年后归还田主，不准许长久占用，也不准提取作为官庄实行屯垦。过不了多久，流离失所而痛苦不堪的饥民就会安定下来，享受无穷无尽的恩惠，这也正是贵州百万人民异口同声祷告祝愿的事情。

谨慎地陈述一点愚昧的见识，没有体现出哪怕一丁点片长末技。使田赋恢复到全额这一问题，还有更多的意见，容许我等到今后当面禀告。总之希望潘大人明察，极其惶恐地等待被治罪。


  巡抚潘霨的批语："侃侃而谈，一看便知道是真心实意任职理事的人。行笔也流畅潇洒，与众不同。真诚实在不虚伪，这是能担任大事的人才。"

  布政使李元度的批语："具有扪虱而谈、旁若无人的气概。尤其难能可贵的，是在于不欺骗不隐瞒。"

  粮储道员黄元善的批语："吏治和矿务这两件事，都能够说得有根有据，这属于在平时就注重讲究经世济民的人。"

## 【原文】

### 策问·超等第三名邓嘉缜[①]

策问。惟养人者为能教人，官之于民长官之于属吏父兄之于子弟其分殊其理一也。黔自戡定后求治者勤矣，然而生聚教训阙焉寡效其弊有二。一在官不知养民，一在官不能自养。夫守令之养民非必补助而称贷之也，耗民财者莫甚于讼狱。说者谓黔俗好讼疑不尽然，犷悍者狃于私斗不待讼；被害者畏其势仇不敢讼。有司之门喧阗旁午，大抵皆里魁大猾朘食良懦耳。理之而直已罄其家况○有○畏○點○猾○挾○持○而○不○敢○直○之○者○乎○又○況○有○積○而○不○理○聽○其○自○起○自○滅○者○乎○訟○獄○之○滋○誰○階○之○厲○匪○獨○此○也○上○控○之○獄○亦○多○類○是○昔○陽○湖○惲○中○丞○撫○湘○飭○有○司○衙○門○凡○羈○禁○之○囚○皆○開○注○所○因○列○牌○以○示○其○意○蓋○杜○私○禁○竊○謂○倣○而○行○之○亦○可○除○積○閣○之○弊○陳○文○恭○撫○吳○凡○上○控○先○羈○原○告○立○提○卷○宗○考○其○原○讞○之○允○否○以○定○牒○訴○之○眞○偽○其○法○至○良○故○考○覈○吏○治○之○優○劣○當○於○訟○獄○加○意○而○養○民○之○政○卽○寓○乎○其○中○若○官○之○不○能○自○養○不○惟○削○朘○於○下○之○可○虞○卽○亦

不免擾竊於上。黔之賦額久而未復荒蕪者誠多
然試問所關之額果與所荒者符乎長官知之而
未遑督責之非好為寬大也勢不能也何則守令
之取於民者僅恃錢糧贏餘以養贍其妻子自糧
價減定無可沾漑而凡胥吏之取於守令者仍不
得少焉幸而有津貼者則又核減之積欠之是
以不得已而為藉荒擾竊之舉長官亦心知其然
以其猶有說也而姑聽之是豈可為常經乎今者
部頒徵信冊出說者謂守令必不樂從竊謂不然

黔饷不解户部，统归本省奏销，比来钱粮因荒不足额，而应销之款岂能因之亦减乎，势必挪移他项以供度支，然则复一分赋额，彼挪移之款即多一分赢馀赋额，全复则凡挪移之款尽属赢馀，即可以此项赢馀以均赡守令，定为常经，彼既有以自养，而项赢馀以均赡。守令定为常经，彼既有以自养，而又得免藉荒攘窃之过，有不欣然乐从者必非人情，故欲使田赋复额，当为官筹可以自养之策。矿务之兴，为养官养民开不竭之源，其盛意也。然必收买者能辨物质，方不虑滞销，发卖者能确知市價方不慮折閱又必薪工局用處處樽節方冀有實濟自來言利者曰什一曰錙銖千百萬億皆由小積大此又不嫌於猥瑣而必得慎之於微者也又聞仁懷之礦但宜熏物若造軍火則龍貴為良異日運赴南北洋宜擇焉練軍墾荒無閡民無曠土其法極善所立章程縈然大備惟有主之田宜聽民便有不願官墾者令具限自墾並取保結蓋鄉愚惴惴謂田一入官即難返業事前而與之約不能強民之必信也其尤要者軍民相狎

相習必令勿啟猜畏民情既洽自無有起而撓之者矣。要之黔為瘠區相沿已久，方今百廢具舉，力圖自強正如寒家立業必得勤幹耐勞子弟乃能日起有功而為之家督者又必聞直諒不欺之言乃能指揮悉當誠能各盡父兄之心各勤子弟之職將見眞誠所被和氣所凝風流而令行必有鼓舞奮興於不覺者豈獨為黔之幸歟

撫部院潘　批

平心靜氣無拔劍張弩之態收筆尤妙

議論平易近情臨事必能有濟

布政使司李　批

議論正大而平情以出之文氣亦古茂

糧儲道黃　批

拈養民自養作主將四條穿成一線作法既高筆亦古雅絕倫　吏治礦務兩條能舉其大自是留心時務者

## 【释文】

惟养人②者，为能教人。官之于民，长官之于属吏，父兄之于子弟，其分殊，其理一也。黔自戡定后，求治者勤③矣，然而生聚教训④，阙焉⑤寡效⑥。其弊有二：一在官不知养民，一在官不能自养。

夫守令之养民，非必补助而称贷⑦之也。耗民财者，莫甚于讼狱⑧。说者谓黔俗好讼，疑不尽然。犷悍者狃⑨于私斗，不待讼。被害者畏其寻仇，不敢讼。有司之门，喧填⑩旁午⑪，大抵皆里魁⑫大猾⑬脧食〔蚀〕⑭良懦⑮耳。理之而直⑯，已罄其家，况有畏黠猾⑰挟持⑱而不敢直之者乎？又况有积而不理，听其自起自灭⑲者乎？讼狱之滋〔兹〕，谁阶之厉⑳？匪独此也，上控之狱，亦多类是。

昔阳湖恽中丞抚湘，饬有司衙门："凡羁禁之囚，皆开注所因，列牌以示。"其意盖杜私禁。窃谓仿而行之，亦可除积阁之弊。陈文恭㉑抚吴，凡上控先羁原告，立提卷宗，考其原谳㉒之允否，以定牒诉㉓之真伪。其法至良。故考核吏治之优劣，当于讼狱加意，而养民之政即寓乎其中。

若官之不能自养㉔，不惟削脧〔脧削〕㉕于下之可虞㉖，即亦不免攘窃㉗于上。黔之赋额，久而未复，荒芜者诚多，然试问所阙之额，果与所荒者符乎？长官知之，而未遑㉘督责之，非好为宽大也，势不能也。何则？守令之取于民者，仅恃钱粮盈余，以养赡其妻子，自粮价减定，无可沾溉㉙。而凡胥吏之取于守令者，仍不得少免焉。幸而有津贴者，则又核减之、积欠之，是以不得已而为藉荒攘窃之举。长官亦心知其然，以其犹有说也，而姑听之。是岂可为常经乎？

今者部颁征信册出，说者谓守令必不乐从。窃谓不然。黔饷不解户部，统归本省奏销，比来㉚钱粮因荒不足额，而应销之款岂能因之亦减乎？势必挪移他项以供度支。然则复一分赋额，彼挪移之款即多一分盈余；赋额全复，则凡挪移之款尽属盈余。即以此项盈余，以均赡守令，定为常经。彼既有以自养，而又得免藉荒攘窃之过，有不欣然乐从者，必非人情。故欲使田赋复额，当为官筹可以自养之策。

矿务之兴，为养官、养民开不竭之源，甚盛意㉛也。然必收买者能辨物质，方不虑滞销；发卖者能确知市价，方不虑折阅㉜；又必薪工㉝、局用㉞，处处搏节㉟，方冀有实济㊱。自来言利者曰什一㊲，曰锱铢㊳至千百万亿皆由小积大，此又不嫌于猥琐㊴，而必得慎之于微者也。又闻仁怀之磺，但宜熏物，若造军火，则龙贵为良。异日运赴南北洋，宜慎择焉。

练军垦荒，无闲民，无旷土，其法极善。所立章程，粲然大备㊵。惟有主之田，宜听民便。有不愿官垦者，令具限自垦，并取保结。盖乡愚惴惴㊶，谓田一入官，即难返业。事前而与之约，不能强民之必信也。其尤要者，军民相狎相习㊷，必令勿启猜畏㊸。民情既洽，自无有起而挠之者矣。

要之㊹，黔为瘠区，相沿已久。方今百废具举，力图自强，正如寒家立业，必得勤干㊺、耐劳㊻子弟，乃能日起有功。而为之家督㊼者，又必闻直谠㊽不欺之言，乃能指挥悉当。诚能各尽父兄之心，各勤子弟之职，将见真诚所被，和气所凝，风流而令行㊾，必有鼓舞奋兴于不觉者。岂独为黔之幸欤？

抚部院潘批："平心静气，无拔剑张弩之态。收笔尤妙。议论平易近情㊿，临事㊑必能有济㊒。"

布政使司李批："议论正大，而平情㊓以出之。文气亦古茂㊔。"

粮储道黄批："拈养民、自养作主，将四条穿成一线，作法既高，笔亦古雅㊕绝伦。吏治、矿务两条，能举其大，自是留心时务者。"

# 【注释】

①邓嘉缜：生卒年月不详。（民国）《贵州通志·宦迹志》记载："字季垂，江宁（今江苏省南京市江宁区）举人，大挑一等。性严整，仪容俊伟，听断如神。光绪庚寅年（1890）莅正安，即求民之瘼。闻差役取民之脂膏，一案或数十千或数百千不等，定制每案不得取过十千文，违者重究，责还。原被到堂讯断后，必问之曰：'尔花钱若干？'若过，则迫令差人退还。先是衙门之陋规，每案差人送钱六千文到署，命为堂礼。嘉缜慨然曰：'源之不清，流将安洁？吾安用此堂礼哉？'遂除之。又患民之诬告，凡诉讼人持纸到衙，必先审词，如理真实，方能批准；如虚矫，则劝令归农，勿得牵连，民皆感悦。尝有因钱债口角细故争讼，贫民不能偿者，己出资数千或十数千文代偿，皆历来之职官所未有。未几，调省另委，邑人闻之，如丧父母。去之日，送者如归市，途为之塞满，绅耆泣求换靴以示纪念，至今遗迹犹存东关楼上。"

②养人：供给人民生活所需。《礼记集解·礼运》："君者，所养也，非养人者也。"孙希旦集解："养人，谓食人。"（隋）王通《中说校注·事君》："古之从仕者养人，今之从仕者养己。"

③勤：勤奋努力；努力不倦。（宋）苏轼《教战守策》："终岁勤苦"。

④生聚教训：是一个成语，意思是军民同心同德，积聚力量，发愤图强，以洗刷耻辱。生聚，繁殖人口和聚积物力；教训，教育与训练。出自《春秋左传诸·哀公元年》："越十年生聚，而十年教训，二十年之外，吴其为沼乎！"

⑤阙焉：间断；延搁。（唐）韩愈《答张籍书》："近者尝有意吾子之阙焉无言，意仆所以交之之道不至也；今乃大得所图，脱然若沉疴去体，洒然若执热者之濯清风也。"

⑥寡效：缺少成效。寡，少；缺少。《三国志·诸葛亮传》："曹操比于袁绍，则名微而众寡。"《论语·季氏》："不患寡而患不均。"效，功效；效果；结果。《荀子简释·议兵》："强弱存亡之效。"《汉书·刘向传》："以德为效。"（宋）苏洵《六国论》："用兵之效。"

⑦称贷：举债；向人告贷。《孟子译注·滕文公章句上》："又称贷而益之，使老稚转乎沟壑，恶在其为民父母也。"（宋）陆游《过邻家》诗："年丰称贷少，酒贱往来频。"

⑧讼狱：诉讼，指打官司。《管子·小匡》："无坐抑而讼狱者，正三禁之。"（唐）李隆基《赐诸州刺史以题座右》："虚誉不可饰，清知不可忘。求名迹

易见，安贞德自彰。讼狱必以情，教民贵有常。"

⑨狃[niǔ]：习惯；习以为常。《伪书·君陈》："狃于奸宄。"《诗·郑风·大叔于田》："将叔无狃，戒其伤女。"（宋）苏轼《教战守》："狃于寒暑之变。"

⑩喧阗：亦作"喧阗""喧嗔"。喧哗；热闹。（唐）杜甫《盐井》诗："君子慎止足，小人苦喧阗。"（宋）苏轼《竹枝歌》："水滨击鼓何喧阗，相将扣水求屈原。"（清）张岱《陶庵梦忆·金山夜戏》："锣鼓喧阗，一寺人皆起看。"（清）黄景仁《入市》诗："喧阗驺从除道来，呼声直欲缘云上。"

⑪旁午：亦作"旁迕"。交错；纷繁。《汉书·霍光传》："受玺以来二十七日，使者旁午，持节诏诸官署征发。"颜师古注："一从一横为旁午，犹言交横也。"（汉）王褒《洞箫赋》："气旁迕以飞射兮，驰散涣以逫律。"

⑫里魁：汉代的乡官名。出自《后汉书·百官五》："里有里魁，民有什伍，善恶以告。"据本注，里魁掌一里百家，以下什主十家，伍主五家，互相检察。遇有善事恶事，由里魁向有秩、啬夫、三老汇报。

⑬大猾：亦作"大滑"。大奸；大恶人。《史记·刘敬叔孙通列传》："叔孙通之降汉，从儒生弟子百余人。然通无所言进，专言诸故群盗壮士进之。弟子皆窃骂曰：'……今不能进臣等，专言大猾，何也？'"《后汉书·陈蕃传》："小黄门赵津、大猾张汜等肆行贪虐，奸媚左右。"（清）赵翼《瓯北诗话·吴梅村诗》："此乃顺治九年，世祖拿获京师大猾李应试、潘文学二人正法之事。"

⑭朘蚀[juān shí]：耗损。（清）魏源《圣武记》卷十四："天储所仰，莫如漕盐，行之二百岁，百窦千蠹，昼夜朘蚀。"

⑮良懦[liáng nuò]：善良而懦弱的人。《二十年目睹之怪现状》第五六回："这夏作人是新安县人氏，捐有一个都司职衔，平日包揽词讼，无恶不作，横行乡里，欺压良懦。"

⑯理之而直：审理诉讼，得到公正。理，审理；断理。之，代词，指诉讼案件。直，公正；公道。

⑰黠猾[xiá huá]：狡猾。《明史·宦官传二·冯保》："帝曰：'奴黠猾，先窃而逃，未能尽得也。'"（清）龚自珍《送钦差大臣侯官林公序》："送难者皆天下黠猾游说，而貌为老成迂拙者也。"

⑱挟持：控制；用威力强制对方顺从。（宋）苏辙《历代论二·邓禹》："听禹坚守北道时出挠之，而使别将挟持其东。"（清）陆继辂《建阳知县陆费君墓志铭》："下者操行不谨，为宵小所挟持。"

⑲自起自灭：自然地发生，又自然地消灭。形容不加过问、不加干预，任

凭纠纷自由发展。

⑳谁阶之厉：与"孰阶之厉""谁生厉阶"同义，意思是谁导致了祸端。厉阶，指祸端；祸患的来由。语出《诗经·大雅·桑柔》："谁生厉阶，至今为梗。"

㉑陈文恭：陈宏谋（1696—1771），广西临桂（今广西壮族自治区桂林市）人，字汝咨，曾用名弘谋，因避乾隆帝"弘历"之名讳而改名宏谋，谥"文恭"。雍正元年（1723）进士，历任翰林院检讨、吏部郎中、浙江道御史、扬州知府、江南驿盐道、云南布政司、直隶天津道、江苏按察使以及甘肃、江西、陕西、湖北、河南、福建、湖南、江苏等省巡抚和陕甘、两广、两江、湖广等地总督。乾隆二十八年（1763）奉调进京，历任吏部尚书、工部尚书、协办大学士、东阁大学士等职。他一生不仅为官清廉，政绩卓著，而且著作甚丰，有《培远堂全集》《五种遗规》等行世。

㉒原谳：原先的定案。谳[yàn]，审判定罪的意思。（明）黄道周《节寰袁公传》："公（袁可立）独谓是狂生，无他。卒谳不得实，乃已。"（清）方苞《狱中杂记》："主谳者亦各罢去。"

㉓牒诉：讼辞；诉状。《文选·孔稚珪〈北山移文〉》："敲扑喧嚣犯其虑，牒诉倥偬装其怀。"吕向注："牒，文牒也；诉，告也。"（宋）司马光《送人为闽宰》诗："政用慈良化，居无牒诉纷。"《宋史·文苑传一·何承裕》："每览牒诉，必戏判以喻曲直，诉者多心伏引去。"

㉔自养：指官吏靠合法收入养活自身和家人。

㉕朘削[juān xuē]：剥削；盘剥。（清）陈忱《水浒后传》："排摈正人，朘削百姓。"安成祥《石上历史·剑河县翁座（清光绪）例定千秋碑》："似此劳烦民力，朘削民膏，实不堪命，应即严行禁革，以安闾阎。"

㉖可虞：使人忧虑。（清）恽敬《与庄大久》："唯有时旧疾复发，则吐如银者数声，手足战掉，胸背寒重为可虞耳。"

㉗攘窃：盗窃；抢夺。（南宋）蔡沉《书集传·微子》："今殷民乃攘窃神祇之牺牷牲，用以容，将食无灾。"（汉）董仲舒《春秋繁露·俞序》："怨人不可迩，敌国不可狎，攘窃之国不可使久亲。"（宋）苏轼《论纲梢欠折利害状》："妻子流离，性命不保，虽加刀锯，亦不能禁其攘窃。"

㉘未遑[wèi huáng]：没有时间顾及；来不及。（汉）扬雄《羽猎赋》："立君臣之节，崇贤圣之业。未遑苑囿之丽、游猎之靡也。"（南朝·梁）刘勰《文心雕龙译注·时序》："爰至有汉，运接燔书，高祖尚武，戏儒简学，虽礼律草创，《诗》《书》未遑。"（清）魏源《客怀》诗："劳劳啼夜乌，夜静未遑息。"

㉙ 沾溉 [zhān gài]：浸润浇灌，比喻使人受益。《金史·完颜璹传》："上慰之曰：'南渡后，国家比承平时有何奉养，然叔父亦未尝沾溉。无事则置之冷地，无所顾藉，缓急则置于不测，叔父尽忠固可，天下其谓朕何？叔父休矣。'"（清）冯桂芬《致曾侯相书》："于是帮官穷奢极侈，提闸之费，一处或至五十金，沿途莫不有所沾溉。"

㉚ 比来：近来；原来。《三国志·魏书·徐邈传》："比来天下奢靡，转相仿效，而徐公雅尚自若，不与俗同。"《北齐书·段韶传》："吾每与段孝先论兵，殊有英略，若使比来用其谋，亦可无今日之劳矣。"《敦煌变文选注·丑女缘起》："比来丑陋前生种，今日端严遇释迦。"（明）瞿汝稷《指月录·永嘉玄觉禅师》："比来尘镜未曾磨，今日分明须剖析。"

㉛ 盛意：盛情；浓厚的情意。《孔丛子校释·对魏王》："子高曰：'然，此诚君之盛意也。'"（唐）元稹《献事表》："自是言事者惟惧乎言不直、谏不极，不能激文皇之盛意。"

㉜ 折阅：商品减价销售；买主杀价。《荀子·修身》："良农不为水旱不耕，良贾不为折阅不市。"杨倞注："折，损也。阅，卖也。谓损所阅卖之物价也。"《宋大诏令集·政事·置市易物诏》："天下商旅货物至京，多为兼并之家所困，往往折阅失业。"梁启超《托辣斯·托辣斯之利》："或遇物价骤落，小资本者，不能不忍折阅而急求售，以为通转之资。"

㉝ 薪工：薪金；工资。《苦社会》第十一回："你倒算算，这几个月，伙计水手的薪工，岸上船上的吃用，要多少钱？"

㉞ 局用：指矿务局的开支费用。

㉟ 撙节：节省；节约。《新唐书·柳公绰传》："遭岁恶，撙节用度，辍宴饮，衣食与士卒钧。"《明史·周经传》："滥费无纪，至帑藏殚虚，宜大为撙节。"

㊱ 实济：实际成效。（清）龙启瑞《复唐子实书》："凡事须求实济，此更不待言。"（清）端方《考查政治调员差委折》："是以风气虽开，而持论者或参成见；规模虽创，而任事者绝少专门，仅袭皮毛，难言实济。"

㊲ 什一：以十博一，泛指经商。《史记·越王勾践世家》："（范蠡）复约要父子耕畜，废居，候时转物，逐什一之利。"后因以"什一"泛指经商。（清）俞樾《春在堂随笔》卷十："玉翁以其贫也，予钱十五贯，使营什一。"

㊳ 锱铢 [zī zhū]：比喻微利，极少的钱。锱、铢，均为古代相对很小的重量单位，一说锱为一两的四分之一，铢为一两的二十四分之一。《庄子·达生》："累丸二而不坠，则失者锱铢。"（西汉）《淮南子集释·兵略训》："能分

人之兵,疑人之心,则锱铢有余。不能分人之兵,疑人之心,则数倍不足。"(唐)柳宗元《披沙拣金赋》:"观其振拔污涂,积以锱铢,碎清光而竞出,耀直质而特殊。"

㊴猥琐:繁杂琐碎。(明)徐渭《女状元》第三出:"这个官虽是簿书猥琐,却到得展我惠民束吏之才。"

㊵粲然大备:指清清楚楚,详备其中。粲然,明白;明亮。备,完备,齐全。

㊶乡愚惴惴:老百姓惶恐不安。乡愚,旧时对乡村老百姓的蔑称。郑观应《盛世危言·禁烟上》:"鱼肉乡愚,欺压良懦,而于禁烟之事,仍无实效可观耳。"惴惴,恐惧的样子。(清)袁枚《黄生借书说》:"惴惴焉摩玩不已。"《聊斋志异·促织》:"惴惴恐不当意。"

㊷相狎相习:彼此接近,相互熟悉。相狎,彼此亲昵、接近。相习,互相熟悉。

㊸猜畏:疑惧。《后汉书·吕布传》:"卓自知凶恣,每怀猜畏,行止常以布自卫。"

㊹要之:总之。《史记·张仪列传论》:"要之,此两人(指苏秦、张仪)真倾危之士哉!"(宋)陆游《老学庵笔记》卷七:"剑门关皆石,无寸土;潼关皆土,无拳石。虽皆号天下险固,要之,潼关不若剑门。"

㊺勤干:勤勉干练。《陈书·程文季传》:"每置阵役人,文季必先诸将,夜则早起,迄暮不休,军中莫不服其勤干。"(清)顾炎武《郡县论三》:"择一国人之勤干者,委之以马牛,给之以牧地。"

㊻耐劳:经受得住劳苦。(明)何良俊《四友斋丛说·史三》:"大抵东乡之民勤而耐劳,西乡之民习于骄惰。"(清)魏源《圣武记》卷九:"至从征官兵,每日逶行百十里,旬月尚可耐劳,若阅四五年之久,无冬无夏,即骡马尚且踣毙,何况于人?"

㊼家督:家中的长子。语出《史记·越王勾践世家》:"(朱公)长男曰:'家有长子曰家督,今弟有罪,大人不遣,乃遣少弟,是吾不肖。'"

㊽直戆[gàng]:憨直;刚直而愚笨。(唐)元稹《酬乐天见忆兼伤仲远》诗:"河任天然曲,江随峡势斜。与君皆直戆,须分老泥沙。"(明)王守仁《答聂文蔚书》二:"谆谆下问,而竟虚来意,又自不能已于言也。然直戆烦缕已甚,恃在信爱,当不为罪。"

㊾风流而令行:风俗教化,政令畅通。风流,指风俗教化。《汉书·刑法志》:"风流笃厚,禁罔疏阔。"令行,指下令行动就立即行动,形容法令严正,纪律严明,政令能够迅速推行。《管子校注·立政》:"令则行,禁则止,

宪之所及，俗之所被。如百体之从心，政之所期也。”《韩非子·八经》：“君执柄以处势，故令行禁止。”（南朝）梁武帝《断酒肉文》：“令行禁止，莫不率从。”

(50) 平易：浅近易懂。《朱子语类》卷七十：“卦辞有平易底，有难晓底。”（明）方孝孺《答王仲缙》：“其言平易明切，亦未有所谓奇怪。”近情：指切近情理。

(51) 临事：遇事或处事，特指治理政事。《书·周官》：“不学墙面，莅事惟烦。”孔传：“人而不学，其犹正墙面而立，临政事必烦。”孔颖达疏：“人而不学，如面向墙无所睹见，以此临事，则惟烦乱不能治理。”《晏子春秋·内篇杂下第六》：“临事守职，不胜其任，则过之。”《论语义疏·述而》：“必也临事而惧，好谋而成者也。”

(52) 有济：有所补益；有所帮助。《书·君陈》：“必有忍，其乃有济。”

(53) 平情：公允而不偏于感情。罗惇曧《文学源流》：“庄生之言，可谓平情以自律矣。”

(54) 古茂：古雅美盛。《明史·章存道传》：“基、濂学术醇深，文章古茂，同为一代宗工。”（清）蒋士铨《一片石·宴阁》：“沉郁古茂，情文兼至。”梁启超《湖南时务学堂学约》：“传世之文，或务渊懿古茂。”

(55) 古雅：古朴雅致，形容诗文雅致而有古典风味。（唐）高彦休《裴晋公大度》：“皇甫郎中湜，气貌刚质，为文古雅，恃才傲物。”

## 【译文】

只有供给人民生活所需的人，才能教育熏陶人民。地方官员对于平民百姓，上级官员对于下属吏员，父亲、兄长对于儿子、弟弟，他们的名分虽然不同，但道理却是一样的。自从朝廷以武力平定贵州之后，尽管寻求安定社会的官员努力不懈，可是军民同心图强、恢复社会生产的形势却时断时续，缺少成效。弊根有两个方面：一是官员不知道供给人民生活所需，二是官员不能养活自己及家人。

知府、知县扶养民众，不一定是给予物质周济而借钱给他们。消耗民众财物的事，没有比诉讼更厉害的了。有人说贵州民间喜好打官司，我怀疑不完全是这样。粗野强悍的人习惯于私下打斗，不采取诉讼。受到伤害的当事人惧怕逞强者寻隙结仇，不敢打官司。那些到官府告状，使得有关衙门热闹纷繁的人，差不多都是被乡官和大奸所祸害的善良懦弱的乡民罢了。经过审理，得到公正，早已倾家荡产。何况有畏惧狡猾之徒的控制，从而不敢讨还公道的人呢？又何况有积案而且不审理，听任纠纷自由发展的人呢？诉讼到了这个状况，是谁导致了祸端？不是只有这一种情况，上诉的案子，也大多与此相似。

以前阳湖的恽世临大人在担任湖南巡抚时，饬令有关衙门："凡是被羁押收监的囚犯，都要开列注明被羁押的缘由，摆列牌子进行公示。"他的用意就是为了防止违法拘禁。我认为效仿并推行他的做法，也可以清除陈年积案中的舞弊行为。陈宏谋大人做江苏巡抚时，凡上诉，先行羁押原告，立即调取案卷，审查原先的定案是否公允，以此来断定讼辞的真假。他的方法特别好。因此，考定核查吏治的优劣，应当对诉讼特别留意，而且扶养人民的策略就包含在当中。

如果官员不能养活自身和家人，不仅担心他们向下进行盘剥，而且他们也难免不向上进行盗窃。贵州的赋额，长时间没有恢复，田地撂荒确实多，可是请问所缺的数额，果真同撂荒无收之数吻合吗？上级官员知道这些，可是没有督察责罚他们，不是有意宽大，实在是无法处罚。为什么呢？知府、知县从民众那里收取的钱粮，仅靠上交之后的留成部分，用以供养妻子儿女，自从钱粮价款减定后，再无可以获益之处。但凡是杂役、小吏向知府、知县支取的俸银，仍然不得减少和免除。有幸得到上级财政补助的地方，往往又被审核减少、积累亏欠补助款，这导致地方官不得不做出借荒田盗窃的举动。上级官员在心里知道他们这样，因各地都有说辞，就姑且不加干预。这难道可以作为通常的行事方式吗？

现在，户部颁布征信册出来，有人说各地的知府、知县一定不会愉快地接受。我认为不是这样。贵州的钱粮不解运到户部，统一由省里报奏户部销数。原来赋税因田地撂荒不能全额征收，可是应当开销的款项难道也能因此而减少吗？必然会挪借其他款项来开支。既然如此，那么恢复一分赋额，他们挪借的款项就多了一分盈余；如果赋额全部恢复，那么所有挪借的款项就全部属于盈余。也就是说，用这项多余的钱，去调剂解决知府、知县们的薪俸开支，必定成为经常性的方式。他们既然有了"自养"之道，而且又可以避免犯借荒盗窃的过错，还有不乐于接受的人，必定不符合人之常情。因此，想要让田赋恢复足额，应当替地方官筹谋可以自养的办法。

矿务的兴办，能为养官、养民开掘永不枯竭的财源，这是极好的想法。可是，必须使从事收购的人懂得分辨和经营矿产，才不担心销路不畅；从事销售的人能够准确地知道市场价格，才不用担心被买家杀价；另外，必须在人工工资和管理成本等方面，处处节约，才有希望取得实际效益。历来谈论财利必说经商，也会说从微利到成百上千上万上亿，都是从小数字逐步累积成大数字，于此还要不嫌繁杂琐碎，必须谨慎地对待细微的利润。我还听说仁怀出产的硫黄，只适合熏物，如果要制造军火，龙贵所产的硫黄才好，它日若运往南洋和北洋水师，应当慎重选择。

使练军垦荒，没有无业的百姓，没有荒芜的土地，这种方法非常好。所订立的规章制度，清清楚楚，详备其中。只是有主人的田地，应当听由百姓自便。若有不愿意交由官府垦殖的，责令他们在一定时限内自行垦殖，并且向官府写下保证书。老百姓惶恐不安，认为田地一旦被官府占用，就很难返还产业。事先与老百姓约定好，不能强迫民众必须信服。实行军垦尤其重要的，是军人和百姓彼此接近，相互熟悉，一定不要使他们互相产生疑惧。民众的感情融洽了，自然没有人起来阻挠军垦了。

总之，贵州是一个贫瘠的地区，递相沿袭已有很长历史。而今百废俱兴，力图自强，正如寒微的家庭建立功业，必须有勤勉干练、经受得住劳苦的子弟，才能逐步有所成就。可是，作为家中长子的人，又必须听取憨直、不欺饰的进言，才能详尽恰当地进行指挥。如果能够各自尽到为父为兄的心思，各自勤恳地坚守为子为弟的职责，必将可见坦诚相待，和睦融洽，政令畅通，必定对不觉悟的人有所鼓舞和振奋。这难道只是贵州的幸运吗？

  巡抚潘霨的批语："平心静气，没有剑拔弩张的态势。结尾尤其妙。议论浅近易懂，切近情理，对治理政事必定能够有所帮助。"

  布政使李元度的批语："言论正派，而且呈现出公允而不偏于感情。文风也古雅美盛。"

  粮储道员黄元善的批语："选取'养民''自养'作为议论的主题，把吏治、田赋、矿务、屯垦这四条穿成一条线，作文方法高超，文风也极其古朴雅致。吏治、矿务两条，能够列举其中的重大问题，自然是关心当下形势的人。"

## 【原文】

### 策问·超等第四名宗韶[①]

策問

黔瘠壤也。田少山多厥賦下下。加以漢苗雜處言語不通。司牧者苟無勤求民瘼之心。悉假手於胥吏。丁役是非倒置黑白混淆官仍懵然不知於是苗多冤獄而禍機伏作矣。從前苗民之變胥由於性惟撫馭得宜自無不範我馳驅矣欲以優劣課此誠使處之以公感之以誠彼圓顱方趾豈無天吏治謂表率可不端歟黔中田賦與他省殊他省按畝定賦編成魚鱗冊凡推收皆必過戶印契但抱尺一之籍而境內正供瞭如指掌黔地歷未丈量民間不知畝數但以穀種為斷而丁糧之多寡因之且置田多係白契地方官按季徵收既以舊冊花名為據其實已不知幾易姓矣相沿既久飛灑弊生在官則不知田屬何人在民則不知糧有幾許於是胥吏豪右句結把持竟有莫之能制者卽使能吏當此猶難就理況以中材而初署篆賦額有不日缺者耶而或者謂有司求為豁免藉以擾充私臺其有無固不足深辦但胥吏里甲需索

之数势必过半团绅又从而牵制之是徒负冈上
之名亦不过为若辈作佣耳吁可慨已又若筹办
荒田现拨练军屯垦用节縻费是亦补救之良法
然与其借力于练而致废操防何若归业于农而
使安耕凿彼凡有主之田力不能自垦及一切绝
逆各产之久任荒芜者悉由地方官劝谕绅团广
招贫民酌量安插编为牌甲借与牛力籽种于田
亩近处搭棚授耕宽其年限俟有储积责令陆续
偿还迨经垦成熟田有主者准定价赎还无主者

卽永遠承佃若是則遊蕩少而盜風可弭樹藝蕃
而財用斯充使瘠境爲富庶豈不甚善至礦務一
節建筴者每日糾股集商廣籌銷路是誠然矣竊
思其要有二一在得人一在節用得人以勤愼耐
勞爲主而尤以不欺爲先事當創始不能不畀以
權宜設其人稍有見功掩過之意據文報所陳而
稽核之能盡其得眞際乎卽使所言皆實補偏救
弊且有難隨事斡旋者況其人早自彌縫之則旣
剎就害先無從知迨日知之而已挽回無及矣節

用者非必刻齝而有所靳也量能授食又樂勵之足矣局用一切似宜撙節未可以將然之豐厚遂不屑較現在之錙銖也總之黔省雖小吏材亦為不少誠在上者振策而鼓舞之將見物阜民康同登壽宇則信乎有治法胥賴有治人也

撫部院潘　批

直抒已見又能洞悉時事論事能舉其要是謂吏才

布政使司李　批

議論通達思慮周詳

糧儲道黃　批

胸有成竹故能言之確鑿而辦法亦極詳且盡迥非

率爾操觚者可比

## 【释文】

　　黔，瘠壤也。田少山多，厥赋下下②。加以汉苗杂处③，言语不通。司牧者苟④无勤求民瘼⑤之心，悉假手于胥吏、丁役，是非倒置，黑白混淆，官仍懵然不知⑥。于是，苗多冤狱，而祸机⑦伏作矣。从前苗民之变，胥⑧由于此。诚使⑨处之以公，感之以诚，彼圆颅方趾⑩，岂无天性？惟抚驭得宜⑪，自无不范我驰驱⑫矣。欲以优劣课⑬吏治，谓表率可不端欤？

　　黔中田赋与他省殊。他省按亩定赋，编成鱼鳞册⑭，凡推收⑮皆必过户、印契⑯。但抱尺一之籍⑰，而境内正供⑱了如指掌。黔地历未丈量，民间不知亩数，但以谷种为断⑲，而丁粮之多寡因之⑳。且置田多系白契㉑，地方官按季征收，只以旧册花名㉒为据，其实已不知几易姓矣。相沿既久，飞洒㉓弊生。在官，则不知田属何人；在民，则不知粮有几许。于是，胥吏、豪右勾结把持，竟有莫之能制者。即使能吏㉔当此，犹难就理，况以中材㉕而初署篆㉖，赋额有不日㉗缺者耶。而或者㉘谓有司求为豁免，藉以攘充私橐㉙。其有无固不足深辨，但胥吏、里、甲需索㉚之数，势必过半，团、绅又从而牵制㉛之，是徒负冈上之名㉜，官亦不过为若辈作佣㉝耳。吁！可嘅㉞已！

　　又若筹办荒田。现拨练军屯垦，用节縻费㉟，是亦补救之良法。然与其借力于练，而致废操防㊱，何若归业㊲于农而使安耕凿㊳？彼凡有主之田，力不能自垦，及一切绝、逆各产之久任荒芜者，悉由地方官劝谕绅团，广招贫民，酌量安插，编为牌甲，借与牛力、籽〔籽〕种㊴，于田亩近处搭棚授耕。宽其年限，俟有储积㊵，责令陆续偿还。迨经垦成熟田，有主者准定价赎还，无主者即永远承佃。若是，则游荡少而盗风可弭，树艺蕃㊶而财用斯㊷充。使瘠境为富庶，岂不甚善？

至矿务一节。建策者㊸每日纠股集商，广筹销路，是诚然矣。窃思其要有二：一在得人，一在节用。得人以勤慎㊹、耐劳为主，而尤以不欺为先。事当创始，不能不畀㊺以权宜㊻。设其人稍有见功掩过之意，据文报㊼所陈而稽核之，能尽其得真际㊽乎？即使所言皆实，补偏救弊㊾，且有难随事斡旋㊿者，况其人早自弥缝(51)之，则孰利孰害，先无从知。迨日知之，而已挽回无及矣。节用者，非必刻啬而有所靳(52)也。量能授食，又奖励之，足矣。局用一切，似宜撙节。未可以将然之丰厚，遂不屑较现在之锱铢也。

总之，黔省虽小，吏材(53)亦为不少。诚在上者振策而鼓舞之，将见物阜民康(54)，同登寿宇(55)。则信乎有治法，胥赖有治人也。

抚部院潘批："直抒己见，又能洞悉时事。论事能举其要，是谓吏才。"
布政使司李批："议论通达，思虑周详。"
粮储道黄批："胸有成竹，故能言之确凿。而办法亦极详且尽，迥非(56)率尔操觚(57)者可比。"

# 【注释】

①宗韶：生卒年月不详。（民国）《贵州通志·官迹志》记载："号小峰，顺天举人。孝廉方正。光绪中署瓮安县事，关心民瘼，力剔积弊，课士尤勤。"

②厥赋下下：贵州田赋处于下等中的第三级。厥，其，指贵州之地。赋，田赋；税赋；税收。下下，下等中的第三级，也是最末的一级。《禹贡》将赋税和土质分为上、中、下三等，每等又划分为上、中、下三级，后世多沿习之。

③汉苗杂处：汉族人与当地的少数民族混杂而居。杂处，混杂而居；共处。《国语·齐语》："四民者，勿使杂处，杂处则其言哤，其事易。"（唐）韩愈《祭鳄鱼文》："鳄鱼其不可与刺史杂处此土也。"（唐）李翱《幽怀赋》："众嚣嚣而杂处兮，咸嗟老而羞卑。"

④苟：若；如果；假使。（清）林则徐《赴戍登程口占示家人（其二）》："苟利国家生死以，岂因祸福避趋之。"《史记·陈涉世家》："苟富贵，无相忘。"（汉）贾谊《论积贮疏》："苟粟多而财有余，何为而不成？"

⑤民瘼[mín mò]：指人民的疾苦。出自《诗经·大雅·皇矣》："皇矣上帝，临下有赫。监观四方，求民之莫。"《宋史·魏了翁传》："戢吏奸，询民瘼，

举刺不避权右，风采肃然"。（清）李宝嘉《官场现形记》第三十四回："非得关心民瘼之员，竭力抚循，不足以资补救。"安成祥《石上历史·黄平县新州（清乾隆）永除积弊碑》："仰体宪恩特达，高厚难名，痛切民瘼，志专厘剔，致意勒石垂禁，一时之积弊潜消，苦累不仍，万世之深仁永固矣。"

⑥懵然不知：蒙在鼓里，浑然不知。

⑦祸机：亦作"祸几"，指隐伏待发的祸患。《鲍照集校注》："生躯蹈死地，昌志登祸机。"（唐）崔橹《华清宫》诗之二："障掩金鸡蓄祸机，翠环西拂蜀云飞。"（宋）陆游《书〈贾充传〉后》："祸机乱萌，伏于隐微。"《明史·倪岳传》："天怒人怨，祸几日深，非细故也。"

⑧胥：都；皆。《诗经·小雅·角弓》："尔之教矣，民胥效矣。"

⑨诚使：假使。（北宋）王安石《上人书》："所谓辞者，犹器之有刻镂绘画也，诚使巧且华，不必适用；诚使适用，亦不必巧且华。"

⑩圆颅方趾：是一个成语，意思是方脚圆头，指人类。颅，头颅。趾，脚。出自《淮南子·精神训》："故头之圆也像天，足之方也像地。"《南史·陈本纪》："方趾圆颅，万不遗一。"

⑪抚驭得宜：安抚控制得当。抚驭，安抚控制。（北周）庾信《周柱国大将军长孙俭神道碑》："公善于抚驭，长于接引，山薮无弃，苞苴不行。"《北史·张须陀传》："须陀独勇决善战，又长抚驭，得士卒心，号为名将。"（清）严如熤《三省边防备览·艺文下》："必得勤能熟悉之员，抚驭方能得宜。"得宜，指得当，适宜。语出《史记·秦始皇本纪》："治道运行，诸产得宜，皆有法式。"

⑫范我驰驱：按照规矩法度去驾车奔驰。范，（动词）使……规范。驰驱，指策马疾驰；引申为奔走效力。《孟子·滕文公下》："吾为之范我驰驱，终日不获一，为之诡遇，一朝而获十。"

⑬课：考核，即根据一定的标准验核。（东汉）许慎《说文》："课，试也。"《韩非子·定法》："操杀生之柄，课群臣之能者也。"《管子·七发》："成器不课不用，不试不藏。"（北宋）苏洵《上皇帝书》："有官而无课，是无官也；有课而无赏罚，是无课也。"

⑭鱼鳞册：亦称"鱼鳞图""鱼鳞图籍""鱼鳞簿"，是旧时官府为征派赋役和保护土地所有权而编制的土地登记簿册。册中将田地、山塘等依次排列、丘段连缀地绘制在一起，标明所有人、四至，因其形似鱼鳞而被称为"鱼鳞册"。

⑮推收：指旧时民间田宅典当、买卖时，报请官府办理产权和赋税的过户手续。《宋史·食货志上二》："神宗讲究方田利害，作法而推行之，方为之帐，而步亩高下丈尺不可隐；户给之帖，而升合尺寸无所遗；以卖买，则民不能容其巧；以推收，则吏不能措其奸。"《元典章·户部五·典卖》："今后典卖田宅，

先行经官给据，然后立契，依例投税，随时推收。"《明史·食货志二》："推收之法，以田为母，户为子。"

⑯印契：指在契约文书上加盖官印。

⑰尺一之籍：与诏板同样长度的登记册。尺一，亦称"尺一牍""尺一板"，古时诏板长一尺一寸，故称诏书为"尺一"。籍，书册；登记册。（东汉）许慎《说文》："籍，簿书也。"《周礼·大司马》："乃以九畿之籍，施邦国之政职。"

⑱正供：亦称"常供"，指法定的赋税。《清会典事例·户部·赐复一》："大兵屯驻西边，一切军兴征缮，皆动支正供帑项，不使累及闾阎。"（清）侯方域《豫省试策四》："正供之额，概从俭薄。"

⑲以谷种为断：以播种农作物种子的数量来判断田土的面积。如一升苞谷地、八斛麦田等。

⑳因之：依据它。李白《梦游天姥吟留别》："我欲因之梦吴越，一夜飞度镜湖月。"

㉑白契：指没有官府加盖朱印的契约文书。旧时民间买卖、典当不动产，在契约成立后，新业主应持"白契"向官署交纳契税。一经课税，官府就会在"白契"上加盖朱印，从而变成"红契"，并为之办理过户手续。

㉒旧册花名：旧时户口册上的人名。花名，户口册上的人名。

㉓飞洒：特指明清时期地主勾结官府，将田地赋税化整为零，分洒到其他农户的田地上，以逃避赋税的一种手段。（明）何良俊《四友斋丛说·史三》："若钱粮作弊飞洒各区，则是家至户到，无不受其荼毒。"（清）蒲松龄《聊斋志异·刘夫改错别字人》："谋同飞洒，不令主知。"姚雪垠《李自成》第二卷第四六章："不知啥时候起就将别人的八分地钱粮飞洒到这三亩田地上。"

㉔能吏：能干的官吏。《汉书·张敞传》："望之以为敞能吏，任治烦乱，材轻，非师傅之器。"（唐）杜甫《刘九法曹郑瑕丘石门宴集》诗："能吏逢联璧，华筵直一金。"（宋）陆游《书〈空青集〉后》："始为家贤子弟，中为时胜流，晚为能吏。"

㉕中材：中等才能；中等才能的人。《史记·游侠列传》："况以中材而涉乱世之末流乎？"（清）龚自珍《明良论三》："中材绝侥幸之心，智勇苏束缚之怨。"

㉖初署篆：首次执掌署印，指初次做官。初，初次；首次。署篆，署印。因官印皆刻篆文，故名。（明）沈德符《野获编·外国·册封琉球》："在闽时，适福州缺守，阮坚之以司理署篆。"

㉗不日：要不了几天；不久。《诗经·大雅·灵台》："经始灵台，经之营之，庶民攻之，不日成之。"孔颖达疏："谓不设时日已成功，言民心乐为之也。"《北

齐书·魏收传》："侯景叛入梁，寇南境，文襄时在晋阳，令收为檄，五十余纸，不日而就。"沈括《梦溪笔谈》："患取土远，公乃令凿通衢取土，不日皆成巨堑。"

㉘或者：有人；有些人；某人。《南史·张瓌传》："居室豪富，伎妾盈房，或者讥其衰暮畜伎。"（宋）陆游《老学庵笔记》卷三："汤岐公自行宫留守出守会稽，朝士以诗送行甚众。周子充在馆中，亦有诗而亡之。岐公以书再求曰：'顷蒙赠言，乃为或者藏去。'子充极爱其遣辞之婉。"

㉙攘充私橐：靠盗窃填充私人的口袋。攘，偷；盗窃。充，填满；装满；填充。橐[tuó]，指口袋。

㉚需索：敲诈勒索。《京本通俗小说·拗相公》："若或洩漏风声，必是汝等需索地方常例，诈害民财。"安成祥《石上历史·剑河县翁座（清光绪）例定千秋碑》："差役奉票下乡，路过之处，不准需索小钱、停留，并不准派夫迎送。"

㉛牵制：约束；控制。《三国志·魏志·邓艾传》："自单于在外，莫能牵制长卑。"（唐）韩愈《薛公墓志铭》："部刺史得自为治，无所牵制。"《三国演义》第三八回："操欲令我远子入朝，是牵制诸侯之法也。"

㉜徒负罔上之名：背负欺骗君上的罪名。徒负，徒步负荷。《管子·问》："虚车勿索，徒负勿入，以来远人。"尹知章注："徒负，货既寡，故勿令入其征。"（清）鲁一同《关忠节公家传》："而长庆得公尸后，复求得麦廷章之半体，与公尸皆徒负以归。"罔上，欺骗君上。《后汉书·杨震传》："帝发怒，遂收考诏狱，结以罔上不道。"（宋）陈亮《吏部侍郎章公德文行状》："以妖为瑞，是罔上也。"《三国演义》第二十回："云长问玄德曰，'操贼欺君罔上，我欲杀之，为国除害，兄何止我？'"

㉝佣：被雇用；雇用。《文献通考》："教民相与佣挽犁。"《史记·陈涉世家》："尝与人佣耕。"

㉞嘅[kǎi]：同"慨"，是"慨"的异体字，叹息的意思。

㉟靡费：浪费。《三国志·魏书·卫觊传》："陛下无求于露而空设之；不益于好而靡费功夫，诚皆圣虑所宜裁制也。"《晋书·何充传》："崇修佛寺，供给沙门以百数，靡费巨亿而不吝也。"《明史·周玺传》："陛下即位以来，鹰犬之好，靡费日甚。"

㊱致废操防：致使军队的操练与防卫废弛。操，操练。防，防守；防御；防卫。（唐）杜甫《兵车行》："或从十五北防河，便至四十西营田。"（清）朱克敬《瞑庵杂识》："昼夜防拒，凡八十余日，城再崩再完，卒得不陷。"

㊲归业：回复原来的正业。《资治通鉴·唐肃宗至德元年》："荥阳、陈留胁从兵，皆散令归业。"《宋史·太宗纪一》："没界外民归业，仍给复三年。"

（宋）岳飞《申省破曹成捷状》："及夺到被虏人民数万人放令归业。"

㊳耕凿：耕田凿井，泛指耕种，务农。（唐）杜甫《吾宗》："吾宗老孙子，质朴古人风。耕凿安时论，衣冠与世同。在家常早起，忧国愿年丰。语及君臣际，经书满腹中。"

㊴籽种：指种子。

㊵储积：储备积存。（汉）扬雄《羽猎赋》："乃诏虞人典泽，东延昆邻，西驰阊阖，储积共偫，戍卒夹道。"（北齐）颜之推《颜氏家训·慕贤》："张延隽之为晋州行台左丞，匡维主将，镇抚疆场，储积器用，爱活黎民，隐若敌国矣。"（清）王士禛《居易录》卷中："今观历年储积之粟，恰足供用。"

㊶树艺：种植，栽培。《周礼·地官·大司徒》："辨十有二壤之物，而知其种，以教稼穑树艺。"贾公彦疏："教民春稼秋穑，以树其木，以艺黍稷也。"《孟子·滕文公上》："后稷教民稼穑，树艺五谷。"蕃：茂盛，引申为繁殖、增长。《周礼·大司徒》："以蕃鸟兽。"《左传·僖公二十三年》："其生不蕃。"桓宽《盐铁论》："蕃货长财，以佐助边费。"

㊷斯：则；就。表示承接上文，得出结论。

㊸建策者：出谋献策的人。建策，出谋献策；制定策略。（汉）班固《西都赋》："奉春建策，留侯演成。"《后汉书·西南夷传·滇》："诸夷反叛……太尉掾巴郡李颙建策讨伐。"《资治通鉴·唐高祖武德元年》："黄门侍郎裴矩知必将有乱，虽厮役皆厚遇之，又建策为骁果娶妇。"

㊹勤慎：勤勉谨慎。《三国志·魏志·刘放孙资传》："刘放文翰，孙资勤慎，并管喉舌，权闻当时。"（清）吴敬梓《儒林外史》第二十一回："凡事勤慎些，休惹老人家着急。"

㊺畀[bì]：给予。《周书·洪范》："我闻在昔，鲧堙洪水，汩陈其五行，帝乃震怒，不畀洪范九畴，彝伦攸斁。"

㊻权宜：暂时适宜的措施；临机处置之权。《后汉书·西羌传》："计日用之权宜，忘经世之远略。"《后汉书·王允传》："及在际会，每乏温润之色，杖正持重，不循权宜之计，是以群下不甚附之。"

㊼文报：公文函件。郑观应《盛世危言·铁路》："文报便捷，驿站经费亦可量裁。"

㊽真际：真实情况。

㊾补偏救弊：是一个成语，意思是补救偏差漏洞，纠正缺点错误。偏，偏差；弊，弊病，弊害。

㊿斡旋：扭转；挽回。（宋）范成大《两木》："大钧播万物，斡旋不作难。"（宋）罗大经《鹤林玉露》卷十六："作诗要健字撑拄，要活字斡旋。"《三国演义》

第三七回："将军欲使孔明斡旋天地，补缀乾坤，恐不易为，徒费心力耳。"

(51) 弥缝：设法遮掩以免暴露。（唐）吴兢《贞观政要·论择官》："互相姑息，惟事弥缝。"《资治通鉴·唐昭宗三年》："自是参掌机密，夺百司权，上下弥缝，共为不法。"《明史·杨继盛传》："守法度者为迂疏，巧弥缝者为才能。"

(52) 靳 [jìn]：吝惜，不肯给予。《后汉书·崔实传》："悔不小靳，可至千万。"（明）冯梦龙《东周列国志》："敬仲虽疾恶如仇，然为国自贬，当不靳也。吾力能必之。"

(53) 吏材：指做官为政的才干。《汉书·杜延年传》："霍光秉政，以延年三公子，吏材有于，补军司空。"（宋）张师正《括异志·潘郎中》："潘郎中继宗，清河人，以明经发第，有吏材。"

(54) 物阜民康：物产丰富，人民安康。阜，丰富。《后汉书·刘陶传》："夫欲民殷财阜，要在止役禁夺。"

(55) 同登寿宇：人们共同过上长久而美好的生活。登，上；升。寿，长久。宇，美好。

(56) 迥非 [jiǒng fēi]：绝非，远远不是。（清）薛福成《出使四国日记·光绪十七年二月初九》："垣墉矗立，藻绘精良，四壁所画人物犹隐约可辨，迥非时手所及。"

(57) 率尔操觚：原形容文思敏捷，后指没有慎重考虑，轻率地写作。率尔，贸然；随便地。操觚 [cāo gū]，指作文章。（晋）陆机《文赋》："或操觚以率尔，或含毫而邈然。"（清）平步清《霞外捃屑》卷七："望溪文最讲义法，而叙事颇沿俗称，不免率尔操觚，以此为后人弹射。"

## 【译文】

贵州，土地贫瘠。水田少，山地多，赋税处于下等中的第三级。加上汉族与少数民族混杂而居，语言不通达。地方官如果没有勤于了解人民疾苦的心思，所有事情都借小吏和差役的手去办理，即使出现是非颠倒、黑白不分的情况，地方官也会被蒙在鼓里，浑然不知。于是，少数民族民众有很多冤案，祸患隐伏待发。以前，少数民族民众的事变，都是由此引发的。假使能够公正地对待他们，能够用真诚的态度感召他们，他们也是同样的圆头方脚，哪会没有人的本性呢？只要安抚控制得当，他们就会按照规矩法度为我奔走效力。想要以优劣来考核吏治，能说榜样可以不端正吗？

贵州的田赋与其他省不同。其他省是按实际亩数确定赋额，编制成鱼鳞册，凡是典当或买卖，都必须到官府过户和印契。只抱着诏板大小的簿册，辖区内的赋税情况就了然于心。贵州的田地从来没有实地测量，民众不知道田土的亩数，仅用播种农作物的种子数量来评断土地面积，而且田赋的多少也依据它来计算。并且购置田地的大多数人仅持有"白契"，地方官按期征收田赋，仅以旧户口册上的人名作为依据，其实已经不知道变换过多少人的姓名了。递相沿袭的时间一久，就会产生地主勾结官吏，将田地赋税化整为零，分摊到其他农户的田地上，以逃避赋税的舞弊现象。在官府方面，不知道田地属于哪个人；在百姓方面，不知道该交多少钱粮。于是，小吏、差役与豪族大户勾结谋私，竟然没有人能够制约他们。即便能干的官吏主政，尚且不易彻底治理，何况用中等才能又初次为官的人主政，赋额要不了几天就缺少了。而且，有人说有的官吏请求为这些地方减免赋税，借机填充私人的口袋。是否有这种行为，固然不值得深究，但是小吏、差役、里长、甲首敲诈勒索的数额，一定超过半数，团首、恶绅又从中控制分赃，这是背负欺骗君上的罪名，地方的官员不过是做了那些人的雇佣罢了。唉！可叹啊！

至于筹办荒田。现在调拨练军驻屯垦荒，用以限制浪费，这也是弥补的好办法。然而，与其向练军借用人力，导致军队的操练与防卫废弛，怎如让农民回归正业并使他们安心耕种呢？那些凡是有主人的田地，主人家没有劳力耕种的，以及一切死绝者、叛逆者遗留的荒芜已久的田地，全部交由地方官员劝导乡绅、团首，大力招揽贫穷民众，根据数量决定安置，编入牌甲，借给耕牛和粮种，在田边地头搭棚向他们传授耕作技术。宽延他们的期限，待有了储备积存，责令相继偿还前期的投入。等到土地经过耕种变成熟田，有主人的，准许确定价格，让主人赎回；没有主人的，由垦荒者永久佃租。如此，闲游放荡的人少了，偷盗之风就可以平息；栽培的庄稼繁茂了，财富就充裕起来。使贫瘠的地域变为富庶之区，难道不是很好吗？

至于矿务的问题，出谋献策的人通常都说纠合股本，集聚商人，广泛寻找销路，这确实如此。我认为关键有两点：一在于用人得当，二在于节约费用。选用人才，以勤慎、耐劳为主，尤其把诚信不欺诈放在首位。事业正处于初创阶段，不能不给予他临事处置的权力。假设该人稍微有急功近利而刻意掩盖过错的意图，依据他在公文函件中的陈述对事情进行查核，怎么能够完全得到真实的情况呢？即便他所说的一切都是事实，想要补救偏差、纠正错误，随事斡旋尚且困难，何况他早已自行设法遮掩，何事有利，何事有弊，在第一时间就无法知晓。等到日后知道了，已经来不及挽救了。节约费用，不是刻意吝啬才不肯给予。根据能力付给生活费，再加奖赏给予激励，足够了。厘金局的一切开支，似乎应该节约。不可认为将来会取得丰厚利润，就不屑于计较现在细微的数额。

总而言之，贵州省虽然小，吏才也不少。如果高层领导者能够鞭策鼓励他们，行将可见物产丰富，人民安康，共同过上长久而美好的生活。相信有了治理办法，就全依赖于有治理才能的人才了。

巡抚潘霨的批语："直抒己见，又能洞悉近期的大事。论事能够抓住要害，这是所说的吏才。"

布政使李元度的批语："议论通情达理，思索考虑周到细致。"

粮储道员黄元善的批语："胸有成竹，所以能够言之确凿。而且办法也极其详尽，绝非那些不经慎重考虑就轻率写作的人可以相比。"

# 【原文】

## 策问·超等第五名周继煦

策問

超等第五名周繼煦

黔省雖係邊隅歷任各憲整飭官方紀綱未索自愛者多較之他省尚不少遜況今逢憲台勵精圖治詢及蒭蕘誰敢不爭自濯磨聽候驅策卽或間有庸劣難逃洞鑒竊意察吏之道先揀守次才能又次資格但使明通公溥則人思奮勉當求共效乎駉駉語云草上之風必偃胥是道也黔省田賦較之各省最輕多有開墾而永不升科者自變亂後魚鱗朋冊

久已無存其田不知幾經異主而戶口仍屬原名
向來典當糧不隨田間有本主無人而當主永據
無糧之田再者官莊軍田原係納租只准頂佃不
得買賣日久遂以租為糧以致無人耕種歷久荒
蕪似宜飭定凡有田之主立限自行報明另立戶
口或有買賣隨時改正仍宜嚴禁勒索惟典當日
久者一旦令其糧隨田納恐非急切所能辦若官
莊由地方官設法調劑軍田則
題請改同科糧因其勢而利導之庶地無曠廢糧

不虚悬实为公私两便。黔省矿厂虽多出产甚少。
一由地气不旺。一由资本不继且今日旧洞多涝
人工昂缺即有所得其利甚微欲使有济非机器
不可如白马洞之厂矿苗极旺而水不易车定番
之厂所出尚多而成本太大价直较昂其不能销
行也已可概见但机器购自外洋设局之费允钜
非招商集股不能成事黔中素无大贾必须广东
上海等处得一般实之家素为人所信重者为之
领袖即十万金似尚不甚难否则黔库本属支绌

兼之尚無閒欵。一有動用毫釐必須奏銷無論萬一折失縱稍有盈餘亦多輾轉卽不計此而楘水車薪亦不能無難乎繼之處黔省亂平戶口寥落所在田地荒蕪近雖日漸開闢尚不及十之六七若議開墾則皆有主之業比之邊屯有別竊意設立官局凡未墾之田卽暫作官物由官局招佃川楚之人分給牛種秋收或分花或認租仍照民間納糧有歸業者令繳開墾費若干否則由官敢若干年始還原主此原因本地人少藉此招徠并不计田租之利若果地关人稠百物流通则大利在于无形三五年后即田租而论亦不无积蓄者为难况营务荒弛强占熟田又为势所必有乎若令练军开垦既难多招外来齐民且恐与归业或者官庄军田练军中有愿归农者听其认耕而缺额不补是亦睧为减裁之道但似此措置亦非巨欸不能下手可否商之各邻省借用闲欸如四川盐局之类办有成效陆续筹还或借由洋商通挪按年认利但其中利弊究未深悉未敢轻议右

對是否有當伏乞

訓示。

撫部院潘 批

於黔省情形頗為熟悉文氣亦極古茂

洞見事情論亦破的

布政使司李 批

直抒所見不同浮光掠影之談具見留心時事

糧儲道黃 批

通體自出機杼用筆亦饒有古樸之氣自是讀書人

本色田賦一段立典賣戶口册隨時改注似屬可行但宜嚴飭書吏勒索規費厰務一層頗能揭出流弊荒田一層如經練軍開墾或有歸業者令其繳費亦爲可行似宜分別年限及數目多寡先行酌定章程方絕葛藤

## 【释文】

　　黔省虽系边隅①，历任各宪整饬官方②，纪纲未紊，自爱者多，较之他省尚不少逊③。况今逢宪台励精图治，询及刍荛④，谁敢不争自濯磨⑤、听候驱策？即或⑥间有庸劣，难逃洞鉴。窃意察吏之道，先操守，次才能，又次资格。但使明通⑦、公溥⑧，则人思奋勉，当求共效乎驰驱⑨。语云："草上之风，必偃。"⑩胥是道也。

　　黔省田赋较之各省最轻，多有开垦而永不升科⑪者。自变乱后，鱼鳞廒册久已无存，其田不知几经异〔易〕主，而户口仍属原名。向来典当，粮不随田，间有本主无人而当主永据无粮之田。再者，官庄、军田，原系纳租，只准顶佃⑫，不得买卖。日久，遂以租为粮⑬，以致无人耕种，历久荒芜。似宜饬定：凡有田之主，立限自行报明，另立户口；或有买卖随时改注；仍宜严禁勒索。惟典当日久者，一旦令其粮随田纳，恐非急切所能办。若官庄由地方官设法调剂，军田则题请改同科粮。因其势而利导之，庶地无旷废，粮不虚悬，实为公私两便。

　　黔省矿厂虽多，出产甚少。一由地气不旺，一由资本不继。且今日旧洞多涝，人工昂缺，即有所得其利甚微，欲使有济非机器不可。如白马洞之厂，矿苗极旺，而水不易车⑭。定番之厂，所出尚多，而成本太大，价直〔值〕较昂，其不能销行⑮也。已可概见⑯。但机器购自外洋，设局之费尤钜，非招商集股不能成事。黔中素无大贾⑰，必须赴广东、上海等处，得一殷实⑱之家，素为人所信重⑲者为之领袖，即十万金似尚不甚难。否则，黔库本属支绌⑳，兼之尚无闲款，一有动用，毫厘必须奏销。无论㉑万一折失，纵㉒稍有盈余，亦多镠辖㉓。即不计此，而杯水车薪，亦不能无难乎为继之虑。

　　黔省乱平，户口寥落㉔，所在田地荒芜。近虽日渐开辟，尚不及十之六七。若议开垦，则皆有主之业，比之边屯㉕有别。窃意设立官局，凡未垦之田，即暂作官物，由官局招〔召〕佃㉖川、楚之人，分给牛、种。秋收或分花㉗，或认租㉘，仍照民间纳粮。有归业者，令缴开垦费若干。否则，由官收若干年始还原主。此原因本地人少，借此招徕，并不计田租之利。若果地辟人稠，百物流通，则大利在于无形。三五年后，即田租而论亦不无积蓄。若令练军开垦，既难多招外来齐民㉙，且恐与归业者为难。况营务荒弛，强占熟田又为势所必有乎？或者官庄、军田，练军中有愿归农者，听其认耕，而缺额不补。是亦暗为减裁之道。但似此措置㉚，亦非巨款不能下手，可否商之各邻省，借用闲款。如四川盐局之类。办有成效，陆续筹还。或借由洋商通挪㉛，按年认利。但其中利弊，究未深悉，未敢轻议。

右对是否有当，伏乞训示。

抚部院潘批："于黔省情形颇为熟悉，文气亦极古茂。洞见事情，论亦破的㉜。"

布政使司李批："直抒所见，不同浮光掠影㉝之谈，具见㉞留心时事。"

粮储道黄批："通体自出机杼㉟，用笔亦饶有古朴之气，自是读书人本色。田赋一段，立典卖，户口册随时改注，似属可行，但宜严饬书吏勒索规费。厂务一层，颇能揭出流弊。荒田一层，如经练军开垦，或有归业者令其缴费，亦为可行，似宜分别年限及数目多寡，先行酌定章程，方绝葛藤㊱。"

# 【注释】

①边隅：边境；边缘。《三国志·吴书·周鲂传》："鲂远在边隅，江沔分绝，恩泽教化，未蒙抚及。"（唐）骆宾王《兵部奏姚州破贼设蒙俭等露布》："一戎而荒景肃清，再鼓而边隅底定。"（唐）杜甫《观兵》："精锐旧无敌，边隅今若何。"杜甫《岁暮》："岁暮远为客，边隅还用兵。"（宋）苏洵《答二任》诗："闻君厌蜀乐上蔡，占地百顷无边隅。"

②官方：指居官时应遵循的礼法；为官之道。《资治通鉴·晋武帝泰始四年》："末世不能纪远而专求密微，疑心而信耳目，疑耳目而信简书，简书愈繁，官方愈伪。"胡三省注："方，术也；言为官之方术也。"（清）王韬《瀛壖杂志》卷五："国体官方，兵威士气，扫地尽矣。"

③不少逊：毫不逊色；一点儿没有不及之处。不少，毫无；一点儿没有。少，通"稍"，稍微。《史记·伯夷列传序》："余以所闻由、光义至高，其文辞不少概见，何哉？"逊，不如；不及；比不上。（明）冯梦龙《东周列国志》："从来霸事逊正事，功利偏居道义先。"毛泽东《沁园春·雪》："唐宗宋祖，稍逊风骚。"

④刍荛 [chú ráo]：浅陋的见解。多用作自谦之辞。（唐）刘禹锡《为杜相公让同平章事表》："辄思事理，冀尽刍荛。"

⑤濯磨 [zhuó mó]：亦作"濯摩"。洗涤磨炼。比喻加强修养，以期有为。（宋）苏轼《六一居士集叙》："自欧阳子出，天下争自濯磨，以通经学古为高，以救时行道为贤，以犯颜纳说为忠。"（元）刘壎《隐居通议·杂录》："思昔仁祖尝下诏书，以古道饬天下士。天下士皆自濯摩，亦翕然丕变，一归于正。"

⑥即或：即使。（清）文康《儿女英雄传》第九回："蒙姐姐救了性命，已经是万分之幸，不见得此去再有什么意外的事；即或有事，这也是命中造定，真个叫姐姐管我们一辈子不成？"

⑦明通：明白通达。《荀子·哀公》："所谓君子者，言忠信而心不德。仁义在身而色不伐，思虑明通而辞不争，故犹然如将可及者，君子也。"（汉）贾谊《新书·数宁》："以陛下之明通，因使少知治体者得佐下风。"

⑧公溥：公正广大。公，正直无私。溥，广大；普遍。《说文》："溥，大也。"《礼记·祭义》："溥之而横溥四海。"《诗经·大雅·公刘》："瞻彼溥原。"

⑨驰驱：指策马疾驰；引申为奔走效力。语出《孟子·滕文公下》："吾为之范我驰驱，终日不获一，为之诡遇，一朝而获十。"

⑩语出《论语·颜渊》："君子之德风，小人之德草。草上之风，必偃。"意思是风吹向哪边，草就倒向哪边。偃，扑倒。

⑪永不升科：指永远不征税。科，科税。明、清定制，开垦荒地，满规定年限（水田六年，旱田十年）后，就按照普通田地收税条例征收钱粮。（明）范濂《云间据目抄》卷四："苟可修复故道，不妨动众劳民，万一不可，亦藉升科补之。"（清）龚自珍《乙丙之际塾议第二十》："则历任州县升科，以达于户部矣。"章炳麟《代议然否论》："而新疆与东三省，其陇亩往往未升科，纵升科亦必不能过辰、沅。"

⑫顶佃：顶替他人租种田地。顶，顶替；顶名代替《元典章·户部三·逃亡》："甲寅乙卯年间签军时，有管民官司令全（宋全）等顶替逃户訾德王仲充军。"（清）周亮工《答济叔书》："人取名字当极僻、极古、极坚者，方能免祸。客曰：'不然，须取极平常者，庶祸发时，尚有济叔一辈人顶替耳。'一笑。"佃，租借；租赁。此处指租种田地。

⑬以租为粮：把交纳租子变成了交纳田赋。租，纳租，指旧时农民向土地所有者交纳地租。粮，完粮，指农民向国家交纳田赋。

⑭车：指用水车打水。

⑮销行：能卖出去，有销路。

⑯概见：窥见其概貌。（宋）沈作喆《寓简》卷九："凡画之妙，欲得其神观耳，刻之于石则如影耳，犹可以概见其仿佛而已。"（明）文徵明《〈晦庵诗话〉叙》："观于《文韬》之书，可概见已。"赵朴初《九女墩》诗："有女慷慨为国殇，太平风义可概见。"

⑰大贾：大商人。

⑱殷实：充实；富裕。《后汉书·寇恂传》："今河内带河为固，户口殷实。"《晋书·江统传》："郑国、白渠灌浸相通。黍稷之饶，亩号一钟，百姓谣咏其殷实。"《晋书·孙恩传》："时东土殷实，莫不粲丽盈目。"

⑲信重：信任看重。（汉）荀悦《汉纪·孝武皇帝纪五》："（倪宽）迁左内史，民甚信重之。"《南史·王猛传》："至德初，徵为左骁骑将军，加散骑常侍，深见信重。"

⑳支绌：支配不够；收不抵支；入不敷出。（清）魏源《陕西按察使赠布政使严公神道碑铭》："始，大吏咸度外待君……及董公去，而君始龃龉支绌，惟恩恩敕吏事自备，于是十余年不迁。"（清）包世臣《致祈大臣书》："唯是军兴三载，经费支绌已甚。"

㉑无论：且不说；不要说；更不用说。（东晋）陶渊明《桃花源记》："问今是何世，乃不知有汉，无论魏晋。"（唐）杜甫《入衡州》诗："无论再缱绻，已是安苍黄。"

㉒纵：纵然；即使。《史记·魏公子列传》："公子纵轻胜。"（唐）杜甫《兵车行》："纵有健妇把锄犁。"（宋）柳永《雨霖铃》："纵有千种风情，更与何人说！"

㉓轇轕[jiāo gé]：亦作"轇葛"。纠葛；麻烦；纠缠不清。（清）昭梿《啸亭杂录·折子》："初无轇轕，数百年之弊政，于是始革。"（清）薛福成《滇缅分界通商事宜疏》："盖因英人注意商务，若分划边界，偶有轇轕，则办理通商，

诸多掣肘，亏损无穷，固不能不审。"

㉔户口寥落：住户和人口都稀少。户口，住户和人口，计家为户，计人为口。寥落，稀疏；稀少。（南齐）谢朓《京路夜发》："晓星正寥落，晨光复泱漭。"李善注："寥落，星稀之貌也。"《太平广记·崔无隐》："渐暮，遇寥落三两家，乃欲寄宿耳。"

㉕边屯：指戍边屯田。《后汉书·杨终传》："帝从之，听还徙者，悉罢边屯。"（宋）秦观《边防上》："边屯吏士攘袂切齿，皆欲犁其庭而扫其闾。"

㉖召佃：指招人租种土地。（明）陆深《停骖录摘抄》："召佃之名亦自宋贾似道公田始。咸淳戊辰正月，改官田为召佃。召人承佃，自耕自种，自运自纳。"

㉗分花：分红，指按一定的比例分享收成。

㉘认租：应允承担租金。

㉙齐民：平民。《庄子·渔父》："上以忠于世主，下以化于齐民。"《史记·吕太后本纪》："皇太后为天下齐民计所以安宗庙社稷甚深，群臣顿首奉诏。"《汉书·食货志》下："世家子弟富人，或斗鸡走狗马，弋猎博戏，乱齐民。"颜师古注引如淳曰："齐，等也。无有贵贱，谓之齐民，犹今言平民矣。"

㉚措置：处置；安排。《后汉书·何进传》："诸常侍小黄门皆诣进谢罪，惟所措置。"（明）施耐庵《水浒》第六十四回："吴用道：'兄长不必忧心，吴用自有措置。'"

㉛通挪：通融挪借。《天雨花》第二五回："但贤甥既向贵族通挪，不知可能如愿。"李劼人《死水微澜》第二部分三："弟兄伙的通挪不说了，其次是吃了，再次是嫖了。"

㉜破的：亦作"破镝"。比喻发言正中要害。（南朝·宋）刘义庆《世说新语·品藻》："刘尹至王长史许清言，时苟子年十三，倚床边听。既去，问父曰：'刘尹语何如尊？'长史曰：'韶音令辞不如我，往辄破的胜我。'"（唐）杜甫《敬赠郑谏议十韵》："谏官非不达，诗义早知名。破的由来事，先锋孰敢争。"（宋）苏轼《次韵王巩南迁初归》之一："归来貌如故，妙语仍破镝。"

㉝浮光掠影：像水上的反光和一闪而过的影子，一晃就过去了。比喻观察不细致或印象很不深刻。

㉞具见：完全看得出。具，都；全。《诗经·郑风·大叔于田》"火烈具举。"《诗经·小雅·楚茨》"火烈具扬。神具醉止。"范仲淹《岳阳楼记》："政通人和，百废具兴。"《世说新语·自新》："具以情告。"

㉟机杼：比喻诗文创作中的新巧构思和布局。《魏书·祖莹传》："文章须自出机杼，成一家风骨，何能共人同生活也。"（宋）沉作喆《寓简》卷九：

"文章固当以古为师，学成矣，则当别立机杼，自成一家。"

㊱葛藤：一种枝蔓很长并相互交缠的藤类植物，葛根可食或入药。此处借指纠葛；纠纷。

## 【译文】

贵州省虽然是边地，每任巡抚都整顿官风官纪，法度不乱，自重的人多，与其他省份比较起来，一点都不逊色。况且，如今遇到巡抚潘霨大人励精图治，征求我等的浅陋见解，谁敢不争取自我洗涤磨炼、等候效力呢？即便其中或许有能力低、品行差的人，也难得逃过明察。我认为，考察官吏的原则，首先看操守，其次看才能，最后再看资格。只要使用了明白通达、公正无私的人，那么人人都会考虑发奋努力，当然会谋求共同奔走效力。《论语》上有句话说："风吹向哪边，草就倒向哪边。"就是这个道理。

贵州省的田赋与各省相比较是最轻的，有很多开垦的田地是永远不交税的。自从咸同年间发生动乱之后，鱼鳞册和仓廒册早已荡然无存，各地的田地不知道经过几次更换主人，但户口仍然是原先的名字。历来典当田地，田赋不跟着转移，当中就有原主已不存在，而现主永久占据不交赋税的田地的情况。还有一种情况，官庄和军田，原来是缴纳地租，耕主死亡的，只许子弟顶替佃租，不准买卖田地。时日长久，于是各地把地租改为赋税，导致没有人耕种，长久地荒芜着。像以上情况，应该责令作出规定：凡是拥有田地的主家，订立期限使其自行报告申明，重新建立户口册；或者有买卖田地的，随之及时更改和标注户口册；依然应当严禁书吏敲诈勒索。唯有典当已久的田地，一旦责令其田赋跟着土地转移交纳，恐怕不是立马就能办到的。如果官庄由地方官想办法调剂，就奏请把军田改成课税的普通民田。因势利导，土地才不会荒废，田赋才不会虚设，实在是公家和私人两方面都受益。

贵州省矿厂虽然多，产出却很少。一个原因是地中之气不旺盛，另一个原因是资本缺乏，不能连续投入。并且，现在老旧的矿洞多有积水，人力特别紧缺、昂贵，即使能开采出矿物来，获得的利润也微乎其微。想要有所补救，非机器不可。比如，白马洞的矿厂，矿苗极端旺盛，但是不容易将洞中的水抽出来。定番的矿厂，出产还算多，但是成本太大，价格比较高，没有销路。从以上几例已经可以窥见概貌。可是，机器设备从外国购进，设立矿务局的费用特别大，不采取招商集资的办法，不能成就事业。贵州历来没有大商人，必须到广东、上海等地，找到一个家庭富裕、素来被人们信任和看重的人担任领袖，就是十万两银子似乎还不很难筹集。否则，贵州财政本来属于收不抵支，加之还没有闲钱，一旦动用公帑，一毫一厘必须向户部奏请开销。且不说万一亏本，纵然稍微有盈余，也会招惹诸多麻烦。即使不计较这些，可还是杯水车薪，也不能不顾虑到难以为继的问题。

贵州动乱平息，住户和人口稀少，处处田地荒芜。近年虽然逐渐开垦，但还达不到十分之六七。若要讨论开垦，荒地都是有主的产业，与戍边屯田有区别。我认为可以设立官局，凡是还没有开垦的田地，就暂时作为公物，由官局从四川、湖南招人租种，分给耕牛和种子。秋收以后，要么分成，要么缴租，依然按照民田缴纳田赋。遇有回归农业的田主，命令其缴纳开垦费若干。不然，由官府收成若干年再还给原主。这本来是因为当地人少，借此招揽外省人，并不在于计较田租上的利益。如果荒地开辟，人口密集，物资流通，那么巨大的财利在于无形。三五年之后，就以田租来说，也不会没有积蓄。如果命令练军开垦，既难以从外省招来较多的平民，又恐怕与复业的人发生纠纷。何况军纪荒废松弛，强占熟田的事不也会在所难免地发生吗？或者官庄和军田，练军之中自愿回归农业的人，任凭他选地耕种，但是空缺的兵员名额不再补充。这也是暗中裁减军员的办法。可是，像这些措施，如果没有巨款也不能着手实施的。是否可以与各邻省协商，借用他们的闲钱。比如四川盐务局这一类。等办理有了成效，再相继筹资归还。或者找理由向洋商通融挪借，按年给付利息。但是，对其中的利与弊，我终究没有深入了解，不敢轻率发表意见。

以上所对是否恰当，请求给予训示。

巡抚潘霨的批语："对贵州省的情况极为熟悉，文风也古朴。清楚地看到问题，意见也正中要害。"

布政使李元度的批语："坦率地发表自己的意见，不同于浮光掠影之谈，完全看得出是关心近期大事的人。"

粮储道员黄元善的批语："通篇经过精心构思，行笔也颇有古朴之气，自然地显露出读书人的本色。田赋这一段，订立典当、买卖契约，户口册随之及时更改和标注，好像可行。但是，应当严厉整饬书吏勒索规费。厂务这一段，敢于揭露出流弊。荒田这一段，如果经过练军开垦，遇有回归农业的人，命令其缴纳开垦费，也是可行的。似乎应当区分年限和数目多少，事先酌情确定制度，才能杜绝以后的纠纷。"

【原文】

## 策问·超等第六名黄庆光

策问

尝闻泰山不让土壤河海不择细流先民有言询于刍荛又曰愚者千虑或有一得古名臣集思广益以成治功胥是道也今以吏治田赋矿务开垦四大端进僚属而询之仰见
宪台谦抱之怀高深之量卑府虽极愚昧敢不敬陈管见以备採择夫吏治不采虚声黔省虽小岂无一二廉干之吏足以有为者然山道崎岖人疲马乏川赀所费较他省不下数十倍遇有大差役

夫動輒數百責之民而民不應責之官而官豈能支即此二端而論不通舟車未必無妨於吏治者一也。至田賦為國之大經有司輒藉報荒而請豁於法固屬難寬然出入不能相抵而浮費又不日增廉吏不可為矣況兵燹以後荒蕪未治者不少乎。卑府前由貴筑至鎮遠大道之旁多未開墾推之他處概可想見大都穀米不能流通農器牛馬子種之費無所取償此又因河道不通有損於田賦者二也。貴州地瘠民貧向無生財之道今憲台奏請開礦富國裕民莫大於是然山陬石穴採取雖多路險道長轉運不易近河之區始可開辦稍遠者即有佳礦棄之不顧此則不通舟楫礦務亦難暢行者三也挑用練軍以為開墾之人責成州縣以重開墾之事拯濟孤貧以善開墾之用三者已臻至善何敢再進浮詞惟其中絕產固多而高阜亦多苦旱無江河而溝洫不具無溝洫而水利不興此河源未濬開墾俱難舉辦者四也昔鄂交端謂黔省地利無多首先建議開河乃開辦

未及成功旋因去黔而止近有謂由都勻導清江通粵較便者然水程迂遠不如由黃平下至鎮遠通楚爲近但灘石岐嶒如諸葛洞等處均須疏鑿惟自鎮遠城河橋上疏至老黃平不過三四千金卽可暢行請派篤實能耐勞兼善繪圖之員步步體察情形穿插貫注如開通數十里卽可通流自以聯絡接辦爲是如遇伏流或高下之勢懸殊又可用廣西陡河及江西玉山過山之法輔而行之抑或至萬難開濬之處仿照山東泰山及河南

四、大天門等處開寬山路用馬車及二把手車以資挽運大約由黃平開水路至省有河可引恐需五六萬金如無河可引逕開車路亦需二三萬金、或撥練軍應用抑或移招鄉夫費用更可從省似此水所不能通者又以馬車通之不但開墾礦務均有禆益即鹺金亦必暢旺而百產亦固一通而無不通此真萬世之利也否則倘遇荒年黔民將坐以待斃矣夫狃於故常之説不足與圖功也於淺近之規不足與計事也

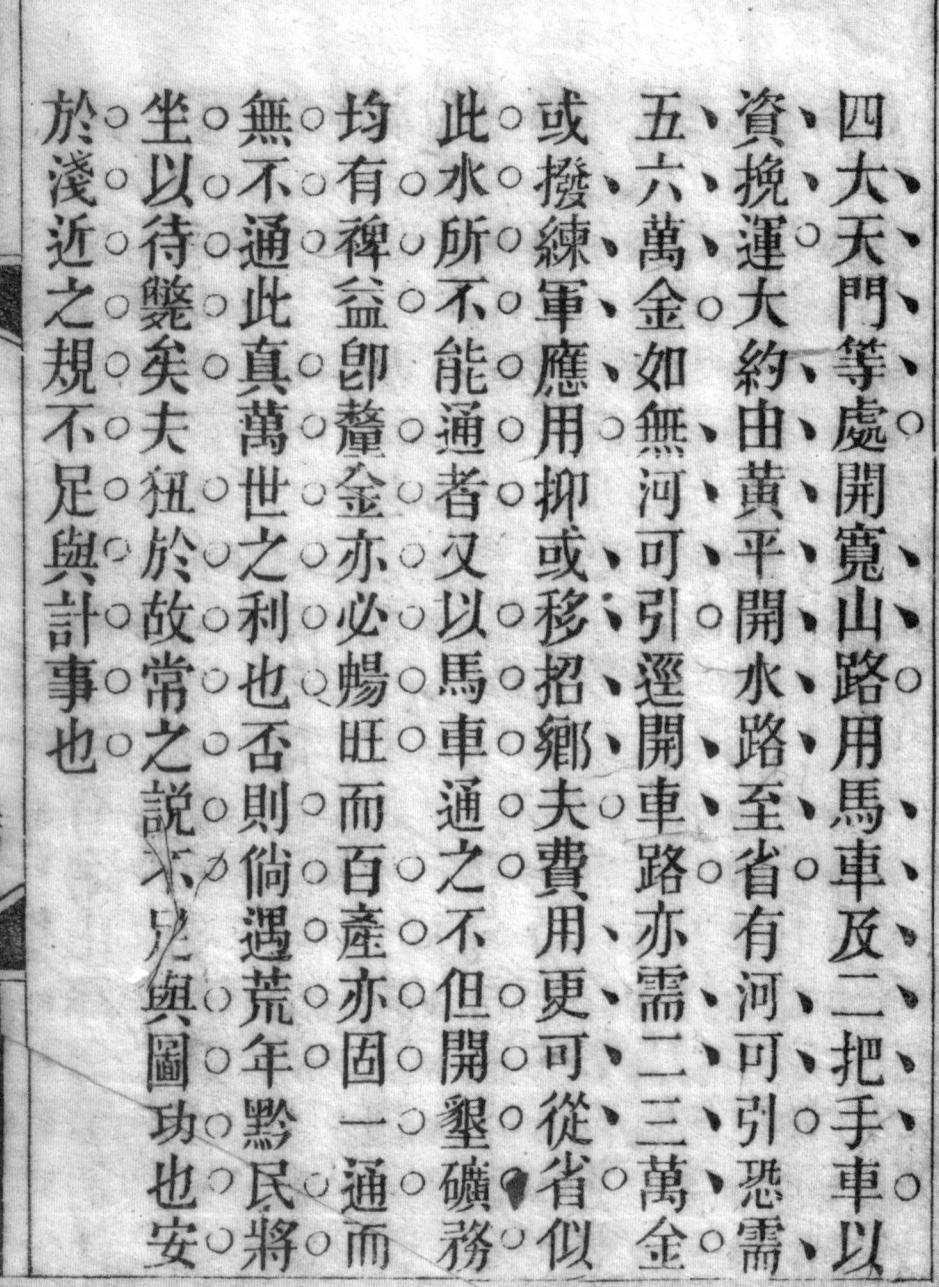

憲台下車之始即以開通黃平河道為念自非淺見者所能窺測謹將卑府見聞所及更為

憲台陳之叉鎮遠橋以下灘河險處極多前經商人邀集在黔官商士紳集貲修理聞已將瀘至曹溪以下入湖南境工程更大鷟灘滿天星等灘尤為險惡每歲壞舟數十隻溺斃亦恒數十百人已

蒙

憲台提唱次第興工此固利在民生功垂後世成效之可先覩者已開之河去其險未開之河興其

利非常之事必待非常之人誠千載一時之會豈非閣省官紳士商之所厚望者哉

撫部院潘一批

以開河為主腦不為無見文氣亦條暢議論警闢自是探原之見惟舉辦匪易耳此卷所見極大誠恐能說而不能行擬即派員勘估再議

布政使司李 批

黔省河道不能直達省城所關甚大此卷將吏治田

賦礦務屯墾均納入開河一議中可謂能見其大所陳方略亦鑿鑿可行至鎮遠下游開平險灘千餘里則又成效之已著者也

糧儲道黃　批

以開河作主將吏治田賦四條納入其中命意既高亦能掃却一切膚言

## 【释文】

尝闻："泰山不让土壤，河海不择细流。"①"先民有言，询于刍荛。"②又曰："愚者千虑，或有一得。"③古名臣集思广益，以成治功，胥是道也。今以吏治、田赋、矿务、开垦四大端，进僚属而询之，仰见宪台谦挹④之怀、高深之量。卑府虽极愚昧，敢不敬陈管见⑤，以备采择⑥。

夫吏治，不采虚声⑦。黔省虽小，岂无一二廉干之吏，足以有为者？然山道崎岖，人疲马乏，川资⑧所费较他省不下数十倍。遇有大差，役夫动辄数百，责之民而民不应，责之官而官岂能支？即此二端而论，不通舟车，未必无妨于吏治者。一也。

至田赋，为国之大经。有司辄藉报荒而请豁，于法固属难宽，然出入不能相抵，而浮费又不免日增，廉吏不可为矣。况兵燹⑨以后，荒芜未治者正不少乎。卑府前由贵筑至镇远，大道之旁，多未开垦，推之他处，概可想见。大都谷米不能流通，农器、牛马、子〔籽〕种之费无所取偿。此又因河道不通，有损于田赋者。二也。

贵州地瘠民贫，向无生财之道。今宪台奏请开矿，富国裕民，莫大于是。然山陬⑩石穴采取虽多，路险道长，转运不易。近河之区始可开办，稍远者即有佳矿，弃之不顾。此则不通舟楫，矿务亦难畅行⑪者。三也。

挑用练军，以为开垦之人；责成州县，以重开垦之事；拯济孤贫⑫，以善开垦之用。三者已臻至善，何敢再进浮词⑬？惟其中绝产固多，而高阜⑭亦多苦旱⑮。无江河而沟洫⑯不具，无沟洫而水利不兴。此河源未浚⑰，开垦俱难举办者。四也。

昔鄂文端⑱谓黔省地利无多，首先建议开河。乃开办，未及成功，旋因去黔而止。近有谓由都匀导清江⑲、通粤〔楚〕⑳较便者，然水程迂远㉑，不如由黄平下至镇远、通楚为近。但滩石崚嶒㉒，如诸葛洞㉓等处，均须疏凿。惟自镇远城河桥㉔，上疏至老黄平㉕，不过三四千金即可畅行。请派笃实㉖能耐劳苦兼善绘图之员，步步体察㉗情形，穿插贯注。如开通数十里即可通流㉘，自以联络接办为是。如遇伏流㉙，或高下之势悬殊㉚，又可用广西陡河及江西玉山"过山之法"，辅而行之。抑或至万难开浚之处，仿照山东泰山及河南四大天门等处，开宽山路，用马车及二把手车㉛以资挽运㉜。大约由黄平开水路至省，有河可引，恐需五六万金；如无河可引，迳开车路，亦需二三万金。或拨练军应用，抑或移招乡夫，费用更可从省。似此水所不能通者，又以马车通之，不但开垦、矿务均有裨益，即厘金亦必畅旺，而百产亦固一通而无不通，此真万世之利也。否则，倘遇荒年，黔民将坐以待毙矣。

夫狃于故常之说㉝，不足与图功㉞也；安于浅近之规，不足与计事㉟也。宪台下车之始，即以开通黄平河道为念，自非浅见者所能窥测㊱。谨将卑府见闻所及，更为宪台陈之。又镇远桥以下，滩河险处极多，前经商人邀集在黔官、商、士、绅集资修理，闻以将浚至曹溪以下。入湖南境，工程更大。鹅滩、满天星㊲等滩尤为险恶，每岁坏舟数十只，溺毙亦恒数十百人。已蒙宪台提唱㊳，次第兴工。此固利在民生，功垂后世，成效之可先睹者。

已开之河去其险，未开之河兴其利。非常之事，必待非常之人。诚千载一时之会，岂非阖省官、绅、士、商之所厚望者哉？

抚部院潘批："以开河为主脑，不为无见。文气亦条畅㊴，议论警辟㊵，自是探原㊶之见，惟举办匪易耳。此卷所见极大，诚恐能说而不能行，拟即派员勘估㊷再议。"

布政使司李批："黔省河道不能直达省城，所关甚大。此卷将吏治、田赋、矿务、屯垦均纳入开河一议中，可谓能见其大。所陈方略，亦凿凿可行。至镇远下游，开平险滩千余里，则又成效之已著者也。"

粮储道黄批："以开河作主，将吏治、田赋四条纳入其中，命意㊸既高，亦能扫却一切肤言㊹。"

# 【注释】

①该句话出自（秦）李斯《谏逐客书》："臣闻地广者粟多，国大者人众，兵强者则士勇。是以泰山不让土壤，故能成其大；河海不择细流，故能就其深；王者不却众庶，故能明其德。" 意思是：泰山不抛弃细小的土壤，所以能成就那样伟大；江河大海不拒纳细小的流水，所以能达到那样的深度。让，辞让；舍弃。择，选择；挑剔，这里有拒绝之意。

②该句话出自《诗经·大雅·板》："先民有言，询于刍荛。"意思是：古代圣贤有句名言，要虚心向割草打柴的人请教。先民，古代的圣贤。询，询问；请教。刍荛[chú ráo]，割草打柴的人，借指地位低微的人。

③该句话出自《史记·淮阴侯列传》："智者千虑，必有一失；愚者千虑，必有一得。"意思是：愚钝的人在许多次考虑中，也会有一次是正确的。

④谦挹：谦逊退让。《宋书·王弘传》："国耻既雪，允膺茅土，而并执谦挹，志不命逾，故用佇朝典，将有后命。"（宋）宋敏求《春明退朝录》卷上："王太尉为相，过万户，而谦挹不封。"

⑤管见：管窥之见。管窥，指从竹管中窥物，比喻目光短浅，见闻不广。管，竹管。窥，从小孔或缝隙里看。《后汉书·肃宗孝章帝纪》："区区管窥，岂能照一隅哉！"

⑥采择：选用；采用。《汉书·赵充国传》："臣充国材下，犬马齿衰，不识长册，唯明诏博详公卿议臣采择。"《三国志·吴书·吴主传》："若小臣之中，有可纳用者，宁得以人废言而不采择乎？"（宋）苏轼《试馆职策问》之一："愿深明所以然之故，而条具所当行之事，悉著于篇，以备采择。"（汉）陆贾《新语·思务》："闻见欲众而采择欲谨。"（宋）范仲淹《上资政晏侍郎书》："请露肝膂之万一，皆质于前志，非敢左右其说，惟公之采择。"

⑦不采虚声：不予理会虚假的名声。不采，亦作"不睬"。指对别人的言语、行为不予理会。《北齐书·穆后传》："后既以陆为母，提婆为家，更不采轻霄。"《警世通言·老门生三世报恩》："那笑他的他也不睬，怜他的他也不受。"《三国演义》第四九回："时云长在侧，孔明全然不睬。"虚声，虚名；虚誉。《韩非子·六反》："布衣循私利而誉之，世主听虚声而礼之，礼之所在，利必加焉。"《后汉书·黄琼传》："自顷征聘之士，胡元安、薛孟尝、朱仲昭、顾季鸿等，其功业皆无所采，是故俗论皆言处士纯盗虚声。"

⑧川资：盘缠；旅费；路费。"川"在古代是"江河"的意思。古时候人们要远行，首选坐船，于是便把坐船的盘缠叫作"川资"或"川费"。沿用日久，

也就把路费称作"川资"了。

⑨兵燹[xiǎn]：因战乱而造成的焚烧破坏等灾害。《宋史·神宗纪二》："丁酉，诏：岷州界经鬼章兵燹者赐钱。"（清）薛福成《应诏陈言疏》："江苏久遭兵燹，疮痍呻吟，元气未复。"安成祥《石上历史·锦屏县瑶光（清光绪）严禁妄派民夫碑》："官用民夫一次，民间受累无穷。如地方官因公下乡再用民夫，一年不定数次，则吏下乡一次，土司得以科敛一次。兵燹孑遗，实有不堪，亟应严行示禁。"

⑩山陬[shān zōu]：山角落。借指山区偏僻处。（明）高道素《上元赋》："洵山陬之寂寞，亦炎热之喧阗。"（清）李渔《意中缘·赴任》："料想那皇都，定不比山陬小邑。"

⑪畅行：顺利地通行。柳青《铜墙铁壁》第一章："敌机把这条公路当成我军的主要供应线……弄得只在黑夜才能畅行。"毛泽东《抗美援朝的伟大胜利和今后的任务》："把汽车路加宽，又修了许多新汽车路，汽车开过来开过去，畅行无阻。"

⑫孤贫：孤苦贫寒。《汉书·王莽传上》："莽群兄弟皆将军五侯子，乘时侈靡，以舆马声色佚游相高，莽独孤贫，因折节为恭俭。"《新唐书·奸臣传下·柳璨》："少孤贫，好学，昼采薪给费，夜然叶照书。"《新唐书·王君廓传》："君廓，并州石艾人，少孤贫，为驵会。"（清）顾炎武《与苏易公书》："关中惟中孚一人，自痛孤贫阙养，誓终身不享富贵。"

⑬浮词：空虚不实的言辞。《后汉书·明帝纪》："先帝诏书，禁人上书言圣，而闲者章奏颇多浮词。"（唐）白居易《论于頔所进歌舞人等事宜状》："内足以辩明圣意，外足以止息浮词。"（清）袁枚《随园诗话补遗》卷七："敷衍凑拍，满纸浮词。"（南朝·梁）刘勰《文心雕龙·镕裁》："规范本体谓之镕，剪截浮词谓之裁。""镕"同"熔"。

⑭高阜：犹高起。《三国演义》第一〇七回："此城山势高阜，必然水少，须出城取水，若断其上流，蜀兵皆渴死矣。"中国近代史资料丛刊《太平天国·行军总要》："即在自己所扎之衙门附近选一高阜地方，或在屋顶上，令人坐立。"

⑮苦旱：干旱很严重。苦，甚；很。表示程度的副词。《世说新语·方正》："帝遂召武子苦责之。"旱，干旱。指长期无雨或少雨，使土壤水分不足。（汉）贾谊《论积贮疏》："三千里之旱。"

⑯沟洫[gōu xù]：田间水道。《周礼·考工记·匠人》："匠人为沟洫……九夫为井，井间广四尺，深四尺，谓之沟。方十里为成，成间广八尺，深八尺，谓之洫。"郑玄注："主通利田间之水道。"（晋）左思《蜀都赋》："沟洫脉散，

疆里绮错，黍稷油油，粳稻莫莫。"曹禺等《胆剑篇》第三幕："我们要开沟洫。"

⑰河源未浚：河流的源头未曾疏浚。河源，亦作"河原"。指河流的源头。《汉书·西域传上·于阗国》："于阗之西，水皆西流，注西海；其东，水东流，注盐泽，河原出焉。"（唐）杨炯《唐昭武校尉曹君神道碑》："一举而清海外，再战而涤河源。"师陀《山川·历史·人物》："郦道元毕竟是值得尊敬的古代地理学者，在他那个时代的交通困难条件下，没有上溯露水河的河源，可是确实到过这里。"浚，疏浚；深挖。《尚书·舜典》："封十有二山，浚川。"《春秋公羊传·庄公九年》："浚之者何？深之也。"

⑱鄂文端：鄂尔泰（1677—1745），西林觉罗氏，字毅庵，谥"文端"，满洲镶蓝旗人。康熙三十六年（1697）举人。雍正三年（1725），任广西巡抚。雍正四年（1726）任云贵总督。雍正十三年（1735），雍正帝驾崩，与张廷玉等同受遗命辅政，担任总理事务大臣。之后，历任军机大臣、领侍卫内大臣、议政大臣、经筵讲官，管翰林院掌院事，加太子太傅衔，赐号襄勤伯。乾隆十年（1745）病逝，谥文端，配享太庙，入祀京师贤良祠。乾隆二十年（1755）被撤出贤良祠。鄂尔泰著有《西林遗稿》一书。

⑲清江：时为清江厅，今剑河县。厅治在今剑河县柳川镇。

⑳通粤：通往广东。此处有误，应该是通"楚"。因为清水江发源于都匀斗篷山，流经今都匀市、麻江县、凯里市、黄平县、施秉县、台江县、剑河县、锦屏县、天柱县，进入湖南境内，汇入长江支流沅江，全长1022千米。

㉑迂远：迂回遥远。《明史·河渠志四》："帝以海道迂远，却其议。"

㉒崚嶒[líng céng]：形容山峰高峻重叠。（唐）杜甫《望岳三首（其二）》："西岳崚嶒竦处尊，诸峰罗立似儿孙。"

㉓诸葛洞：地名，位于施秉县城的东面，在今城关镇中沙境内，距离县城5公里左右。在此处，潕阳河滩险流急，南北两岸至今还留存有古代纤道。该纤道的始建年代不详，或视地形依岩开凿为径，或以青石为料、石灰拌砂砾镶砌而成，以供纤夫爬行。北岸纤道由滩头至穿石（小地名），原长402米，现存98米，宽0.9至3.2米不等，高0.83至3.2米不等；南岸纤道由滩头至二塘口，原长420米，现存119米，宽1.2至3米不等，高3.5米。南北现尚存摩崖石刻六处。南岸纤道峭壁上原建有"武侯祠"，屡建屡毁，现仅存遗址。1985年11月，诸葛洞纤道被贵州省人民政府公布为第二批省级文物保护单位。

㉔该桥位于今镇远县城，为七孔石拱桥，长135米，宽8.5米，高17米，是全国重点文物保护单位"青龙洞古建筑群"的一部分，现保存完好。始建于明洪武年间，名为"潕溪桥"。相传为庆祝康熙帝六十寿诞，被更名为"祝圣桥"。

清光绪四年（1878），于桥上建魁星阁，为三重檐八角攒尖顶木质阁楼，寓意"魁星点斗，高中状元"，故民间称其为"状元楼"。抗战时期，国民政府修通湘黔公路，祝圣桥成为西南汽车交通运输线上的骨干桥梁之一。二十世纪七八十年代，该桥还一直在通行汽车。

㉕ 老黄平：今黄平县旧州，明清时期为黄平州的治所。至今，该地文物古迹众多，2006年5月，旧州古建筑群被国务院公布为第六批全国重点文物保护单位。

㉖ 笃实[dǔ shí]：忠诚老实；朴实；踏实。《周易·大畜》："大畜刚健，笃实辉光，日新其德。"《后汉书·郎𫖮传》："岂可不刚健笃实，矜矜栗栗，以守天功盛德大业乎？"《南史·韦放传》："放性弘厚笃实，轻财好施，于诸弟尤雍穆。"

㉗ 步步体察：一步一步逐段地加以考察。步，古时五尺为步。步步，表示距离近。体察，考察。

㉘ 通流：通行。《管子·水地》："水者，地之血气，如筋脉之通流者也。"《淮南鸿烈·本经训》："江淮通流，四海溟涬。"（宋）叶适《朝议大夫秘书少监王公墓志铭》："开渠港五百余里，漕挽通流，灌注一郡。"

㉙ 伏流：指水从地下流动。（宋）鲁应龙《闲窗括异志》："古老相传云：此下通大海。岂海水伏流地中从此过耶？"（明）徐弘祖《徐霞客游记·滇游日记十一》："此处腾涌涧中，外至坞口，遂伏流不见。"郑观应《盛世危言·治河》："河水发源昆仑之墟，伏流数千里，涌出地上，汇为星宿海，至积石流入中国。"

㉚ 高下之势悬殊：指河流的落差很大。悬殊，差别很大。《隋书·诚节传·杨善会》："前后七百余阵，未尝负败，每恨众寡悬殊，未能灭贼。"（清）王士禛《池北偶谈·谈献六·召平》："智愚之悬殊乃若此。"

㉛ 二把手车：一种依靠两手持平、向前推行的木质独轮车。

㉜ 挽运：运输。《旧五代史·唐书·明宗纪六》："丙申，诏邺都、幽、镇、沧、邢、易、定等州管内百姓，除正税外，放免诸色差配，以讨王都之役，有挽运之劳也。"（清）马建忠《铁道论》："而军旅之征调，粮饷之转输，赈济之挽运，有无之懋迁，无不朝发夕至。"

㉝ 夫狃于故常之说：指因循守旧的言论。狃[niǔ]，因袭；拘泥。故常，指惯例；旧例。

㉞ 不足：不值得。《史记·高祖本纪》："章邯已破项梁军，则以为楚地兵不足忧，乃渡河，北击赵，大破之。"《东周列国志》第三回："先王怠政灭伦，

自招寇贼，其事已不足深究。"图功：图谋建立功业。（唐）白居易《赠写真者》诗："迢递麒麟阁，图功未有期。"（唐）柳宗元《首春逢耕者》："故池想芜没，遗亩当榛荆。慕隐既有系，图功遂无成。"

㉟ 计事：计议大事；谋事策划。

㊱ 窥测：窥探测度。（宋）曾巩《自福州召判太常寺上殿札子》："其渊谋远略，必中事几，善训嘉谟，可为世则者，传闻下土，虽仅得其一二，已足以度越众虑，非可窥测，可谓有君人之大德。"

㊲ 满天星：地名，在今剑河县敏洞乡下白斗村境内。

㊳ 提唱：即提倡，指倡导、提议。指出事物的优点，让大家使用或实行，侧重于引导、带头使用或实行。

㊴ 条畅 [dí dàng]：通畅，畅达。（汉）王褒《洞箫赋》："原夫箫干之所生兮，于江南之丘墟。洞条畅而罕节兮，标敷纷以扶疏。"李善注："条畅，条直通畅也。"（南朝·梁）刘勰《文心雕龙·书记》："详总书体，本在尽言，言以散郁陶，托风采，故宜条畅以任气，优柔以释怀。"（明）王守仁《传习录》卷中："盖其元气充周，血脉条畅，是以痒疴呼吸，感触神应，有不言而喻之妙。"

㊵ 警辟：指言论、意见、见解等，精辟动人。

㊶ 探原：寻求源头；探求本源。

㊷ 勘估：工程用语，指勘测评估。清制，凡有工程，经该处主管官题报或咨报后，需先派官员亲临其地查看是否确实需要兴工修建及修建量有多大，然后再估算所需工料用银及用款数目，分别处理。凡京工，工价银在五十两以内、料价银在二百两以内者，由各该处报工部，查明确是应修，派员勘估兴修；工价及料银超过此数，则奏明请旨，由工部督率司员办理。千两银以上，则需详细声叙，奏请钦派大臣查估，估册到工部，再奏请钦派大臣承修。

㊸ 命意：寓意；用意。常用指作文、绘画等确立主旨。（宋）邓椿《画继·山水林石·陈用之》："宋复古八景，皆是晚景，其间《烟寺晚钟》《潇湘夜雨》，颇费形容……盖复古先画而后命意，不过略具掩霭惨淡之状耳。"（明）方孝孺《张廷壁书》："足下于此固已知之矣，而出言命意未免有艰苦涩滞之态。"

㊹ 肤言：肤浅的言论。（明）高攀龙《答袁节寰（袁可立）中丞》："腐儒之谈无当也，而涓埃可佐高深，故不敢以肤言而以衷语。"郑观应《盛世危言·道器》："二三生徒妄以私心附会，著书立说，托名耶稣，勦袭佛老之肤言，旁参番回之杂教，敷陈天堂地狱之诡辞，俚鄙固无足论，而又创设无鬼神之说。"

## 【译文】

曾经听说："泰山不抛弃细小的土壤；江河大海不拒纳细小的流水。""古代圣贤有句名言：'要虚心向割草打柴的人请教。'"还听说："愚钝的人在许多次考虑中，也会有一次是正确的。"古代有名的贤臣能够集中群众的智慧，广泛吸收有益的意见，以至于成就了治国理政的功绩，都是同一个道理。现在，巡抚潘霨大人用"吏治""田赋""矿务""开垦"这四个重要的问题，问计于下属，让大家进言献策，足见他那谦虚的胸怀、宽广的雅量。我虽然极端愚蠢而不明事理，哪敢不恭敬地陈述自己的管窥之见，以供大人作决策时选用。

吏治，不用理会虚假的名声。贵州省虽然小，难道就找不出一两个既清正廉洁又精明强干的官吏，足以担当大任、有所作为的吗？但是，贵州山路高低不平，行走在上面，人疲倦，马困乏，疲劳不堪，路费是其他省的数十倍。每每遇到有大型的差使，抽调民夫动不动就几百人，责令到民间，民众不响应；责令到官府，地方官哪里能够承受得了？就拿这两件事来说，交通阻塞，不能通行船只和车辆，不可能不对吏治产生妨碍。这是第一种情形。

至于田赋，是国家的常道。地方官总是借报荒以求免除，从国法上讲固然属于不容宽宥的行为，可是入不敷出，加之不必要的开支与日俱增，想要做一个廉洁奉公的官吏都不可能了。何况咸同战乱之后，撂荒的田地未得到复垦的情况确实不少呢。我前不久从贵筑到镇远，在官道的两边，很多撂荒之地都还没有复垦。由此推及其他的地方，大概情况可以想象得出来。全省大部分地方粮食不能够流通，购买农具、耕牛、驮马、种子所需的费用无法找到补偿的途径。这又是因为河流和道路不通畅，对田赋造成损失。这是第二种情形。

贵州土地贫瘠，人民贫困，一向没有发财聚资的门道。现在，巡抚潘霨大人奏请开办矿务，富国富民，莫过于此。然而，在偏僻深山的石洞采集矿物虽然多，但道路遥远艰险，不容易运输。在靠近河流的地区才可以兴办矿业，稍微偏远的地方即便有品位优良的矿产，也只好放弃顾不上开采。这就是因为不通船只，采矿事务也很难顺利施行。这是第三种情形。

挑选使用练军，用之作为复垦荒田的力量；责令各州县负责，使之重视开垦的事务；救济孤苦贫寒，使之充分发挥开垦的效用。三个方面已经非常完美了，我哪里还敢呈进空虚不实的言辞？唯有一点，当中绝产一定很多，而且地势高的地方也大多干旱较严重。没有大江大河的水流入，田间水道就不完备；没有田间水道的承接，水利资源的利用就不能兴盛。这是河流的源头未曾疏浚，开垦事务都难得兴办。这是第四种情形。

以前，鄂尔泰大人认为贵州省的地理优势不多，首先建议开掘河道。才兴办，还未等到成功，不久因他离开贵州而停止。近来，有人说从都匀疏导至清江、通往湖南比较便捷，然而这条水路迂回遥远，不如从黄平下行到镇远、通往湖南为近。但是，潕阳河的滩石陡峭不平，比如诸葛洞等地，都必须加以开凿。单从镇远城的祝圣桥，往上游疏浚到黄平的老州城，花费不过三四千两纹银就可以畅行。请求派出忠诚老实、能够吃苦耐劳、还擅长绘制地图的人员，逐条逐段地考察实际状况，穿插贯注。如果疏通数十里就可通行，我认为联络接办为好。如果遇到河流从地下潜流，或者落差很大，可以采用广西陡河及江西玉山那种通过山区的办法，辅助通行。或者到了极难开掘疏浚的地方，仿照山东泰山，以及河南四大天门等处，把山路拓宽，用马车及手推独轮车作为运输的工具。大概从黄平挖掘水路到达省城，如有河水可以引用，恐怕需要五六万两纹银；如果没有河流可以引用，径直开辟行车道路，也需要二三万两纹银。或者调拨练军使用，或是征派乡村民夫，费用更加节省。像这些不通水路的地方，再采用马车接通它，不但对开垦和矿务都有所补益，就是厘金也一定因道路畅通而激增，而且各种物产随着道路的畅通而无不流通，这真是万世的财利。如不这样，倘若遇到灾荒之年，贵州人民将坐以待毙。

因循守旧的言论，不值得用来图谋功业；安于浅近的规则，不值得用来计议大事。巡抚潘大人刚刚上任，就把疏通黄平河道记挂在心，他的深谋远虑，自然不是见识浅薄的人能够窥测的。谨慎而恭敬地把我的所见所闻，进一步向巡抚大人陈述。镇远祝圣桥以下，河滩和河道的危险之处非常多，前几年由商人出面邀集在贵州的官员、商贾、士人、乡绅集资治理，听说已疏浚到曹溪以下。入湖南境内，工程更大。鹅滩、满天星等河滩特别凶险，每年被撞坏的船有几十只，落水被淹死的人恒定在几十上百人。承蒙巡抚大人倡导，已经依次动工。这原本就是利于民生，功垂后世，成效是事先可见的事情。

已经开通的河道除去它的危险，还没有开通的河道发挥它的好处。不平凡的事情，必须等待不平凡的人去做。这实在是千年一遇的机会，难道不是全省官吏、乡绅、士人、商人所殷切期望的吗？

> 巡抚潘霨的批语："用开通河道作为主干，很有见识。文笔通畅，议论精辟，自然是探源的见解，只是这些事情不容易办理罢了。这份策卷所见重大，唯恐能够在口头上说说，但不能够付诸实施，准备立马派出人员勘测评估再行商议。"
>
> 布政使李元度的批语："贵州省的河道不能直接通达省城，事关重大。这份策卷把吏治、田赋、矿务、屯垦都纳进疏通河道这一个议题当中，称得上能够看见大局、关键。所陈述的方略，也确实可行。至于镇远下游，开通和凿平险滩一千多里，成效已经卓著。"
>
> 粮储道员黄元善的批语："用开通河道作为主线，将吏治、田赋等四条纳进其中，不仅立意高远，也能扫去一切肤浅言论。"

## 【原文】

### 策问·超等第七名陶春霖

策問 超等第七名陶春霖

從來爲政之道，先端治本，端治本端，斯治法可行。黔自兵燹後，凡興養立教、清訟明刑，諸大端皆所當爲，而吏治之關係最重者厥端有二：曰教、曰傳教者本勸人爲善，習教者伐異黨同，講張之術不可窮詰。甚至結盟拜會，流而爲匪處之者過激，則啟釁稍寬則養奸，地薄俗澆，職此之由，此二者在尋常吏治中而有心治理者所當加意整頓也。至黔省田賦僅及大省一大縣，治雖山多田少，石

多土少然合计全省何遽遽若此祗缘地本苗疆我

朝平定以后曾经降

旨招垦准其永不升科永平二百数十年来每岁所入正供多不敷出猶復及於寬政並無苛求軍興以後尤濟以各省協餉大一統而靖邊疆恩至渥也今賊平十餘載各處徵解丁糧頻年請豁司牧者固屬咎有難辭然綜計缺額之數亦不甚多於此而欲清釐之必實徵者不令虛報斯實欠者亦不

得虛懸再聞黔土近日漸次開闢如必欲按畝丈量恐滋煩擾且黔處萬山中肩挑背負轉運維艱非若長江大河轉瞬可以獲利縱有產穀較多之處亦僅在近地行銷穀賤傷農民貧罔濟是以

聖恩寬大於黔省斂從其薄良有出也黔省向產硝礦開辦之初自應廣籌銷路擬請先設電線直達川楚一帶藉得價值銷息如專供海防之用必先函致南北洋大臣預借工本採辦源源運赴節節轉售更由本省官商集股以期必成然必預將礦樣

發往下路能否合用方可定章試辦仍於上下兩游分設收買硝礦總局無論何項人等准其領照採辦送局查看揀選頂上者收買之價廉工省庶貨不棄於地利可盡歸於公至若銅礦威甯普安兩處與滇省附近者有之此外雖偶見有苗其實名為山窰望之似礦鍊之不能分汁從前歷辦費用萬金迄無成效蓋山窰似礦而非礦猶之砒砆似玉而非玉偽也是不可以不辦又若屯墾黔民之所患不在貧而在寡蕭清十餘載而腹

丙州縣荒殘如故緣求墾之民道死者半病死者半其幸得至者或買或佃土熟而訟端起以故外省視為畏途今惟設法招徠之安撫之昔伍員料越十年生聚而兼聚之其效在十年果能聚之其效可立覩也逸書數放勳之德曰勞之徠之匡之直之輔之翼之詩序數宣王之功曰能勞徠還定安集之一在洪水後一在中興前自古聖君救時俱不外此圖治者從而求之又何必定在三代下哉

首二段摘錄程榮壽作三段摘錄宋錫恩作

## 【释文】

从来为政之道，先端治本①。治本端，斯治法可行。黔自兵燹后，凡兴养②、立教③、清讼④、明刑⑤诸大端，皆所当为。而吏治之关系最重者，厥端有二：曰教⑥，曰会⑦。传教者本劝人为善，而习教者伐异党同⑧。其诪张⑨之术，不可穷诘⑩，甚至结盟拜会，流而为匪。处之者过激则启衅⑪，稍宽则养奸。地薄俗浇⑫，职此之由⑬。此二者不在寻常吏治中，而有心治理者，所当加意整顿也。

至黔省田赋，仅及大省一大县治⑭。虽山多田少，石多土少，然合计全省，何遽⑮远逊若此？只缘地本苗疆，我朝平定以后，曾经降旨招垦，准其永不升科。承平二百数十年来，每岁所入正供，多不敷出。犹复及于宽政，并无苛求。军兴以后，尤济以各省协饷⑯，大一统而靖边疆，恩至渥⑰也。今贼平十余载，各处征解丁粮，频年⑱请豁。司牧者固属咎有难辞⑲，然综计缺额之数，亦不甚多。于此而欲清厘之，必实征者不令虚报，斯实欠者亦不得虚悬。

再闻黔土近日渐次开辟，如必欲按亩丈量，恐滋烦扰⑳。且黔处万山中，肩挑背负，转运维艰，非若长江、大河，转瞬可以获利。纵有产谷较多之处，亦仅在近地行销，谷贱伤农，民贫罔济。是以圣恩宽大，于黔省敛从其薄㉑，良有㉒由也。

黔省向产硝磺㉓，开办之初，自应广筹销路。拟请先设电线，直通川、楚一带，藉得价值销息，如专供海防之用，必先函致南、北洋大臣，预借工本采办，源源运赴，节节转售。更由本省官商集股，以期必成。然必预将矿样㉔发往下路㉕，能否合用，方可定章试办。仍于上、下两游，分设收买硝磺总局，无论何项人等，准其领照采办送局查看，拣选顶上者收买之。价廉工省，庶货不弃于地，利可尽归于公。

至若铜矿，威宁、普安两处与滇省附近者有之。此外，虽偶见有〔矿〕苗㉖，其实名为"山窣"，望之似矿，炼之不能分汁。从前历办费用万金，迄无成效，盖山窣似矿而非矿，犹之琘玞似玉而非玉。伪也，非真也，是不可以不辨。

又若屯垦。黔民之所患，不在贫而在寡。肃清十余载，而腹内州、县荒残如故，缘来垦之民，道死者半、病死者半。其幸得至者，或买或佃，土熟而讼端㉗起。以故外省视为畏途㉘。今惟设法招徕之，安抚之。昔伍员㉙料"越十年生聚"㉚。生而兼聚，效在十年。果能聚之，其效可立睹也。《逸书》㉛数放勋㉜之德，曰："劳之徕之，匡之直之，辅之翼之。"《诗·序》数宣王㉝之功，曰："能劳徕还定，安集之。"一在洪水后，一在中兴前。自古圣君救时㉞，俱不外此。图治者，从而求之，又何必定在三代㉟下哉？

首二段摘录程荣寿作，三段摘录宋锡恩作。

# 【注释】

①先端治本：首先从根本上着手。先端，首先。治本，指处理事务从根本上着手。与"治标"相对。《宋史·戚纶传》："谨撮十事该治本者附于章左。"鲁迅《两地书·致许广平二四》："现在的现象是各方面都黑暗，所以有这情形，不但治本无从说起，便是治标也无法。"

②兴养：发展生产，指兴盛经济，解决人们的生计。兴，兴起；兴盛。养，供养。《战国策·韩策二》："臣有老母，家贫，客游以为狗屠，可旦夕得甘脆以养亲。亲供养备，义不敢当仲子之赐。"《礼记·月令》："（季秋之月）收禄秩之不当，供养之不宜者。"

③立教：树立教化；进行教导。《韩诗外传》卷八："学校庠序以立教，事老养孤以化民。"

④清讼：清正诉讼。指廉洁公正地审理诉讼案件。清，清正，指廉洁公正或清白正直。（汉）王充《论衡·累害》："清正之士，抗行伸志。"《三国志·魏书·毛玠传》："其所举用，皆清正之士。"（宋）苏辙《欧阳文忠公夫人薛氏墓志铭》："夫人高明清正而敏于事，有父母之风。"

⑤明刑：严明刑罚。（宋）李纲《谢落职依旧宫祠居住表》："辅相失职，

宜即明刑。天地有容，祇从薄责。"

⑥教：传教。指传播宗教教义，劝导人们信奉宗教。

⑦会：结社。指聚众形成团体。

⑧伐异党同：是"党同伐异"的倒装形式，亦省作"党伐"。意思是与自己观点相同的就袒护，与自己观点不同就加以攻击。《后汉书·党锢列传》："自武帝以后，崇尚儒学，至有石渠分争之论，党同伐异之说，守文之徒，盛于时矣。"《明史·赵用贤传》："党同伐异，罔上行私，其风不可长。"（宋）岳珂《桯史·奔粗字说》："党伐之论，于是浸阔，黄冈之贬，盖不特坐诗祸也。"（清）恽敬《与赵石农书》："敬不敢党伐，惟大兄裁之。"

⑨诪张 [zhōu zhāng]：欺诳诈惑。《书·无逸》："民无或胥诪张为幻。"孔传："诪张，诳也。君臣以道相正，故下民无有相欺诳幻惑也。"（清）吴炽昌《客窗闲话续集·许湛然》："彼子衿中，或迂腐过执，或诪张为幻，穷则为闾里之毒蛇，达则为朝廷之大蠹。"章炳麟《革命道德说》："其高者乃往往有游侠之风，恤贫好施，金钱飞洒，然诪张为幻之事亦稍以益多矣。"

⑩穷诘：追问；深究。《三国志·吴志·是仪传》："仪独云无闻。于是见穷诘累日，诏旨转厉，群臣为之屏息。"（明）王守仁《传习录》卷中："盖天下之事，虽千变万化，至于不可穷诘，而但惟致此事亲从兄一念，真诚恻怛之良知以应之，则更无有遗缺渗漏者。"

⑪启衅：引发嫌隙；挑起争端。（明）张敬修等《文忠公行实》："太师复以书抵王公曰，'今之议者，皆谓和戎示弱，开市启衅，此殆不然。'"《明史·梁震传》："震曰，'凡启衅者，谓寇不扰边，我横挑邀功也。今数深入，乃不思一挫之耶？'"

⑫俗浇："萌俗浇驰"的缩语，意思是民风颓废。萌俗，民俗。浇驰，社会风气衰颓；轻浮少礼。（南朝·齐）王融《永明九年策秀才文》之三："自萌俗浇弛，法令滋彰。"

⑬职此之由：当是这个原因。表示找到了问题的症结所在。职，当。之，语气助词，用于倒装的动宾结构之间。由，因；原因。（宋）范仲淹《奏上时务书》："师道既废，文风益浇，诏令虽繁，何以戒劝？士无廉让，职此之由。"

⑭县治：指古代县令或知县的驻地，即县城。

⑮何遽 [hé jù]：亦作"何渠""何讵"。如何，怎么。表示反问。《墨子·公孟篇》曰："虽子不得福，吾言何遽不善？而鬼神何遽不明？"《汉书·陆贾传》："使我居中国，何遽不若汉？"

⑯协饷：清代对地方贫瘠、收支不能平衡的省份，规定由税收富裕的省份

拨款协助之,叫做"协饷"。《清会典·户部七·江西清吏司》:"凡各省之协饷,则稽其数。"原注:"每年直隶……贵州不敷兵饷银,由北档房核明,在邻省协拨。"《二十年目睹之怪现状》第五四回:"山东藩库里存了一笔银子,是预备支那里协饷的。"又第五五回:"协饷银子未必是现银,是打汇票的,他如何骗得去?"

⑰至渥:无比的深厚。至,极;最。渥,浓厚;浓郁。

⑱频年:年年,每年。指连续几年。

⑲咎有难辞:难辞其咎。指难以推脱其过失。难,难以。辞,推托。咎,过失;罪责。

⑳烦扰:纷扰。《管子·禁藏》:"内无烦扰之政,外无强敌之患也。"《三国志·蜀书·王平传》:"谡舍水上山,举措烦扰。"

㉑敛从其薄:指从轻征收赋税。薄,轻微;少。敛,赋敛,指征收赋税。《史记·滑稽列传》:"邺三老、廷掾常岁赋敛百姓,收取其钱得数百万。"(东汉)班固《汉书·食货志上》:"急政暴虐,赋敛不时,朝令而暮改。(宋)王安石《何处难忘酒》诗之一:"赋敛中原困,干戈四海愁。"

㉒良有:确有;一定是有。曹丕《与吴质书》:"少壮真当努力,年一过往,何可攀援!古人思秉烛夜游,良有以也。"

㉓硝磺:硝石和硫黄。两者都是制造火药的原料。

㉔矿样:矿产样品。

㉕下路:下家。指买家。

㉖矿苗:指矿脉、矿床露出地面的部分。

㉗讼端:诉讼之事端。(宋)吕陶《奏乞放坊场欠钱状》:"或虚指债负,妄起讼端,横赖论索。"《二曲集·司牧宝鉴》:"诸吏曹勿使纵游民间,纳交富室,以泄官事,以来讼端,以启幸门也。"《镜花缘》第十二回:"细访贵乡兴讼之由,始知其端不一:或因口角不睦,不能容忍;或因财产较量,以致相争。偶因一时尚气,鸣之于官,讼端既起,彼此控告无休。"

㉘畏途:险恶可怕的路径,比喻做起来是一件很危险和艰难的事情。《庄子·达生》:"夫畏涂者,十杀一人,则父子兄弟相戒也。"(唐)李白《蜀道难》:"畏途巉岩不可攀。"(明)徐光启《钦奉明旨条画屯田疏》:"中多可用之材,而视此畏途,高飞远举。"

㉙伍员:伍子胥(前559—前484),名员(一作芸),字子胥,楚国人,春秋末期吴国大夫、军事家。以封于申,也称申胥。

㉚语出《春秋左传·哀公元年》:"(伍员)退而告人曰:'越十年生聚,而十年教训,二十年之外,吴其为沼乎!'三月,越及吴平。"意思是越国用

十年时间繁衍积聚。

㉛《逸书》：指古文《尚书》。于西汉时，出自孔子旧宅壁中，故名。（唐）刘知几《史通·古今正史》："至于后汉，孔氏之本遂绝。其有见于经典者，诸儒皆谓之《逸书》。"（宋）欧阳修《日本刀歌》："徐福行时书未焚，《逸书》百篇今尚存。"

㉜放勋：即唐尧。尧为帝喾之子，号放勋，是中国上古时期方国联盟的首领，"五帝"之一。十三岁封于陶，十五岁改封于唐，又称陶唐氏。

㉝宣王：周宣王（？—前783），姬姓，名静，一作靖，周厉王姬胡之子，西周第十一代君主，前828年至前783年在位。周厉王在位时，西周吏治败坏、百姓离散。周宣王继位后，下令修复公室、广纳谏言、安顿百姓、修缮武器，兴畋狩礼乐，任用贤臣辅佐朝政，陆续发动对周边部族的战争，使衰落的周王室权威得到恢复，诸侯又重新朝见天子，四夷咸服，史称"宣王中兴"。

㉞救时：匡救时弊。（宋）王应麟《困学纪闻·评诗》："明皇以侈致乱，故少陵以俭为救时之砭剂。"（金）王若虚《臣事实辨》："生以救时，死以明道。"

㉟三代：是对中国历史上的夏、商、周三个朝代的合称。

## 【译文】

历来治国理政的原则，是首先治本。治本端正，这种治理方法就可行。贵州自从咸同战乱之后，凡是发展生产、设立教育、清正诉讼、严明刑罚等诸多重大事情，都应当做。而且，与吏治联系最密切的，有两件事：一是传教，二是结社。传教原本劝人行善，可是修习的人却党同伐异。他们欺诳诈惑的法术，不可追问，甚至结成联盟、拜为会党，流窜充当盗寇。对他们处理过于偏激，就挑起事端；对他们稍微宽大，就纵容和助长奸邪。地方薄收，民风衰颓，当是这个原因。这两件事不在日常吏治范畴，可是有心治理的人，应当特别注意予以整顿。

至于贵州省的田赋，仅仅达到大省的一个大县城的收入。虽然山地多、田土少，石头多、土壤少，但是全省总的加起来，怎么会有如此巨大的差距呢？只因此地原本为苗疆，我大清朝平定以后，曾经下旨招揽平民开垦，准许对其永远不征赋税。国家太平二百多年来，贵州每年征收到的法定赋税，大多不够支出，还另外给予宽厚政策，并没有苛求。咸同年间采取军事行动以后，特用各省协饷接济，全国一统而平定边疆，皇恩深厚。至今，战争结束十多年，各地征收解运钱粮，还年年请求免除。地方官固然难辞其咎，但总计缺额的数量，也不是很多。对此，打算清理田赋，务必使实际应征之数不得虚报，对实际欠缴之数也不得弄虚作假。

又听说贵州的荒地在最近被逐渐开垦，如果一定要按面积测算田赋，恐怕会滋生纷扰。贵州处在崇山之中，肩膀挑、后背扛，物资运输艰难，不像大江、大河，转眼可以获利。即使有出产稻谷较多的地方，也仅仅在附近销售，谷贱伤农，对民众贫困的问题没有帮助。所以，皇恩宽厚宏大，对贵州省从轻征赋，确实是有缘由的。

贵州省一向出产硝石和硫黄，兴办的初期，自然应该广泛筹集销售渠道。建议首先布设电话线，直接连通四川、湖南一带，获得有价值的销售信息，比如专门供应海防的应用，必须事先致电南洋大臣和北洋大臣，预先借用成本费投入采办，源源不断运送过去，一个地方接一个地方地建立代销网点。尤其要由本省官府与商人集资参股，希望一举成功。但是，必须预先将矿物样品发送给买家，若适合买家之用，才可订立合同试着举办。仍然在上游和下游地区，分别设立收购硝磺总局，不论任何人，准许其领取执照采办，将收购到的矿物送交硝磺总局查看，挑选顶级上好之品进行收购。价格便宜，人力节省，或许货物就不会被丢弃在地上，财利就可以全部进入公家。

至于铜矿，威宁、普安两处与云南省接界的地方有储藏。除此之外，虽然偶尔见到有矿苗，其实名称叫"山窣"，看起来像是铜矿，对之进行冶炼不能分出铜液。以前历次的开采费用上万两，始终没有成效，大概山窣像铜矿而不是铜矿，好比珷玞与玉石相似而不是玉石。假的，不是真的，这不可以不加辨别。

又如屯垦。贵州人民真正让人担心的，不在于贫穷而在于人口少。清平十多年，但是内地州县依然像以前那样荒芜残破，缘由是被招徕垦荒的平民，有一半死在路途、有一半死于疾病。其中，幸存得以抵达目的地的人，或者买地或者佃租，荒土变成熟地，诉讼的事端也随之而来。所以，外省人把来贵州的路径看成是险恶可怕的。如今，只有想方设法从外省招徕平民，并安顿抚慰好他们。从前伍子胥曾预料"越国用十年时间繁衍积聚"。靠自身的能力去繁殖人口、聚积物力，十年才能见得到效果。如果能够把人口聚集到贵州来，他们发挥的作用可以很快见到。古文《尚书》在列举唐尧的功德时，说："（唐尧）慰劳百姓，安抚百姓，开导百姓，纠正百姓，辅助百姓，保护百姓。"《诗经·小雅·鸿雁序》在称赞周宣王的功绩时，说："（宣王）能够以恩德招徕，恢复稳定，安抚百姓。"一个是在洪水泛滥之后，一个是在中兴周朝之前。自古以来，圣主匡救时弊，都不外乎如此。力图治理国家的人，从中寻求匡救时弊的方法，又为什么一定要把学习对象限定在夏、商、周三朝之后的范围呢？

开头两段摘录程荣寿的文章，第三段摘录宋锡恩的文章。

**【原文】**

## 策问·超等第八名吴德泳

策问

黔中以边瘠之地丞凋敝之余吏治官方关焉不讲兹幸

台星涖止以爱物仁民之念操用人行政之原猷复开诚布公集群思而广众益焉行见人思自效治理当蒸蒸日上矣第军兴以后凡应举应兴各事宜大半废弛如田赋一端沿明旧制征自土官通省向无鱼鳞册就其名目而论曰地丁曰条编曰马馆曰官学租庄曰祖祭田银曰兵米曰秋粮曰改

米○至徵收之法或輸銀或納米可○米為銀在民第知銀米之數而不知名目之多○官亦不計名目之多只分銀米之額二百年來舊制相沿殆無缺額焉迨軍務迭興屢經請帑辦理善後迄無成效而司牧者又復狃於積習不思規復舊章乃任聽書吏包解包徵致令指熟為荒控完作欠此固不得專咎於里甲之隱沒劣紳之把持也今若欲逐一清理誠先令地方官查明造冊通報立案再擇委賢員分赴各屬按册覆勘總

期额数有著他日申解即视此以为准程仍复宽其既往励其将来所有应领各欵亦须删除搭扣或按季或按月从实发给俾资办公再如素称瘠苦之缺为之量加津贴庶属吏不致赔累而旧额可期全复矣黔中矿务所产不一卑府素所未谙不敢臆度惟是自然之利不假外求祗要委任得人自然事半功倍者至若屯垦尤为当务之急黔中土广人稀所在皆是现在设局拨练于驻黎地方尽力开垦当可渐广招徕如民间有认垦者在

该管地方官承领执照后仍照章给以牛种定以年限再行计亩升科久之无游民无旷土赋亦必因而加增惟清查逆绝各产殊非易易逆产大半归公矣若绝产有逃亡故绝者有远徙而未归农者一旦认业者出争端必由此而敢同治年间所垦荒田至今尚多辗转是在地方官虚心考究详定章程庶百废具举富强可渐臻矣。卑府才识庸愚仰承

垂询谨就管见所及以对。

撫部院潘　批

田賦一端頗能沿波討源可備採擇

於黔省情形既熟故能抉其利弊足徵留心時事

布政使司李　批

於田賦源流獨爲分晰議論亦極正大

糧儲道黃　批

田賦節前挾弊端末言擇員分赴各屬按冊清釐務

期額數有着自是一定辦法

## 【释文】

　　黔中以边瘠之地，承凋敝之余①。吏治官方②，阙焉③不讲。兹幸台星④涖止⑤，以"爱物""仁民"⑥之念，操用人、行政之原，犹复⑦开诚布公，集群思而广众益焉，行见⑧人思自效，治理当蒸蒸日上矣。

　　第⑨军兴以后，凡应举、应兴各事宜，大半废弛。如田赋一端，沿明旧制，征自土官⑩。通省向无鱼鳞册，就其名目而论，曰地丁，曰条编，曰马馆，曰官学，曰租庄，曰祖祭田银，曰兵米，曰秋粮，曰改米。至征收之法，或输银，或纳米，或半银半米，或改米为银。在民，第⑪知银米之数，而不知名目之多；在官，亦不计名目之多，只分银米之额。

　　二百年来，旧制相沿，殆⑫无缺额焉。迨军务迭兴，屡经请帑办理善后，迄无成效。而司牧者又复狃于积习，不思规复旧章，乃任听⑬书吏包解包征，致令指熟为荒、捏完作欠。此固不得专归咎于里甲之隐没⑭、劣绅之把持⑮也。

　　今若欲逐一清理，诚先令地方官查明造册、通报立案，再择委贤员，分赴各属，按册复勘。总期⑯额数有著⑰，他日申解，即视此以为准程。仍复宽其既往，励其将来。所有应领各款，亦须删除搭扣⑱，或按季，或按月，从实发给，俾资办公。再如，素称瘠苦之缺，为之量加津贴，庶属吏不致赔累⑲，而旧额可期全复矣。

　　黔中矿务，所产不一，卑府素所未谙，不敢臆度⑳。惟是自然之利㉑，不假外求，只要委任得人，自然事半功倍者。

　　至若屯垦，尤为当务之急。黔中土广人稀，所在皆是。现在设局，拨练于驻扎地方尽力开垦。当可渐广招徕，如民间有认垦者，在该管地方官承领执照㉒后，仍照章给以牛、种，定以年限，再行计亩升科。久之，无游民、无旷土，赋亦必因而加增。惟清查逆、绝各产，殊非易易〔易事〕。逆产大半归公矣。若绝产有逃亡故绝者，有远徙而未归农者，一旦认业者出，争端必由此而启。同治年间所垦荒田，至今尚多缪辂㉓。是在地方官虚心考究㉔，详定章程。庶百废具举，富强可渐臻矣。

卑府才识庸愚㉕，仰承垂询㉖，谨就管见所及以对。

抚部院潘批："田赋一端，颇能沿波讨源㉗，可备采择。于黔省情形既熟，故能抉其利弊，足征留心时事。"

布政使司李批："于田赋源流，独为分析，议论亦极正大。"

粮储道黄批："田赋节，前抉弊端，末言'择员分赴各属，按册清厘，务期额数有着。'自是一定办法。"

# 【注释】

①凋敝之余：指战乱之后生活困苦的幸存百姓。凋敝，困苦；困乏。《史记·酷吏列传》："吏民益凋敝。"（宋）苏辙《颍滨遗老传上》："自法行以来，民力凋敝，海内愁怨。"

②官方：指居官时应遵循的礼法；为官之道。《资治通鉴·世祖武皇帝四年》："末世不能纪远而专求密微，疑心而信耳目，疑耳目而信简书，简书愈繁，官方愈伪。"胡三省注："方，术也；言为官之方术也。"（清）王韬《瀛壖杂志》卷五："国体官方，兵威士气，扫地尽矣。"

③阙焉：缺少；不完备。《汉书·郊祀志下》："夫江海，百川之大者也，今阙焉无祠。"

④台星：三台星。喻指宰辅，或者与宰辅同等品级的官员。《晋书·天文志上》："三台六星，两两而居，起文昌，列抵太微。一曰天柱，三台之位也。在人曰三公，在天曰三台，主开德宣符也。"（唐）李白《上崔相百忧章》："台星再朗，天网重恢。"（宋）杨万里《宿牧牛亭秦太师坟庵》诗："天极八重心未死，台星三点坼方休。"（清）顾炎武《路舍人家见东武四先历》诗："龙驭杳安之，台星陨衡鼐。"

⑤涖止：来临。涖，到；来临。

⑥爱物：爱护万物。仁民：指将仁爱和仁义施之于人。《孟子·尽心上》："亲亲而仁民，仁民而爱物。"（清）曾国藩《答刘孟容书》："亲亲与民殊，仁民与物殊，乡邻与同室殊。"章炳麟《菌说》："荀子曰：'万物同宇而异体。'以异体故必自亲亲始，以同宇故必以仁民爱物终。"

⑦犹复：尚且。李陵《答苏武书》："兵尽矢穷，人无尺铁，犹复徒首奋呼，争为先登。"《太平经·试文书大信法》："是天与人君独深厚，比若父子之恩则相教，愚者见是，不以时报其君，反复蔽匿，断绝天路，天复益忿忿，后复承负之，增剧不可移。帝王虽有万人之善，犹复无故被其害也。"又《五事解承负法》："夫大贤见师说一面，知四面之说；小贤见师说一负，知四负之说，故易为说也。其愚暗蔽顿之人，不事见为说之，犹复心怀疑，故敢具问天师。"

⑧行见：行将见到；立即可见。行将，即将；将要。（唐）裴夷直《水亭》诗："岁律行将变，君恩竟未回。"（明）唐顺之《赠许太宰》诗："天子行将问黄发，老臣何以赞嘉言。"《水浒传》第四三回："只见五七个猎户都在那里收窝弓弩箭，见了李逵一身血污，行将下岭来，众猎户吃了一惊。"

⑨第：连词。表示转折，相当于"但""只是"。（宋）胡仔《苕溪渔隐丛话·前集杜少陵三》："作诗自有稳当字，第思之不到耳。"（清）纪昀《阅微草堂笔记·槐西杂志》："乃知此物世尚多有，第人不识耳。"

⑩土官：即土司。元、明、清时期于西北、西南地区设置的由少数民族首领充任并世袭的官职。按等级分为宣慰使、宣抚使、安抚使等武职和土知府、土知州、土知县等文职。《元史·仁宗纪三》："云南土官病故，子侄兄弟袭之，无则妻承夫职。"安成祥《石上历史·黄平县老虎坳（明崇祯）杨氏金万界址碑》："崇祯拾肆年，买得土官金万寨。"

⑪第：副词。表示范围，相当于"只""仅仅"。《新唐书·李齐运传》："既无学，暗于大体，第以甘言阿匼而已。"（北宋）王禹偁《黄州新建竹楼记》："江山之外，第见风帆、沙鸟、烟云、竹树而已。"（清）林则徐《批美商晾请准贸易禀》："第该夷一面之词，恐不足据。一时开舱等事，尚难准行。"

⑫殆：大概；几乎。表示推测。《孟子·尽心下》："殆不可复。"《史记·留侯世家》："沛公殆天授。"（唐）柳宗元《游黄溪记》："揭水八十步，至初潭，最奇丽，殆不可状。"（宋）沈括《梦溪笔谈》："游历殆遍。"（宋）文天祥《指南录·后序》："扬州城下，进退不由，殆例送死。"（明）冯梦龙《东周列国志》："其币重而言甘，殆诱我也。吾等若往，必劫我以取地矣。"

⑬任听：听凭；听随。《隋书·经籍志四》："开皇元年，高祖普诏天下，任听出家，仍令计口出钱，营造经像。"茅盾《子夜》三："吴荪甫先不发表意见，任听唐云山在那里夸夸而谈。"

⑭隐没：吞没，贪污。（唐）李绰《尚书故实》："人以白公所添铸，比旧耳少银数十两，遂诣白公索余银。恐涉隐没故也。"《旧唐书·宇文融传》："司农少卿蒋岑举奏融在汴州回造船脚，隐没钜万。"《资治通鉴·唐太宗贞观十四年》："尚书左丞韦悰句司农木橦价贵于民间，奏其隐没。上召大理卿孙伏伽书司农罪。"

⑮把持：揽权专断，不让别人参与。（清）方苞《狱中杂记》："有某姓兄弟，以把持公仓，法应立决。"

⑯总期：总的期望。安成祥《石上历史·黎平县地坪（清光绪）吏目衙规碑》："总期官民休戚。"

⑰额数有著：核定数额有所明了。额数，指核定的数目。著，明了。《元史·顺帝纪十》："命燕南、河南、山东、陕西、河东等处举人会试者，增其额数。"（明）顾起元《客座赘语·国子生中式额数》："疏闻诸生颇入严谴，而额数乃定为三十五名。"《小尔雅》："著，明也。"《庄子·杂篇·则阳》："彼知丘之著于己也。"

⑱搭扣："搭车扣款"的缩语。指借拨款的机会，顺便进行克扣。搭，捎带；顺便。扣，截留财物，指不按应发的全数发给。

⑲赔累：赔钱亏累。（明）徐光启《疏辩》："勾解之日，本犯一来，差役回往，皆须盘费，故有司费精神，户丁受赔累。"（清）吴伟业《芦洲行》："州县逢迎多妄报，排年赔累是重粮。"

⑳臆度：主观推测。（唐）陈子昂《谏曹仁师出军书》："且古来绝漠，多丧士马，非臣臆度，辄敢陈闻。"（宋）苏轼《上神宗皇帝书》："以古揆今，则似内重，恭惟祖宗所以深计而预虑，固非小臣所能臆度而周知。"

㉑自然之利：天然的财利。自然，天然；不是人为的东西。（宋）苏轼《定惠院海棠》诗："自然富贵出天姿，不待金盘荐华屋。"利，财利。《论语·里仁》："君子喻于义，小人喻于利。"（汉）桓宽《盐铁论本文》："毋示以利。"

㉒执照：官府所发的文字凭证。《元代白话碑集录·永寿吴山寺执照碑》："重审得：前项地土并无违碍，合行给付本人执照。"安成祥《石上历史·黎平县述洞（清光绪）潭溪司废除火烟钱执照碑》："合行执照，以垂永远。"

㉓轇轕：亦作"轇轕"或"轇葛"。指纠葛；纠纷。（清）昭梿《啸亭杂录·折子》"初无轇轕，数百年之弊政，于是始革。"（清）薛福成《滇缅分界通商事宜疏》："盖因英人注意商务，若分划边界，偶有轇轕，则办理通商，诸多掣肘，亏损无穷，固不能不审。"

㉔考究：考索研究。《魏书·高允传》："先所论者，本不注心；及更考究，果如君语。"（宋）陈善《扪虱新话·读书当讲究得力处》："岂知今之俗学乃全不考究，以'六经'为治世语言，至欲求道则以为尽在浮屠氏？"

㉕庸愚：庸下愚昧。自谦之词。《镜花缘》第七回："贱性庸愚，今承指教。"

㉖垂询：敬辞，称别人对自己的询问，旧称上对下有所询问。（清）江藩《国朝汉学师承记·钱大昕》："今上亲政，垂询大昕。"（清）王端履《重论文斋笔录》卷四："辱承垂询，用敢附闻。"

㉗沿波讨源：是一个成语，谓循其流以求其源。比喻深究事物之本末。语出（晋）陆机《文赋》："或因枝以振叶，或沿波而讨源。"（南朝·梁）刘勰《文心雕龙·知音》："夫缀文者情动而辞发，观文者披文以入情，沿波讨源，虽幽必显。"

## 【译文】

贵州以边远而贫瘠的土地，承载着困苦的幸存百姓。对吏治和为官的礼法，不完备之处就不说了。现在，幸蒙巡抚潘大人来临，用"爱物"和"仁民"的理念，掌握用人和行政的源头，尚且开诚布公，集思广益，行将见到人人考虑主动效力，治理当会蒸蒸日上的局面。

但军事行动之后，凡是应该举办、应该兴办的各项事情，大半废弛。比如，田赋这一问题，沿袭明朝的旧制，由土司征收。全省从来没有鱼鳞册，就田赋的名称来说，有"地丁"，有"条编"，有"马馆"，有"官学"，有"租庄"，有"祖祭田银"，有"兵米"，有"秋粮"，有"改米"。至于征收的方法，或是交纳银两，或是交纳大米，或是银两和大米各交一半，或是先前交米后来改为交银。在民众方面，仅仅知道银两和大米的数量，却不知道名目的繁多；在官吏方面，也不计较名目的繁多，只区分银两和大米的数量。

二百年来，旧制度一直沿袭，几乎没有缺额。等到咸同年间连续兴起军事行动，不断申请公帑处理妥善事宜，始终没有成效。而且，地方官又拘泥于积习，不图谋恢复旧的规章制度，仍然听凭书吏承包解运和征收，致使他们把熟田指认成荒地、把已完纳的田赋捏造为被拖欠的田赋。这固然不能专门归罪于里长、甲首的贪污，以及恶劣乡绅的揽权专断。

现在，如果打算逐一清理，首先命令地方官员查明实情并编制簿册，向上禀报备案，再选派贤明能干的人员，分头去到各地，对照簿册进行复核。总的期望数额有所明了，将来申报和解运钱粮，就把这个核定数额当成是准则。照旧再宽大他们以往的不法行为，勉励其将来将功补过。对各地应该领取的所有款项，也必须革除"搭车扣款"，或者按季度，或者按月份，据实发给，以资助办公。又比如，对一向被称为贫瘠之地的缺额，为他们酌情增加补贴，或许下属胥吏不至于赔钱亏累，原有赋额就可望全部恢复了。

贵州的矿务，各地的出产不一样，本人历来不熟悉情况，不敢凭主观猜测。但是，这天然的财利，不需要求助于外，只要委任合适的人，当然会事半功倍。

至于屯垦，尤其是当务之急。贵州地广人稀，到处都是这样。现在设置屯垦局，调拨练军在驻扎之地尽力开垦。应当逐渐扩大对平民的招揽，如果民间有认垦的人，在辖区地方官那里领取执照后，依然遵照制度规定发给耕牛、种子，确定年限，期满后再按照田亩征收赋税。时间一长，没有流离失所的人，没有撂荒的土地，赋税也必然因此而增加。唯有清查叛逆者、绝户者的各项产业，实在不是容易的事。叛逆者的财产已大部分充公了。如绝产中，有因田主逃亡所形成的绝产，有因田主远迁未回乡务农所形成的绝产，一旦指认产业的人出现，争端必定因此而开启。同治年间所开垦的荒田，到今天还有很多纠纷。这需要地方官谦虚考索研究，详尽制定制度。差不多百废俱兴，可以逐步达到富强了。

本人的才能和见识庸下愚昧，承蒙询问，谨慎而恭敬地将管窥所见对答。

巡抚潘霨的批语："田赋这一条，很能沿波讨源，可以备着采用。熟悉贵州省的情况，所以能挑出其中的利弊，足以证明关心时下的大事。"

布政使李元度的批语："对田赋的源流，独到地进行分析，评论也极其公正。"

粮储道员黄元善的批语："田赋这一节，前面挑出弊端，后面说'选派人员分头去到各地，对照簿册进行清理，务必期望数额有着落。'自然是一个适当的办法。"

【原文】

## 策问·超等第九名黎怀[①]

策問　　　　　　　　　　超等第九名　黎　懷

嘗聞吏治之振興、惟視上司之表率、語云孟圓水圓。孟方水方。無他、大臣法則小臣廉、機相應也。茲

憲節式臨本濟物之懷、求生財之道。凡百屬吏莫不共獻芻言、以期共襄治理。吾知官箴曰肅、即大化不難日臻矣。黔省賦額不及中州一郡、其虛懸之數、亦不過數萬有奇、非若他省積欠煩多、萬難補救也。且田雖荒蕪、徵輸如故、有有糧之田、有無

糧之田按册而稽所欠無幾地方官每於報解時不曰荒蕪無徵則曰實欠在民此復之難雖在民而實在官矣雖然此亦勢使然耳輓運有漏規而輓運裁矣鹽稅有漏規而鹽稅裁矣煙土有漏規而煙稅裁矣卽丁糧各項亦莫不有漏規而各項亦裁矣層層裁盡縱有清潔自愛之士恐亦不能枵腹從公也況需次數年之久偶一委署不惟不能供私橐之一飽卽辦公之費先無從出此而欲其奉公潔已不亦難乎竊謂欲復賦額先杜欺侵

先筹私贩私赎既裕而不感激图报者未之有也若夫矿务一节黔地所产半係铅铁等物金银不少概见此外惟硝矿最多如石阡之塘头铜仁之梵净山思南之沿河司以及镇远仁怀等处所在皆有然其举办之法无论何产皆宜仿照滇中成法听民自行开挖官不过给与劄示以开其端及其成也科以什一之徵给以适中之价俾作官物行销固有不必缉私而偷漏自绝者所谓山泽之利与民共之也黔省建议开矿盖有年矣省局动

發帑金數逾巨萬荏苒歲月幾不知續爲何物以今日而欲興此利未可不慎之於初也若夫屯墾一節開辦之初徒以立法未善旋作旋逡迄無成功論者惜之茲議撥練開荒實爲足食之急務或謂有主之田處其難於撥練開荒實爲足食之急務或謂有主之田處其難於返業也主客異勢處其難於相安也借給牛種處其難於還本也苟起訟端處其難免荒廢也不知預定章程則業主無所疑忌矣申明約束則練丁不敢滋擾矣督耕勤則收獲豐何難還本相安久則情誼洽有何爭端計夫

授田按畝納租不過三年可以無礦土矣我
憲台正已率物博訪周諮行見吏治蒸蒸地利盡
闢物阜民康猗與休哉俟其緯而
首段及末段參用石廷棟作次段參用唐樹桐
作

## 【释文】

尝闻吏治之振兴，惟视上司之表率。语云："盂圆水圆，盂方水方。"②无他，大臣法③，则小臣廉，机[发]相应④也。兹幸宪节式临，本济物之怀，求生财之道，凡百属吏，莫不共献刍言，以期共襄治理。吾知官箴⑤日肃，即大化⑥不难日臻矣。

黔省赋额，不及中州⑦一郡⑧。其虚悬之数，亦不过数万有奇，非若他省积欠烦多、万难补救也。且田虽荒芜，征输⑨如故。有有粮之田，有无粮之田，按册而稽，所欠无几。地方官每于报解时，不曰荒芜无征，则曰实欠在民。此复之难，虽在民而实在官矣。

虽然⑩，此亦势使然耳。挽运⑪有漏规⑫，而挽运裁⑬矣；盐税有漏规，而盐税裁矣；烟土⑭有漏规，而烟税裁矣。即丁粮各项，亦莫不有漏规，而各项亦裁矣。层层裁尽，纵有清洁自爱之士，恐亦不能枵腹从公⑮也。况需次⑯数年之久，偶一委署⑰，不惟不能供私橐〔囊〕⑱之一饱。即办公之费，先无从出，此而欲其奉公洁己，不亦难乎？窃谓欲复赋额，先杜欺侵⑲。[欲杜欺侵]，先筹私赡⑳。私赡既裕，而不感激图报者，未之有也。

若夫矿务一节。黔地所产，半系铅、铁等物，金、银不少概见㉑。此外，惟硝磺最多，如石阡之塘头，铜仁之梵净山，思南之沿河司，以及镇远、仁怀等处，所在皆有。然其举办之法，无论何产，皆宜仿照滇中成法，听民自行开挖，官不过给予札示㉒，以开其端。及其成也，科以什一㉓之征，给以适中之价，俾作官物行销。固有不必缉私而偷漏自绝者，所谓山泽之利与民共之也。黔省建议开矿，盖有年矣，省局动发帑金数逾巨万，荏苒岁月，几不知矿为何物。[是]以㉔今日而欲兴此利，未可不慎之于初也。

若夫屯垦一节。开办之初，徒以立法未善，旋作旋辍，迄无成功，论者惜之。兹议拨练开荒，实为足食㉕之急务。或谓：有主之田，虑其难于返业也；主客异势，虑其难于相安也；借给牛、种，虑其难于还本也；苟起讼端，虑其难免荒废也。其不知：预定章程，则业主无所疑忌矣；申明约束，则练丁不敢滋扰矣；督耕勤，则收获丰，何难还本？相安久，则情谊洽，有何争端？计夫授田㉖，按亩纳租，不过三年，可以无矿〔旷〕土矣。

我宪台正已〔己〕率物㉗，博访周谘㉘，行见吏治蒸蒸、地利尽辟、物阜民康。猗与休哉㉙！候其祎而㉚。

首段及末段参用石廷栋作，次段参用唐树桐作。

# 【注释】

①黎怀：生卒年月不详。（民国）《贵州通志·宦迹志》记载："号少卿，云南昆明人。性刚毅，善决断。同治十一年（1872）四月到正安任。"在任期间，制恶役，除恶霸，修书院，设义塾，课农桑，井井有条。"邑人感其德，建坊于东街，题曰：'勋懋十奇，政彰三异。'"

②原话出自《荀子·君道》："君者盘也，盘圆而水圆；君者盂也，盂方而水方。"意思是盛水的器皿是什么形状，水也成为什么形状。比喻上位之人的言行，影响下面的风气。

③法：守法。柳宗元《封建论》："夕受而不法，朝斥之矣。"

④机发相应：指迅速地响应。机发，比喻迅捷。《世说新语·品藻》"林公谈何如嵇公？"刘孝标注引《支遁传》："遁神悟机发，风期所得，自然超迈也。"相应，互相呼应；应和。《国语·齐语》："设象以为民纪，式权以相应。"《陈书·高祖纪上》："军志有之，善用兵者，如常山之蛇，首尾相应。"（宋）苏轼《石钟山记》："（大石）空中而多窍，与风水相吞吐，有窾坎镗鞳之声，与向之噌吰者相应，如乐作焉。"

⑤官箴：官纪，指做官的戒规。（明）沉鲸《双珠记·弃官寻父》："制行难期画虎成，事亲肯被官箴缚，尽孝何愁世网婴。"中国近代史资料丛刊《太平天国·醒世文》："为官头顶守官箴，秉公正直奉法行。"梁启超《新民说·论公德》："近世官箴，最脍炙人口者三字，曰清、慎、勤。"

⑥大化：谓化育万物。《荀子·天论》："列星随旋，日月递昭，四时代御，阴阳大化。"

⑦中州：指中原地区。《三国志·吴志·全琮传》："是时中州士人，避乱而南依琮居者以百数。"（唐）柳宗元《小石城山记》："又怪其不为之中州，而列是夷狄。"（宋）王安石《黄河》诗："派出昆仑五色流，一支黄浊贯中州。"

⑧郡：明清时期对"府"的称谓。安成祥《石上历史·锦屏县（清道光）重修状元桥碑》："郡城之北有隆里所，即古龙标县也。"又"然余摄篆黎郡，两阅寒暑，咨访风俗之善良，隆里独为开邑各所冠。"

⑨征输：征收赋税输入官府。（唐）杜牧《郡斋独酌》诗："太守政如水，长官贪如狼；征输一云毕，任尔自存亡。"《明史·贾三近传》："守令虽贤，安养之心渐移于苛察，抚字之念日夺于征输，民安得不困。"

⑩虽然：即使如此。《左传·僖公二十三年》："（重耳）对曰：'子女玉帛，则君有之……其何以报？'君曰：'虽然，何以报我？'"《孟子·公孙丑下》："夫出昼而王不予追也，予然后浩然有归志。予虽然，岂舍王哉！"（宋）叶适《绩溪县新开塘记》："（人）皆欲为乐岁。人之愿虽然，而人之事不能尽然也。"（清）恽敬《与福子申书》："粤东官事如焦原火发，非一手所能扑，漏防雨溃，非一篑所能障。虽然，天下事皆天下人为之，非仁弟之望而谁望耶？"

⑪挽运：运输。《旧五代史·唐书·明宗纪六》："丙申，诏邺都、幽、镇、沧、邢、易、定等州管内百姓，除正税外，放免诸色差配，以讨王都之役，有挽运之劳也。"（明）沈德符《野获编·内监·内臣何文鼎》："且请修浚大通桥以东闸河道，令漕舟直至桥下，以省挽运之劳。"（清）马建忠《铁道论》："而军旅之征调，粮饷之转输，赈济之挽运，有无之懋迁，无不朝发夕至。"

⑫漏规：即"陋规"。指不好的惯例。旧时多指官吏索贿受贿。漏，通"陋"。安成祥《石上历史·黎平县地坪（清光绪）革除积弊碑》："一切供应陋规，概行革除。"

⑬裁：减削、删减。《国语·吴语》："王曰：'越国之中，富者吾安之，贫者吾予之，救其不足，裁其有余，使贫富皆利之。'"《后汉书·郑玄传》："删裁繁诬，刊改漏失。"

⑭烟土：指未经熬制的鸦片。（清）林则徐《会奏销化烟土一律完竣折》："烟土名色本有三种，曰公斑、曰白土、曰金花"。沙汀《丁跛公》："十多年中，在这奇怪的省份里，他仅仅勒销过两次烟土"。周立波《暴风骤雨》第一部二："韩大棒子又玩什么花招呢？备不住烟土涨价，想加租吧！"

⑮枵腹从公：饿着肚子办理公事。枵腹[xiāo fù]：空腹，肚饥。（清）李宝嘉《活在狱》楔子："到了这个分上，要想他们毁家纾难，枵腹从公，恐怕走遍天涯，如此好人，也找不出一个。"《胭脂血弹词》第八回："残喘难延

惟有死，怎能枵腹去从公。"孙中山《银行最高的信用是现兑》："在一般行政官吏想起来，以为现在行政经费无着，职员不能枵腹从公，何以不通挪这宗款项来维持政府的现状呢？"叶圣陶《前途》："就说开了学，学款早已移充军饷，还是一个枵腹从公。"

⑯需次：旧时指官吏授职后，按照资历依次等候补缺。（宋）楼钥《送袁恭安赴江州节推》："九江需次今几年，去去渌水依红莲。"（清）李慈铭《越缦堂读书记·守默斋杂著》："应祺以监生得官，后需次江西。"

⑰偶一：偶或；偶然。鲁迅《故事新编·铸剑》："眉间尺偶一疏忽，终于被他咬住了后项窝，无法转身。"郭沫若《少年时代·反正前后》第二篇三："重心离地太高，如果偶一不慎，岂不会横倒在街心？"委署：指官署缺员时，委派其他官员代理。（清）蒋良骐《东华录》卷六："又江右甫经兵燹，无贡生应考，学官乏人，武生杂流，夤缘委署，请命抚按学臣察革，择举人之文行兼优者充之。"《老残游记》第六回："小的主人姓申，新从省里出来，抚台委署城武县的。"

⑱私橐 [sī tuó]：私人的钱袋。亦借指私人的钱财。（明）宋濂《东阳兴修干元宫记》："于是各捐私橐而兴修之，不足，则遣缓颊之徒说诸有力者，土木之需，不期月而集。"（清）东轩主人《述异记·仲夫子诛教谕》："顺治甲午年，因文庙倾圮，圣像暴露，鲍君募助修葺。数年以来，所收三百余金皆入私橐。"（清）刘大櫆《程氏宗祠碑记》："将出其私橐，彻而新之。"郑观应《盛世危言·商务》："封雇商船，只图自利，罔恤民生，私橐虽充，利源已塞。"

⑲欺侵：欺凌侵夺。（宋）蔡襄《寄题滁州丰乐亭》诗："时节屡丰有，民里无欺侵。"（明）凌濛初《二刻拍案惊奇》卷二十："陈定托他掌管家事，他内外揽权，百般欺侵。巴不得姊夫有事就好科派用度，落来肥家。"

⑳私赡：即"私养钱"，指私人赡养家属的俸钱。《史记·张释之冯唐列传》："今臣窃闻魏尚为云中守，其军市租尽以飨士卒，（出）私养钱，五日一椎牛，飨宾客军吏舍人。是以匈奴远避，不近云中之塞。"裴骃集解引服虔曰："私廪假钱。"

㉑概见：谓概略的记载。《史记·伯夷列传》："余以所闻由（许由）、光（务光）义至高，其文辞不少概见，何哉？"司马贞索隐："概是梗概，谓略也。盖以由、光义至高，而《诗》《书》之文辞遂不少梗概载见，何以如此哉？"《宋书·志序》："爰及《雅》《郑》，讴谣之节，一皆屏落，曾无概见。"（明）文征明《跋沈仲说小简》："其文学行谊皆有足重，而出处之迹不少概见，

而嫁范女之事,亦仅见于《浯溪集》中。"

㉒札示:行札告示。札,旧时的一种公文。示,告示;指示;命令。安成祥《石上历史·锦屏县者楼(清道光)严禁土司擅受民词及擅收钱粮碑》:"合函札饬……札到,立刻密查所属各土司,如有前项情弊,即行严拿,详革究办。"

㉓什一:古代赋税制度,十分税一,称"什一"。《管子·治国》:"关市之租,府库之征,粟什一。"《穀梁传·哀公十二年》:"古者公田什一。用田赋,非正也。"范宁注:"私得其什而官税其一,故曰什一。"《孟子·滕文公上》:"夏后氏五十而贡,殷人七十而助,周人百亩而彻,其实皆什一也。"赵岐注:"民耕五十亩者,贡上五亩;耕七十亩者,以七亩助公家耕;百亩者,彻取十亩以为赋。"(宋)苏轼《策别安万民四》:"三代之赋,以什一为轻。今之法本不至于什一而取,然天下嗷嗷然以赋敛为病者,岂其岁久而奸生,偏重而不均,以至于此欤?"

㉔是以:连词。因此;所以。《老子》:"功成而弗居。夫唯弗居,是以不去。"(宋)苏舜钦《火疏》:"明君不讳过失而纳忠,是以怀策者必吐上前,蓄冤者无至腹诽。"《红楼梦》第八十回:"(香菱)皆因血分中有病,是以并无胎孕。"

㉕足食:食粮丰足。《孙子·九地》:"掠于饶野,三军足食。"(晋)傅玄《上疏陈要务》:"夫家足食,为子则孝,为父则慈,为兄则友,为弟则悌,天下足食则仁义之教可不令而行也。"(明)李诩《戒庵老人漫笔·陆梳山居家制用》:"其有田少而用广者,但当清心俭素,经营足食之路。"

㉖计夫授田:指计算成年男子的人数,按户分田。夫,旧时称成年男子或者服劳役的人。授田,古时按户分田的制度。

㉗正己:端正自己。率物:做众人的榜样。《后汉书》:"迁胶东相,政惟仁简,以身率物。"《后汉书·陈寔传》:"寔在乡间,平心率物。其有争讼,辄求判正,晓譬曲直,退无怨者。"(南朝·宋)刘义庆《世说新语笺注·德行》:"殷仲堪既为荆州……饭粒脱落盘席间,辄拾以啖之。虽欲率物,亦缘其性真素。"

㉘博访:广泛地寻查访求。周谘:即"周咨",多方征求意见。(清)梅曾亮《送韩珠船序》:"昔合河孙文定公,尝徒步游东南山水数千里,风俗人事政教之所宜,履行周咨,故后所建议,深植治体。"《清史稿·德宗本纪二》:"诸臣于交议之事,当周谘博访,详细讨论。"

㉙猗欤休哉:亦作"猗欤羞哉""猗欤盛哉"。意思是多么美好呀!原为古代赞颂的套语,现多含讽刺嘲笑的意味。出处《诗经·周颂·潜》:"猗欤漆沮。"鲁迅《致钱玄同》:"即此一层,已足令敝人刮目相看,而猗欤休哉,尚在其

次也。"休，美好。

㉚候其祎而：亦作"俟其祎而"。颂赞之语。意思是如同等来美玉一样。张衡《东京赋》："汉帝之德，俟其祎而。"祎[yī]，美好。也指称古代时的一种美玉。

## 【译文】

曾听说吏治的振兴，只看上司所做的榜样。古话说："盛水的器皿是什么形状，水也成为什么形状。"没有别的，高层官员守法，低级别官员就廉洁，迅速地作出响应。现在幸蒙巡抚潘大人到来，本着救助民众的情怀，寻求发展财利的途径，总共一百多位下属官员，无不一同奉献刍言，期望一起协力治理。我知道官纪一天天严肃，化育万物就不难逐步实现了。

贵州省的赋额，比不上中原的一个府。其中虚设的数额，也不过数万还有零头，不像其他省累积欠款很多、无法进行弥补。而且，田土虽然荒芜，却照常缴纳田赋。有的田地是要纳税的，有的田地是不纳税的，对照户口册进行核查，所欠不多。地方官每当在上报和解运的时候，不是说田地撂荒收不到税，就是说实际是民众在拖欠。如此难得恢复，虽然表面上是民众造成的，可实际却在地方官。

即使如此，这也是社会大趋势造成的。在运输方面存在陋规，运输收入就削减；在盐税方面存在陋规，盐税收入就削减；在鸦片方面存在陋规，鸦片税收就削减。即便是丁粮的各种款项，也无不存在陋规，从而导致各种款项也削减。一层一层地消减殆尽，纵然有洁身自好的人，恐怕也不能饿着肚子办理公事。何况等候补缺长达好几年，偶然被委任代理某职务，唯恐不能一次就填饱私人的钱袋。就是办公经费，首先就没有来源，此时想要他们廉洁奉公，不也困难吗？我认为：若打算恢复赋额，首先要杜绝欺凌侵夺。想要杜绝欺凌侵夺，先要筹集"私养钱"。"私养钱"已经富裕，而不知道感恩图报,这样的人是不会有的。

至于矿务一事。贵州出产,多半是铅、铁等矿物,金和银有不少概略的记载。除此之外,唯有硝石和硫黄最多,比如石阡的塘头、铜仁的梵净山、思南的沿河司,以及镇远、仁怀等地都有。可是兴办矿务的方法,不管是哪种矿产,都应当仿照云南省成功的做法,听任民间自行开采,官府只不过行文同意并发布告示,为他们开个头。等到民间开办成功了,按"十分税一"征税,付给合适的价钱,将矿物收购作为官物销售。原本不必缉私而偷税漏税的现象自会绝迹,这就是将山野的财利与民众共同分享。贵州省提议开矿,大概有好些年了,省局动用帑金数额超过巨万,光阴荏苒,几乎不知道矿是什么东西。因此,现在打算兴起开矿之利,不能不比当初更加慎重。

至于屯垦一事,最早开办的时候,只因为制定的制度不完善,旋作旋辍,终究未能成功,谈论的人为之惋惜。现在讨论调拨练军开垦,确实是解决食粮丰足问题的急务。有人认为:对有主人的田地,担心难得返还他们的产业;当地人与外地人的情况不同,担心他们无法平安相处;借给耕牛、种子,担心他们无法偿还本钱;假如发生诉讼争端,担心他们不可避免地荒废耕种。说这种话的人不知道:预先订立制度规定,田主就没有疑惑和顾忌了;郑重宣明和严格管束,练军兵士就不敢滋生纷扰了;对耕种事务勤加督促,庄稼就会丰收,怎么会难得偿还本钱呢?平安相处的时间长了,相互之间的感情就会融洽,哪有什么争端呢?计算成年男子按户分田,按田亩缴纳地租,不超过三年,就没有荒芜的土地了。

我们的巡抚大人带头端正做榜样,广泛地寻查访求,多方征求意见,行将可见吏治蒸蒸日上、地利尽行开辟、物产丰富、人民安康。多么美好呀!就如同等来美玉一样。

第一段和最后一段参用石廷栋的文章,第二段参用唐树桐的文章。

## 【原文】

### 策问·超等第十名段荣勋

策问

盖闻察吏者安民之要治赋者裕国之经两间多不尽之藏搜罗宜广四境有未耕之地开垦宜勤四者皆图治者所宜亟讲也一日吏治黎庶之安危所系国家之治乱所关也然吏治之转移要惟视在上之表率以为准上崇朴实则浮躁者除上重廉隅则贪婪者退是在随时勤勉遇事考核优者奖之劣者斥之则僚属知所观感而吏治蒸蒸日上矣一曰田赋黔省田少山多汉苗杂处汉民

则纳粮而不当夫粟米之征也苗民则当夫而不纳粮力役之征也自裁减夫役后苗民几不知正供为何事矣今如仍复夫役旧制恐办理不善反至酿成事端惟有于汉人丁粮按照部颁征信册力加振顿务使贪吏之侵欺劣团之包揽里差之隐瞒蠹役之恣横一切弊端剔蠲始尽如果缺分过苦仍复酌给津贴以资养赡庶地方官不致因公受累而田赋可望照额征解矣一日矿务黔居万山之中所产铜铅煤铁水碾硃砂雄黄诸物惟

硝磺最著。盖黔硝係属碙產甲於天下磺有二種。
○一硫磺可造軍火。一薰磺凡皮貨藥材棉花草帽
○紙張等物無不恃以薰蒸所銷甚廣宜令礦由商
○辦而官重其成。如有偷漏諸弊一經查出卽照私
○鹽科罪除備海軍要需外仍准各商領照販運免
○納稅釐則利溥於民而商賈皆聞風麕集矣。一曰
○屯墾古者兵與農合則屯墾之名無分後世兵與
○農分則屯墾之名各異然其要總期於野無曠土
○國無游民也苗民勤於耕鑿近因裁減夫役故荒

燕甚少。漢民則兵燹之後逃亡者大半。是以荒蕪較多。辦理之法宜令附近軍民廣爲開墾給以耕牛耔種。三年之內免納糧租。則兵民皆樂於從事。而官莊叛產皆可漸次擴充。也然利之所在弊卽蝕之。或以荒作熟邀急公之名。或以熟作荒肆侵因之計。是宜繪具圖說勘明界趾。則其弊不禁而自絕矣。凡此者整躬以率僚屬成賦以濟餉精開礦以盡土宜墾荒以竭人力。如能次第舉辦將見瘠苦之區變而爲富強之國。豈不懿歟

撫部院潘　批

直抒所見無浮光掠影之談

布政使司李　批

事理通達能言其所以然

糧儲道黃　批

按部就班筆氣亦暢

## 【释文】

　　盖闻察吏者,安民之要;治赋者,裕国之经;两间①多不尽之藏,搜罗②宜广;四境③有未耕之地,开垦宜勤。四者皆图治者,所宜亟讲④也。

　　一曰吏治。黎庶之安危所系,国家之治乱所关也。然吏治之转移,要惟视在上之表率以为准。上崇朴实,则浮躁者除;上重廉隅⑤,则贪婪者退。是在随时劝勉,遇事考核,优者奖之,劣者斥之,则僚属知所观感⑥,而吏治蒸蒸日上矣。

　　一曰田赋。黔省田少山多,汉苗杂处。汉民则纳粮而不当夫⑦,"粟米之征⑧"也。苗民则当夫而不纳粮,"力役之征"也。自裁减夫役后,苗民几不知正供为何事矣。今如仍复夫役旧制,恐办理不善,反至酿成事端。惟有于汉人丁粮,按照部颁征信册,力加振顿⑨,务使贪吏之侵欺、劣团之包揽、里差之隐瞒、蠹役之恣横⑩,一切弊端剔厘殆尽。如果缺分⑪过苦,仍复酌给津贴,以资养赡⑫,庶地方官不致因公受累,而田赋可望照额征解矣。

　　一曰矿务。黔居万山之中,所产铜、铅、煤、铁、水银、硃砂、雄黄诸物,惟硝磺最著。盖黔硝系属硐产,甲于天下⑬。磺有二种:一硫磺,可造军火;一薰磺,凡皮货、药材、棉花、草帽、纸张等物,无不恃以薰蒸。所销甚广,宜令矿由商办而官重其成。如有偷漏诸弊,一经查出,即照私盐科罪。除备海军要需⑭外,仍准各商领照贩运,免纳税厘⑮。则利溥〔溥利〕⑯于民,而商贾皆闻风麕集⑰矣。

　　一曰屯垦。古者,兵与农合,则屯垦之名无分。后世,兵与农分,则屯垦之名各异。然其要,总期于野无旷土、国无游民也。苗民勤于耕凿⑱,近因裁减夫役,故荒芜甚少。汉民则兵燹之后,逃亡者大半,是以荒芜较多。办理之法,宜令附近军民广为开垦,给以耕牛、籽〔籽〕种,三年之内免纳粮租,则兵、民皆乐于从事,而官庄、叛产皆可渐次扩充⑲也。然利之所在,弊即因之。或以荒作熟,邀急公之名；或以熟作荒，肆⑳侵蚀之计。是宜绘具图说、勘明界趾〔址〕，则其弊不禁而自绝矣。

凡此者：整躬以率僚属、成赋以济㉑饷糈、开矿以尽土宜㉒、垦荒以竭人力，如能次第举办，将见瘠苦㉓之区变而为富强之国，岂不懿欤？

抚部院潘批："直抒所见，无浮光掠影之谈。"
布政使司李批："事理通达，能言其所以然。"
粮储道黄批："按部就班㉔，笔气亦畅。"

# 【注释】

①两间：谓天地之间。指人间。（唐）韩愈《原人》："形于上者谓之天，形于下者谓之地，命于其两间者谓之人。"《宋史·儒林传五·胡安国》："愿强于为善，益新厥德，使信于诸夏，闻于夷狄者，无曲可议，则至刚可以塞两间，一怒可以安天下矣。"（金）陈赓《宣宗挽词》："俭德高千古，鸿勋际两间。"（明）邵璨《香囊记·潜回》："那时节立朝纲当辩奸，我这里正气漫漫塞两间。"鲁迅《集外集·题〈彷徨〉诗》："两间余一卒，荷戟独彷徨。"

②搜罗：访求罗致；搜集。（唐）范传正《唐左拾遗翰林学士李白新墓碑》："代宗之初，搜罗俊逸，拜公左拾遗。"（宋）陈鹄《耆旧续闻》卷三："本朝承五季之后，无复字画可称，至太宗皇帝始搜罗法书。"

③四境：四方疆界；四方边境地区。《孟子·梁惠王下》："四境之内不治，则如之何？"（南朝·齐）王融《永明十一年策秀才文》之一："幸四境无虞，三秋式稔。"四境引申指举国；四方疆界之内。《吕氏春秋集释·不侵》："世之人主，得地百里则喜，四境皆贺。举国皆贺，国中喜可知矣。"

④亟讲：赶快研究。亟[jí]，赶快；急切。讲，讲究。指注重研究、探究，设法实现目标。

⑤廉隅：比喻端方、不苟的行为、品性。《礼记·儒行》："近文章，砥厉廉隅。"《汉书·扬雄传上》："不汲汲于富贵，不戚戚于贫贱，不修廉隅以徼名当世。"（宋）苏洵《御将》："况为将者，又不可责以廉隅细谨，顾其才何如耳。"《明史·王廷相传》："今廉隅不立，贿赂盛行，先朝犹暮夜之私，而今则白日之攫。"

⑥观感：观看而引起感动。《朱子语类》卷二三："先之以明德，则有固有之心者必观感而化。"（明）刘基《杭州路重修府治记》："使斯民观感而化，以不负斯堂而无忝乎名楼之义。"《清史稿·礼志六》："俾世世为臣者，观感奋发，知所慕效。"

⑦当夫：夫役名。当，为"值"之意。清时官府征派民夫轮流充役，其轮值之民夫，即称"当夫"。

⑧粟米之征：征收粮食的赋税。《孟子·尽心下》："孟子曰：'有布缕之征，粟米之征，力役之征。君子用其一，缓其二。用其二而民有殍，用其三而父子离。'"

⑨振顿：整顿。（清）王韬《平贼议》："今欲收治民之效，莫如汰冗员，澄官方仕途之肃，即所以振顿纪纲也。"

⑩恣横：放纵专横。（唐）柳宗元《答元饶州论政理书》："贫者愈困饿死亡而莫之省，富者愈恣横侈泰而无所忌。"《旧唐书·李揆传》："时京师多盗贼，有通衢杀人置沟中者，李辅国方恣横，上请选羽林骑士五百人以备巡检。"（明）刘若愚《酌中志·见闻琐事杂记》："皇亲恣横，太监何文鼎，掌乾清门，心不平，引祖宗家法，极言直谏。"

⑪缺分：指官职或差使。（清）严如熤《三省边防备览》卷十四："五年无过，以边俸升用，庶缺分虽苦，有升转以答其贤劳，自奋勉而勤于抚驭。"（清）李宝嘉《官场现形记》第四回："大人所说的这个缺，一来离省较远，二来缺分听说也徒有虚名，毫无实在。""缺分有高低，要看货讨价。"刘鹗《老残游记》第七回："缺分太苦，前任养小队五十名，盗案仍是迭出，加以亏空官款，因此诖误去官。"

⑫养赡：赡养。供给生活所需。《东观汉记校注·世祖光武皇帝纪》："流民入关者数十万人，置养赡官以廪之。"《汉书·食货志》作："养澹"。颜师古注："澹，古赡字也。"（元）石德玉《曲江池》第四折："如今另置一所小宅，每季给他衣食之费，养赡终身便了。"李大钊《面包问题》："其余都是食不能充饥，衣不能御寒，老不能养赡，子弟不能教育。"

⑬甲于天下：在全国居第一。甲，甲冠，指称雄天下；第一。形容人或事物十分突出，无与伦比。于，介词，在。天下，古时多指中国范围内的全部土地；全国。《书集传·大禹谟》："奄有四海，为天下君。"《后汉书·朱穆传》："昔秦政烦苛，百姓土崩，陈胜奋臂一呼，天下鼎沸。"（宋）梅尧臣《送师直之会稽宰》诗："天下风物佳，莫出吴与越。"

⑭要需：需要；急需。《天讨·豕韦之裔〈普告汉人〉》："如乾隆南巡，藉名巡方，以觇汉人拥戴之情；且搜括民财，综覈国赋，以济异日要需。"曹亚伯《武昌革命真史·广州三月二十九日之役》："故顺此赶速赴美，向华侨筹足此数，以应要需。"

⑮税厘：海关税和厘金税的合称。（清）马建忠《适可斋记言·富民说》："上溯康干之际，税厘不征而度支充，海市有禁而阛阓足。"《清会典事例·总理各国事务衙门·交涉榷税》："其完清税厘之洋药，即又拆改包装，于每个上粘贴印花，以为已完税厘之据。"

⑯溥利：普施利益。（清）谭嗣同《仁学》四十四："彼专利于一方，此溥利于万国。"

⑰麕集[qún jí]：即"麇集"。意思是聚集；群集。麕，成群。（清）薛福成《书沔阳陆帅失陷江宁事》："贼船自新洲大胜关至七里洲，麕集蜂萃，莫纪其数。"（明）胡应麟《少室山房笔丛·双树幻钞上》"而张无垢师之自宗果出，而学徒遍天下，缙绅儒流，茅靡麕集。"（清）顾炎武《钱粮论上》："今若于通都大邑行商麕集之地，虽尽征之以银，而民不告病。"

⑱耕凿：耕田凿井，泛指耕种，务农。（唐）杜甫《吾宗（卫仓曹崇简）》："吾宗老孙子，质朴古人风。耕凿安时论，衣冠与世同。在家常早起，忧国愿年丰。语及君臣际，经书满腹中。"（唐）戴叔伦《酬袁太祝长卿小湖村山居书怀见寄》："背江居隙地，辞职作遗人。耕凿资余力，樵渔逐四邻。"

⑲扩充：扩大充实；扩大增加。《孟子·公孙丑上》："知皆扩而充之矣。"（宋）朱熹《由义斋铭》："羞恶尔汝，勉扩充兮；遵彼大路，行无穷兮。"（清）褚人《坚瓠八集·非非子》："徐天赐魏国公宅第在大功坊内，基与府学相接，不能扩充尺寸地。"

⑳肆：恣纵；放肆。《玉篇·长部》："肆，放也，恣也。"《左传·昭公十二年》："昔（周）穆王欲肆其心，周行天下。"《楚辞·天问》："妹嬉何肆，汤何殛焉？"《礼记·表记》："君子庄敬日强，安肆日偷。"郑玄注："肆，犹放恣也。"

㉑济：调剂；弥补；补益。《三国志·陈思王植》："功勤济国，辅主惠民。"李善注引《尔雅》："济，益也。"（唐）韩愈《上宰相书》："下之修己立诚必求其位而居之者，非苟没于利而荣于名也，盖将推己之所余以济其不足者耳。"

㉒土宜：谓各地不同性质的土壤，对于不同的生物各有所宜。《周书·度训》："土宜天时，百物行治。"《周礼·地官·大司徒》："以土宜之法，辨十有二土之名物。"孙诒让正义："即辨各土人民鸟兽草木之法也。"《晋书·石苞传》："州郡农桑未有赏罚之制，宜遣掾属循行，皆当均其土宜，举其殿最，然后黜陟焉。"《明史·孔友谅传》："古者赋役，量土宜，验丁口，不责所无，不尽所有。"

㉓瘠苦：贫瘠困苦。（清）龙启瑞《复唐子实书》："瘠苦悭啬之区，所得几何，竭其力仅足以制器械耳。"王闿运《陈景雍传》："县瘠苦僻陋，又残破，

流离满途。"李劼人《死水微澜》第三部分一:"小部分的食料,则是连许多瘠苦地方的人尚不容易到口的玉麦粉或碎白米稀饭。"

㉔按部就班:是一个成语,指写文章时篇章结构安排得体,用字造句合乎规范。语出(晋)陆机《文赋》:"观古今于须臾,抚四海于一瞬。然后选义按部,考辞就班。"

## 【译文】

听说考察官吏,是安抚人民的关键;整治田赋,是富裕国家的经略;人间有很多取之不尽、用之不竭的宝藏,应当广为收集;四方疆界之内有很多无人耕种的土地,应当勤加开垦。这四个方面都是想把社会治理好的人应该赶快研究的问题。

一是吏治。它关系黎民百姓的平安与危险,事关国家的安定与动乱。可是,吏治好与坏的转变,关键只看上司的表率,并以此作为标准。上司崇尚朴实,浮躁的人就会被排除。上司重守廉隅,贪赃枉法的人就会退却。这在于经常劝勉,碰到事情就考查审核,对优秀的人给予奖赏,对低劣的人给予申斥,属员知道通过观看引起感动,吏治就会蒸蒸日上了。

二是田赋。贵州省田地少山地多,汉族和少数民族混杂而居。汉族民众缴纳钱粮,但不充当力役,这就是所谓"征收粮食的赋税"。少数民族民众轮流充当力役,但不缴纳钱粮,这就是所谓"征发人力的赋税"。自从裁减征发夫役之后,少数民族民众几乎不知道"正供"是怎么一回事了。现在如果仍然恢复征发夫役的旧制度,恐怕办理不好,反而会酿成事端。只有对汉族人的丁粮,按照户部颁发的征信册,大力加以整顿,务必使贪官污吏的侵吞欺骗、恶劣团首的包办把持、里长的隐瞒、害民差役的放纵专横等,所有弊端革除干净。如果差使过于艰苦,依然酌情给予补贴,用来供给赡养,或许地方官不会因公受到牵累,田赋就有希望按照定额征收和解运了。

三是矿务。贵州处在万山当中,所产的铜、铅、煤、铁、水银、朱砂、雄黄等诸多矿物，只有硝石和硫矿最为著名。大概贵州的硝石产自山洞，品质在全国居第一位。硫矿有两种：一是硫黄，可以用于制造军火；二是熏黄，但凡皮货、药材、棉花、草帽、纸张等物资，无不靠它作为熏蒸物。销售很广，应当下令矿产交由商人开办，而官府重视从其中获得收成。如有偷采、漏税等各种弊端，一旦查出来，就比照贩卖私盐加以治罪。除了满足海防和军队的需要以外，仍然准许各个商家领取执照进行贩运，免缴海关税和厘金税。普施利益给民众，商人听到风声就会群集而来了。

四是屯垦。古时候，军屯与农屯是合二为一的，屯垦的名称没有区别。后世，军屯与农屯分开，屯垦的名称就各不相同了。然而，实行屯垦的要义是，总归期望在广袤的大地上没有荒芜的土地，举国上下没有无地可耕而流离失所的人民。少数民族民众勤于耕作，近年来因为裁减夫役，所以他们的田地撂荒很少。汉族民众在战乱之后，大多数人逃亡在外，所以他们的田地撂荒比较多。处理的办法，应当命令附近的驻军和民众大力开垦，官府发给耕牛、种子，三年以内免缴公粮和租金，兵士和民众就都乐于从事，而且官庄和叛逆者的田产都可以用来逐步扩大复垦面积。但是，在有利益的地方，弊端也会因此而产生。有的人会用荒地充作熟地，邀取热心公益的名声；有的人会用熟地充作荒地，恣纵侵占贪污的计谋。对此，应当绘制地图标注说明，勘明田土的边界，屯垦的弊端不用禁止就会自行杜绝了。

凡是这些事情：端正自身用以表率下属、办好税赋用以弥补粮饷、开采矿物用以尽展土宜、开垦荒地用以承载劳动力，如果能够依次办理，行将可见瘠苦的地区转变成富强的国土，难道不是美事吗？

> 巡抚潘霨的批语："坦率地发表自己的意见，没有浮光掠影的论调。"
> 布政使李元度的批语："议论事情通情达理，能够说出所以然。"
> 粮储道员黄元善的批语："按部就班，行文风格也流畅。"

【原文】

## 三月二十七日策题

三月二十七日策题

问釐金之設本出權宜顧條教愈嚴抽收日絀其弊若何蠶桑之課首列王政而屢靡巨欵成效無聞其故安在賦課之疲緝捕之懈由於插花之遼隔何以不事紛更而能善其後坡嶺之阻轉運之艱由於水道之不通何以不勞疏鑿而可便於行務各抒己見切實指陳無涉空浮用備采擇

## 【释文】

问：厘金①之设，本出权宜②，顾条教③愈严，抽收④日绌⑤，其弊若何？蚕桑之课⑥，首列王政，而屡縻巨款，成效无闻，其故安在？赋课⑦之疲，缉捕之懈，由于插花⑧之辽隔⑨，何以不事纷更⑩而能善其后？坡岭之阻，转运之艰，由于水道之不通，何以不劳疏凿⑪而可便于行？

务各抒己见，切实指陈，无涉空浮⑫，用备采择⑬。

## 【注释】

①厘金：也叫厘捐或厘金税，是旧时在内地交通要道对过往货物征收的税。清咸丰年间，为镇压太平天国运动筹措军费而设，民国二十年（1931）改定税制时撤销。

②权宜：灵活变通的措施。《后汉书·西羌传》："计日用之权宜，忘经世之远略。"《后汉书·王允传》："及在际会，每乏温润之色，杖正持重，不循权宜之计，是以群下不甚附之。"《北史·齐炀王宪传》："此乃乱时权宜，非经国之术。"（宋）苏轼《上圆丘合祭六议札子》："则知合祭天地，乃是古今正礼，本非权宜。"

③条教：法规；教令。《汉书·董仲舒传》："仲舒所著，皆明经术之意，及上疏条教，凡百二十三篇。"《晋书·殷仲堪传》："领晋陵太守，居郡禁产子不举，久丧不葬，录父母以质亡叛者，所下条教甚有义理。"（清）龚自珍《乙丙之际箸议第六》："处则为占毕弦诵，而出则为条教号令。"

④抽收：征收。《清会典事例·户部·直省厘局》："（咸丰）八年谕：嗣后豫省厘捐，著专收水烟、药材、茶叶三大宗，其余如绸布、皮货等一概不必抽收。"

⑤绌：不足；不够。（清）冯俊《谋臣论》："然，其短长优绌，不尽出于一轨。"（清）李伯元《官场现形记》："我们山西没有外销的款子，所以有些事情绌于经费，都不能办。"

⑥蚕桑之课：指鼓励与督责种桑养蚕。课，劝课。

⑦赋课：赋税。（汉）应劭《风俗通·正失·宋均令虎渡江》："九江多虎，百姓苦之。前将募民捕取，武吏以除赋课，郡境界皆设陷阱。"李钟珏《李平书七十自述》："先生杜绝苞苴，铲除积弊，吏胥奉法，豪强警栗，赋课无匿，疆理咸厘。"

⑧插花：插花地的省称。插花地，是指两个或两个以上的单位，因地界互相穿插或分割而形成的零星分布的土地。

⑨辽隔：远隔。（晋）潘岳《登虎牢山赋》："眷故乡之辽隔，思纡轸以郁陶。"（元）虞集《即位改元诏》："周王辽隔朔漠，民庶遑遑。"

⑩纷更：变乱更易。《史记·汲郑列传》："何乃取高皇帝约束纷更之为？"裴骃集解引如淳曰："纷，乱也。"《金史·张中孚传》："且保甲之法行之已习，今遽纷更，人必逃徙。"《东周列国志》第一〇八回："尉缭见始皇意气盈满，纷更不休，私叹曰，'秦虽得天下，而元气衰矣，其能永乎！'"

⑪疏凿：开凿。（唐）皇甫冉《杂言无锡惠山寺流泉歌》："任疏凿兮与汲引，若有意兮山中人。"（唐）胡曾《咏史诗·故宜城》："武安南伐勒秦兵，疏凿功将夏禹并。"（宋）范成大《初入巫峡》诗："伟哉神禹迹，疏凿此山川。"

⑫无涉空浮：不要发表空洞浮泛的言辞。无涉，没有牵连；不涉及。《二刻拍案惊奇》卷三八："只是平日有奸，逃去一事，委实与小的无涉。"（清）采蘅子《虫鸣漫录》卷二："我辈所为所言，与尔无涉。"鲁迅《而已集·答有恒先生》："近来我悟到凡带一点改革性的主张，倘于社会无涉，才可以作为'废话'而存留。"空浮，空洞浮泛。

⑬用备采择：为选用作准备。采择，选用；选取；采用。《汉书·赵充国传》："臣充国材下，犬马齿衰，不识长册，唯明诏博详公卿议臣采择。"《三国志·吴志·吴主传》："若小臣之中，有可纳用者，宁得以人废言而不采择乎？"（宋）苏轼《试馆职策问》之一："愿深明所以然之故，而条具所当行之事，悉著于篇，以备采择。"（汉）陆贾《新语·思务》："闻见欲众而采择欲谨。"（宋）范仲淹《上资政晏侍郎书》："请露肝膈之万一，皆质于前志，非敢左右其说，惟公之采择。"

# 【译文】

问：厘金税的设立，原本是出于应付时局而暂时采取的措施，但法规越严格，征收就越加不足，其中的弊端是怎样产生的？鼓励与督促种桑养蚕，列在国家政令的首位，可是屡屡花费巨额资金，没有见到效果，其中的缘故在哪里？赋税的衰减，缉捕的松懈，是因插花地与治所远隔，怎么更改而不造成混乱，并能够妥善处理后续问题？坡岭的阻挡，运输的艰难，是因水运道路的不畅通，怎么做才能够无须开凿从而方便通行？

务必各自充分发表意见，据实指明和陈述，不要发表空洞浮泛的言辞，为选用作好准备。

## 【原文】

## 策问·超等第一名刘廷桢

策問

天下無難為之事惟患涉於因循天下無難就之功惟須歸於簡要黔事蓋因循久矣釐金不免漏卮蠶桑屢糜鉅欸插花既難改正水道亦未濬修而為之整頓者又皆立法太嚴圖效太急委曲繁重求全求奇此雖欲矯夫因循而未能持以簡要者也釐金一欸弊竇叢生乃法因弊而屢更弊轉因法而滋甚謂委員難信而溓員以分其權不知展轉勾通隱瞞更巧謂獨局易欺而增局以製其

肘不知扶同徇庇分潤愈多自顧報鮮已贏而安
心侵蝕明知慾尤難免而肆意虧挪徒恃條教之
周詳法制之嚴密庸有濟乎夫理財惟在乎得人
而已厲廉隅者見利不動講操守者雖貧弗貪初
到之員縱人品無奇未必遽移清節讀書之士苟
義利稍辨卽能自保廉名用人旣當鑒金自旺更
復奬其清潔賞其勤能斯收歛日增風清弊絕矣
蠶桑一事日久弗成謂地利之不宜何以川省諸
山出絲極廣謂蠶種之難購何以遵義等處歷久

盛行省局不惜重金各官豈無實力而連年舉辦終於廢弛何耶小民祇求近效未識遠圖罌粟之利寖微而禁之不止蠶桑之利雖厚而勸之弗從利速則民不忍捐利遲則民不能待匪特難於處始悍於改圖也今既購地種栽選員經理更宜悉心推廣極力振興招徠川屬貧民撥給荒田絕產能勤蠶事即領印票能種桑秧即爲世業桑芽已植數年而樹可成陰蠶織漸興尅期而絲可登市效既彰著民自樂爲可以不待勉強而羣趨其利

不煩勸諭而韋觀厥成若夫栽桑養蠶諸法昔人詳言之矣故不復贅插花一節各屬皆然此縣徵糧派差彼郡本州緝盜竄跡他鄉催科恆苦其駕遠傳集必待於關提魚口互擾隱欺既易犬牙交錯推諉尤多顧歷籌更正何以未告厥成屢議清釐何以尚仍其舊耶繪圖貼說不免勞煩攤丁算糧務求均酌拘牽若此簡速何由竊以欲辦插花當以各處城池為準衷多益寡祇求遠近之適宜補短截長惟取管轄之得便戶口就近清查編審

○無難丁糧隨地轉移徵收自易一經撥換疆域已
○明何必應歲經年瞻徇顧慮也哉○水道一頂處處
○皆阻餉運之轉輸艱難萬倍行旅之徃返勞費交
○加旣不能鏟削陸途輪轅並軌又安能盡開水道
○舟楫四通○明河雖達涪州而一綫斷連非重欵
○何由疏濬○定番水雖趨粵省而千灘隔越非巨帑
○何以決排今欲轉運無艱徑途四達其必隨勢利
○導因地制宜乎由鎭遠至黃平水勢本通不過瀰
○洞稍遠由舊州至省會程途較順抑且修復無難

縮百餘里之山谿改歸水運開三兩趼之灘險用拓水郵往來之費既輕跋涉之勞亦減雖未能化為坦蕩而已足免於阽危其利賴固無窮極已總之釐金專遴廉吏蠶桑惟冀永圖插花不必拘泥水道宜求便利為因革務戒因循或除或與胥歸簡要財用常足杼柚不空疆界已分水陸俱便良法載以美意而瘠土變為沃區矣

撫部院潘一批

洞悉利弊不為無本之言布局亦有條有理

有病有藥侃侃而談足見留心時事

布政使司李　批

整飭中有流動之氣於陸宣公為近持論亦復明通

糧儲道黃　批

逐條抉出弊竇尋出辦法用筆亦排奡亦流走自非俗手所能辦

## 【释文】

　　天下无难为之事，惟患涉于因循①。天下无难就之功，惟须归于简要②。黔事盖因循久矣，厘金不免漏卮③，蚕桑屡縻钜款，插花④既难改正，水道亦未浚修〔修浚〕⑤。而为之整顿者，又皆立法太严，图效太急，委曲⑥繁重⑦，求全求奇。此虽欲矫⑧夫因循，而未能持以简要者也。

　　厘金一款，弊窦⑨丛生，乃法因弊而屡更，弊转因法而滋甚。谓委员⑩难信，而添员以分其权。不知展转⑪勾通⑫，隐瞒更巧。谓独局易欺，而增局以掣其肘。不知扶同徇庇⑬，分润愈多；自顾报解已赢，而安心侵蚀；明知愆尤⑭难免，而肆意亏挪。徒恃条教之周详，法制之严密，庸⑮有济乎？

　　夫理财，惟在乎得人而已。励廉隅者见利不动，讲操守者虽贫弗贪。初到之员，纵人品无奇，未必遽移清节⑯。读书之士，苟义利稍辨，即能自保廉名。用人既当，厘金自旺。更复⑰奖其清洁，赏其勤能。斯收款日增，风清弊绝矣。

　　蚕桑一事，日久弗成。谓地利之不宜，何以川省诸山出丝极广？谓蚕种之难购，何以遵义等处历久盛行？省局不惜重金，各官岂无实力⑱？而连年举办，终于废弛⑲何耶？小民只求近效，未识远图。罂粟之利寖微⑳，而禁之不止；蚕桑之利虽厚，而劝之弗从。利速，则民不忍捐；利迟，则民不能待。匪特难于虑始㉑，惮㉒于改图㉓也。今既购地种栽，遴员经理㉔，更宜悉心推广，极力振兴。招徕川属贫民，拨给荒田、绝产，能勤蚕事，即领印票；能种桑秧，即为世业㉕。桑芽已植，数年而树可成阴；蚕织㉖渐兴，克期而丝可登市。效既众著，民自乐为，可以不待勉强，而群趋其利；不烦劝谕，而聿观厥成㉗。若夫栽桑养蚕诸法，昔人详言之矣，故不复赘。

　　插花一节，各属皆然。此县征粮，派差彼郡；本州缉盗，窜迹㉘他乡。催科恒苦其窎远㉙，传集必待于关提㉚。鱼口互搀，隐欺既易；犬牙交错，推诿尤多。顾历筹更正，何以未告厥成？屡议清厘㉛，何以尚仍其旧耶？绘图贴说㉜，不免劳烦。摊丁算粮，务求均配。拘牵㉝若此，简速何由？窃以欲办插花，当以各处城池㉞为准，裒多益寡㉟，只求远近之适宜；补短截长，惟取管辖之得便。户口就近清查，编审无难；丁粮随地转移，征收自易。一经拨换㊱，疆域已明。何必历岁经年？瞻徇㊲顾虑也哉！

水道一项，处处皆阻。饷运㊳之转输㊴，艰难万倍；行旅㊵之往返，劳费㊶交加。既不能铲削陆途，轮辕㊷并轨，又安能尽开水道，舟楫四通？南明河虽达涪州，而一线断连，非重款何由疏浚？定番水㊸虽趋粤省，而千滩隔越㊹，非巨帑何以决排？今欲转运无艰，径途㊺四达，其必随势利导，因地制宜乎！由镇远至黄平旧州，水势本通，不过溯洄㊻稍远。由旧州㊼至省会，程途较顺，抑且㊽修复无难。缩百余里之山谷，改归水运；开三两跕㊾之滩险，用拓水邮。往来之费既轻，跋涉之劳亦减。虽未能化为坦荡〔途〕，而已足免于阽危㊿，其利赖(51)固无穷极(52)已。

总之，厘金专遴廉吏，蚕桑惟冀永图，插花不必拘泥，水道宜求便利。为因为革，务戒因循；或除或兴，胥归简要。财用常足，杼柚(53)不空，疆界已分，水陆俱便，良法载以美意，而瘠土(54)变为沃区矣。

抚部院潘批：“洞悉利弊，不为无本之言。布局亦有条有理。有病有药，侃侃而谈，足见留心时事。”

布政使司李批：“整饬中有流动之气，于陆宣公为近。持论亦复明通(55)。”

粮储道黄批：“逐条抉出弊窦，寻出办法。用笔亦排奡(56)，亦流走(57)，自非俗手所能办。”

# 【注释】

①因循：保守；守旧。（宋）司马光《学士院试李清臣等策目》："庸人之情，喜因循而惮改为，可与乐成，难与虑始。"（清）侯方域《南省试策四》："因循而不知变计，畏缩而不敢奋发。"

②简要：简单扼要。（南朝·宋）刘义庆《世说新语·文学》："南人学问，清通简要。"（唐）刘知几《史通·表历》："文尚简要，语恶烦芜。"（宋）欧阳修《笔说·老氏说》："然老子为书，比其余诸子已为简要。"

③漏卮 [lòu zhī]：犹漏洞，比喻利权外溢。（清）包世臣《致广东按察姚中丞书》："漏卮之塞，必在厉禁烟土。"（清）夏燮《中西纪事·盐茶裕课》："国家财赋之入，自地丁外，则盐课其最也。然五百七十余万之岁额，其漏卮为不少矣！"

④插花："插花地"的省称。插花地，是指两个或两个以上的单位，因地界互相穿插或分割而形成的零星分布的土地。

⑤修浚：整治疏浚。（明）沈德符《万历野获编·内监·内臣何文鼎》："且请修浚大通桥以东石闸河道，令漕舟直至桥下，以省挽运之劳。"《明史·西域传一·哈密卫》："且修浚苦峪城堑。"（清）冯桂芬《致李伯相书》："河身自必修浚，然限于经费，必不甚深。"

⑥委曲：手札；手谕。（唐）柳宗元《谢襄阳李夷简尚书委曲抚问启》："当州员外司马李幼清传示尚书委曲，特赐记忆，过蒙存问。"（唐）段成式《酉阳杂俎·金刚经鸠异》："昭乃具说杀牛实奉刘尚书委曲，非牒也。"《资治通鉴·唐纪·僖宗光启三年》："用之比来频启令公，欲因此相图，已有委曲在张尚书所，宜备之。"胡三省注："当时机密文书谓之委曲。"宋岳珂《宝真斋法书赞·段文昌秋气帖》："'有华阳消息，可报委曲。'按：唐世搢绅家以上达下，其制相承，名之曰委曲，盖今之批示也。"

⑦繁重：繁琐累赘。（晋）葛洪《抱朴子·省烦》："人伦虽以有礼为贵，但当令足以叙等威而表情敬，何在乎升降揖让之繁重，拜起俯伏之无已耶！"（宋）苏轼《朱寿昌梁武忏赞偈》："莫如梁武，所说忏悔。文既繁重，旨亦渊秘。"（清）叶名沣《桥西杂记·内阁掌故宜有专书》："内阁职掌丝纶，地居禁近，向无专书，其职守非如六部院寺委曲繁重，可以分任于胥史也。"

⑧矫：匡正；纠正。《荀子·性恶》："以矫饰人之情性而正之。"《国语·周语》："其刑矫诬。"《韩非子·孤愤》："能法之士，劲直听用，

且矫重人之奸行。"

⑨弊窦：弊病；弊端。郭沫若《泰戈尔来华的我见》："其实西洋文明的弊窦只是在用途上错了，在它纯粹的精神上……并不会发生什么冲突。"李劼人《天魔舞》第二二章："官办哩，自然一开始就弊窦丛生，不上几天，蚀本关门。"

⑩委员：委派人员。（清）王韬《代上广州冯太守书》："初开之时，由商禀请委员督理矿务，设兵防卫，费由官助。"《儿女英雄传》第二回："一面委员摘印接署，一面委员提安老爷到淮安候审。"

⑪展转：形容经过多种途径，非直接的。《后汉书·赵岐传》："岐与新除诸郡太守数人俱为贼边章等所执。贼欲胁以为帅，岐诡辞得免，展转还长安。"李贤注引《决录注》："岐还至陈仓，复遇乱兵，裸身得免，在草中十二日不食。"《旧唐书·孝友传·张琇》："各申为子之志，谁非徇孝之夫，展转相继，相杀何限。"《元典章·刑部十九·禁乞养过房贩卖良民》："不许似前以乞养过房为名，说诱人家男女，展转贩卖。"

⑫勾通：勾结，串通。（清）昭梿《啸亭杂录·滑县之捷》："有李文成者，素习白莲教，为若辈所推服，与林清相勾通，约于九月中起事。"（清）昭梿《啸亭杂录·滑县之捷》："又有宋元成，身躯壮伟多黠智，乃勾通东昌、曹州、大名诸逆贼。"

⑬扶同徇庇：合伙起来，徇私包庇。扶同，伙同。（元）无名氏《杀狗劝夫》第四折："那告状人指陈实事，都是些扶同捏合的虚词。"（明）刘若《自序》："〔太祖〕创交结近侍官员之律，禁扶同奏启之条。"（明）孔贞运《明资政大夫兵部尚书节寰袁公墓志铭》："会毛帅恃功暴横，满蒲昌城之捷，诞忘殊甚。公（袁可立）曰：'吾饰报而邀功，扶同以欺君，父臣子义不敢出也！'"《清史稿·高宗本纪一》："寝许容署湖北巡抚之命，留晏斯盛任，仍申诫言官扶同纠论。" 徇庇：徇私包庇。（清）曹雪芹《红楼梦》第二回："不上一年，便被上司参了一本，说他貌似有才，性实狡猾，又题了一两件徇庇蠹役、交结乡绅之事，龙颜大怒，即命革职。"（清）林则徐《密拿汉奸札稿》："如目下再有徇庇，是转自陷于私罪矣。"《清史稿·世宗本纪》："广州驻防兵丁滋事，将军李杕以徇庇论死。"

⑭愆尤 [qiān yóu]：罪过。（汉）张衡《东京赋》："卒无补于风规，只以昭其愆尤。"（唐）李白《古风》诗之十八："功成身不退，自古多愆尤。"（宋）司马光《为庞相公让明堂加恩第二表》："臣禄秩已丰，勤劳至薄，不可复加，固难褒进，以重愆尤。"（清）蒲松龄《聊斋志异·小梅》："汝辈宜各洗心，

为主效力，从前怨尤，悉不计较。"

⑮庸：副词。岂；难道。《管子·大匡》："施伯曰，'君与之。臣闻齐君惕而亟骄，虽得贤，庸必能用之乎？及齐君之能用之也，管子之事济也。'"《左传·庄公十四年》："子仪在位十四年矣，而谋召君者，庸非贰乎？"（晋）葛洪《抱朴子·论仙》："其所记述，庸可弃哉！"

⑯清节：高洁的节操。《汉书·王贡两龚鲍传赞》："春秋列国卿大夫及至汉兴将相名臣，怀禄耽宠以失其世者多矣！是故清节之士于是为贵。"（晋）陶潜《咏贫士》诗之五："至德冠邦闾，清节映西关。"（明）尹凤岐《送兄广东参政应奎》诗："珍重平生清节在，不妨引满酌贪泉。"

⑰更复：副词。再；又；还。用在动词的前面，表示动作行为的重复或继续。《敦煌变文集·伍子胥变文》："子胥哭已，更复前行。"又："悲歌已了，更复向前。"

⑱实力：切实用力；着力。（清）薛福成《上曾侯相书》："虽叠降明旨，饬所实力整顿，而地广势散，颇难着效。"（清）洪秀全《防守浦口诏》："令弟星速带齐官兵，前赴天浦省实力镇守。"孙中山《大总统令外交部妥筹禁绝贩卖猪仔及保护华侨办法文》："务使博爱平等主义，实力推行，切切。"

⑲废弛：废弃；懈怠。《汉书·王莽传上》："朝政崩坏，纲纪废弛。"（宋）范仲淹《宋西事案·议河面攻守疏》："州郡因循，武事废弛。"

⑳寖微：逐渐衰微。《汉书·董仲舒传》："故朕垂问乎天人之应，上嘉唐虞，下悼桀纣，寖微寖灭、寖明寖昌之道，虚心以改。"（宋）秦观《贺苏礼部启》："窃以大儒之出处，实为当世之重轻。三仁去而商寖微，二老归而周始大。"

㉑虑始：谋划事情的开始。《商君书·更法》："民不可与虑始，而可与乐成。"《旧唐书·良吏传下·宋庆礼》："安有践其迹以制其实，贬其谥以徇其虚，采虑始之谤声，忘经远之权利，义非得所，孰谓其可？"（明）刘基《筑城词》："愚民莫可与虑始，见说筑城俱不喜。"亦指忧虑于事情的开端。（明）张居正《杂著》："法之行不可虑始，即有不便于人者，彼久而习之，长而安焉，亦自无不宜矣。"

㉒惮[dàn]：怕，畏惧。《左传·僖公七年》："何惮于病？"《论语·学而》"过，则勿惮改。"《孟子·滕文公上》："何许子之不惮烦？"（唐）柳宗元《童区寄传》："以缚即炉火烧绝之，虽疮手勿惮。"

㉓改图：改变计划。《左传·哀公二年》："郓不足以辱社稷，君其改图。"《旧唐书·王重荣传》："今军府积实，苦被征求，复来收兵，是贼危我也，倘不改图，危亡必矣。"

㉔ 经理：经营管理；处理。（宋）朱熹《答高国楹书》："若经理世务，商略古今，窃恐今日力量未易遽及。"《警世通言·桂员外途穷忏悔》："（施还）自此遍赎田产，又得支翁代为经理，重为富室。"（清）黄轩祖《游梁琐记·张勤果轶事》："请同乡某刑幕，经理案牍。"

㉕ 世业：世代相传的事业。《资治通鉴》："今为君计，莫若遣腹心自结于东，以共济世业。"《东周列国志》第二回："宣王命内侍扶起。靠于绣褥之上，谓二臣曰，'朕赖诸卿之力，在位四十六年，南征北伐，四海安宁，不料一病不起。太子宫涅，年虽已长，性颇暗昧，卿等竭力辅佐，勿替世业！'"

㉖ 蚕织：蚕桑和纺织。《诗经·大雅·瞻卬》："妇无公事，休其蚕织。"毛传："休，息也。妇人无与外政，虽王后犹以蚕织为事。"（晋）葛洪《抱朴子·吴失》："以毁誉为蚕织，以威福代稼穑。"（唐）韩愈《岳阳楼别窦司直》诗："细君知蚕织，稚子已能饷。"

㉗ 聿观厥成：以观其成。聿，在此无意，古汉语助词，用在句首或句中。厥，其。

㉘ 窜迹：遁迹；隐迹。《后汉书·方术列传上·段翳》："翳遂隐居窜迹，终于家。"（唐）黄滔《省试一一吹竽》诗："次第教单进，宫商乃异宜。凡音皆窜迹，至艺始呈奇。"（宋）吴曾《能改斋漫录·神仙鬼怪》："柴归县，不喜执役，遂窜迹西蜀，游荆渚。"

㉙ 窵远[diào yuǎn]：距离遥远。（宋）李纲《再乞招抚曹成奏状》："虽已具奏道依近降圣旨，踏逐军马，道路窵远，见今阻隔，卒难办集。"《初刻拍案惊奇》卷二十："〔李克让〕本是西粤人氏，只为与京师窵远，十分孤贫，不便赴试。"叶圣陶《苦菜》："那些窵远而僭越的忧虑，一霎时在我心里风轮似的环转。"

㉚ 关提：行文逮捕罪犯。（明）阮大铖《燕子笺·伪缉》："还要在霍都梁原籍，关提勾当。"（清）袁枚《随园诗话》卷四："姊名宛玉，嫁淮北程家，与夫不协，私行脱逃。山阳令行文关提。"（清）钱泳《履园丛话·报应·刻薄》："县官怒，立坐当皇，取贿置库。一面通禀上司，关提收禁。"

㉛ 清厘：清查；清理。《明史·曾同亨传》："内府工匠，隆庆初数至万五千八百人，寻汰二千五百人，而中官滥增不已。同亨疏请清厘。"（清）黄爵滋《敬陈六事疏》："翼尉以下有无吞饷、包班、玩巡、旷守等情，彻底清厘，严参治罪。"

㉜ 贴说：指附在图上的说明书。郑观应《盛世危言·商务三》附录《论招商局及肇兴公司事略》："造船则先宜讲究妥当绘图贴说，应用何等机器，何

等材料，载重吨数，马力若干，烧煤若干，行驶迟速，吃水深浅，皆逐一标明。"康有为《上清帝第二书》："凡有新制，绘图贴说，呈之有司，验其有用，给以执照，旌以功牌，许其专利。"

㉝拘牵：牵制。（唐）杨巨源《寄江州白司马》诗："题诗岁晏离鸿断，望阙天遥病鹤孤。莫谩拘牵雨花社，青云依旧是前途。"（宋）曾巩《麻姑山送南城尉罗君》诗："丈夫舒卷要宏达，世路俯仰多拘牵。"（清）徐俌《柳梢青》词："老矣疏顽，红尘赤日，何事拘牵。"李大钊《少年中国"的"少年运动"》："我们既然是二十世纪的少年，就该把眼光放得远些，不要受腐败家庭的束缚，不要受狭隘爱国心的拘牵。"

㉞城池：泛指城，城市。（唐）栖一《武昌怀古》诗："战国城池尽悄然，昔人遗迹遍山川。"《水浒传》第五九回："见城池厚壮，形势坚固，无计可施。"（清）李渔《奈何天·掳俊》："咱自天王起兵以来，攻破无限城池，杀伤许多官吏。"杨朔《昨日的临汾》："虽然他们会得到这个城池，但他们永远得不到我们的民众。"

㉟裒多益寡：减多余以补不足。裒[póu]，减少。益，增补。寡，少。《文子·上德》："天之道，裒多益寡；地之道，损高益下。"（宋）范仲淹《范文正公文集·天道益谦赋》："是故君子法而为政，敦称物平施之心；圣人象以养民，行裒多益寡之道。"

㊱拨换：调换。（元）无名氏《隔江斗智》第三折："那周瑜的计策，则要留住俺主公，不放过江，拨换了荆州。"王闿运《湘绮楼论唐诗》："前幅不过以拨换字面生情耳，自'闲潭梦落花'一折，便缥缈悠逸。"

㊲瞻徇：徇顾私情。（清）陈康祺《郎潜纪闻初笔》卷一："（王鼎）弹劾大吏，不少瞻徇。"（清）王韬《停捐纳》："无奈今之为上游者，只以情面为瞻徇，请托为引援，钻营为阶进。"郑观应《盛世危言·吏治下》："公私界限，只在几微念虑之间，一涉瞻徇，即为负国溺职。"

㊳饷运：运送军粮。《宋史·薛奎传》："疏漕河、废三堰以便饷运。"

㊴转输：周转输入。明《袁可立晋秩兵部右侍郎诰》："夷氛敛而鸷藏，绸缪当先于未雨。海扬波而鲸恶，转输有难于上天。"

㊵行旅：旅客；出行。《孟子·梁惠王上》："商贾皆欲藏于王之市，行旅皆欲出于王之涂。"《明史·宦官传二·陈奉》："每托巡历，鞭笞官吏，剽劫行旅。"

㊶劳费：谓耗费人力、精力或财力。《汉书·沟洫志》："若乃缮完故堤，增卑倍薄，劳费无已，数逢其害，此最下策也。"（宋）苏轼《郊祀奏议》："而

一岁再郊，军国劳费之患，尚未免也。”《红楼梦》第七三回：“宝玉读书苦恼，劳费一夜神思。”叶圣陶《小铜匠》：“希望诸位先生鉴谅这一点意思，收容了他们罢！但是，太劳费诸位的精神了。”

㊷轮辕：指车辆。（唐）黄滔《融结为河岳赋》：“舟楫风生，航利名于世世；轮辕雷起，驾祸福于人人。”

㊸定番水：今涟江惠水县城段。

㊹隔越：阻隔。（汉）蔡琰《胡笳十八拍》之十五：“子母分离兮意难任，同天隔越兮如商参。”

㊺径途：亦作“径涂”。指小路。（南朝·梁）简文帝《长安有狭斜行》：“长安有径涂，涂径不通舆。”（唐）韦应物《往云门郊居涂经回流作》诗：“兹晨乃休暇，适往田家庐。原谷径涂涩，春阳草木敷。”（清）魏源《太行诸谷》诗之三：“石壁渐以峭，径途益以险。”

㊻溯洄：逆流而上。《诗经·秦风·蒹葭》：“溯洄从之，道阻且长。”《文选·左思〈吴都赋〉》：“葺鳞镂甲，诡类舛错，溯洄顺流，噞喁沉浮。”李周翰注：“溯，逆流上也。言水物或逆上，或顺流。”（宋）苏辙《贺文太师致仕启》：“方将翱翔嵩、少之下，溯回伊、洛之间。”柳亚子《罗星洲题壁》诗：“一蒲团地现楼台，秋水蒹葭足溯洄。”

㊼旧州：指黄平州的旧州城，今黄平县旧州。

㊽抑且：况且；而且。《水浒传》第二十回：“又说梁山泊好汉，十分英雄了得……抑且水路难认，港汊多杂，以此不能取胜。”（明）田艺蘅《留青日札·非武备》：“不惟智勇过人，抑且纪律严明。”安成祥《石上历史：锦屏县菜园（清道光）佑启桥碑》：“桥之当面，滩水拖蓝，抑且大石砥柱中流，河水潆洄往而仍复，与桥为环抱之势。”

㊾跕：同“站”。王力《古汉语字典》第1355页：本作“站”。

㊿阽危：危险。（宋）王禹偁《黄州重修文宣王庙壁记》：“黄州文宣王庙旧殿三间阽危不可入，以十数柱扶持之，犹惧其颠覆，以至迁像设于门庑之下。”《北齐书·高乾传》：“主忧臣辱，主辱臣死，今社稷阽危，人神愤怨，破家报国，在此时也。”

(51)利赖：依傍；依靠。（清）王夫之《读四书大全说·孟子·离娄上》：“言汝之所以舍正路，放本心，而放恣横议者，只在此处，趁门风、图利赖而已。”（清）陈康祺《郎潜纪闻》卷一：“文忠在西域创兴水利，开田至数十万亩，至今利赖。”

(52)穷极：穷尽；极尽。《列子·汤问》：“故大小相含，无穷极也。”（三国·魏）曹植《薤露》诗：“天地无穷极，阴阳转相因。”（北魏）郦道元《水经注·渭水三》："为铜薄栌，饰以金银雕文，穷极百工之巧。"（清）梅曾亮《答朱丹木书》："运会所移，人事所推演，而变异日新者，不可穷极也。"（清）蒲松龄《聊斋志异·寒月芙蕖》："顷刻，陈设满亭，穷极奢丽。"

㊾ 杼柚 [zhù yòu]：亦作"杼轴"，织布机上的两个部件，即用来持纬（横线）的梭子和用来承经（直线）的筘。亦代指织机。《诗经·小雅·大东》："小东大东，杼柚其空。"朱熹集传："杼，持纬者也；柚，受经者也。"（汉）扬雄《法言·先知》："田亩荒、杼轴空之谓敦。"（唐）李白《任城县厅壁记》："杼轴和鸣，机罕颦哦之女。"（明）宋应星《天工开物·乃服》："乃杼柚遍天下，而得见花机之巧者，能几人哉？"

㊿ 瘠土：不肥沃的土地。《国语·鲁语下》："昔圣王之处民也，择瘠土而处之，劳其民而用之，故长王天下。"韦昭注："硗确为瘠。"（汉）张衡《西京赋》："处沃土则逸，处瘠土则劳，此系乎地者也。"（明）归有光《论三区赋役水利书》："夫高阜之地远不如低洼之乡……低乡水退，次年以膏沃倍收，瘠土之民艰难百倍也。"孙中山《农功》："反硗确为沃壤，化瘠土为良田，地利之关乎人力，概可知矣。"

㉚ 明通：明白通达；清楚而流畅。《荀子·哀公》："所谓君子者，言忠信而心不德。仁义在身而色不伐，思虑明通而辞不争，故犹然如将可及者，君子也。"（汉）贾谊《新书·数宁》："以陛下之明通，因使少知治体者得佐下风。"（清）朱克敬《暝庵杂识》卷二："国史儒林传，以顾炎武王夫之冠首，二人气节文学相似，而顾较明通，王较笃实。"朱自清《〈背影〉序》："这一节话论现代散文的历史背景，颇为扼要，且极明通。"

㉛ 排奡 [pái ào]：刚劲有力；豪宕。（唐）韩愈《荐士》诗："横空盘硬语，妥帖力排奡。"（清）王士祯《渔洋诗话》卷上："李木天才排奡，目空一世。"（清）叶廷琯《鸥陂渔话·吴山尊敏捷》："山尊学士，天资敏捷……所作或瑰丽铿锵，或寄倔排奡，无不各得其所。"

㉜ 流走：放逸不拘。（清）沈德潜《说诗晬语》卷上："（五言诗）三四语多流走，亦竟有散行者；然必有不得不散之势乃佳。"陈去病《论戏剧之有益》："其词俚，其情真，其晓譬而讽喻焉，亦滑稽流走，而无有所凝滞。"

## 【译文】

　　普天之下没有难做的事情，只怕一味地死守陈规。普天之下也没有难得成就的功业，只是必须坚持简单扼要的原则。贵州的事情大概是遵循陈规太久了，厘金难免出现漏洞，养蚕植桑不断地消耗巨款，插花地已难得改正，水路也没有整理疏通。而且，力图整顿的人，又都订立了太过严苛法规，希图成效太过于急切，下达的指示繁琐累赘，追求齐全讲求新奇。这种做法虽然是为了纠正墨守陈规的现象，但是没有能够秉持简单扼要的原则。

　　厘金税这一条，弊端很多，于是法规因为弊端而不断修改，反过来又因为法规而滋生出更严重的问题。有人认为，委派的官员很难相信，应当加派其他官员去分散他们的权力。这些人不知道官员辗转勾结，更加巧妙地隐蔽欺瞒。有人认为，只设一个厘金局容易被其欺骗，增设厘金局使其相互掣肘。这些人不知道几个厘金局合伙徇私包庇，私分的利润更多；只顾自己上报和划解的税款已有盈余，便心安理得地暗中侵占；明明知道罪无可恕，却大肆亏损挪款。仅依靠法规的周到细致、法令制度的严谨缜密，难道还有别的救济办法吗？

　　治理财物，唯有用人得当罢了。以廉隅自励的人见到利益不动心，讲求操守的人虽然贫穷但不贪财。刚刚到任的人员，纵使品质没有特别突出之处，未必会很快改变高尚的节操。饱读诗书的士人，假使稍微明辨义和利，就能够自我保持廉洁的名声。任用人员恰当了，厘金税自会兴旺。还要对他们的清正廉洁进行奖励，对他们的勤勉和才能给予犒赏。如此，征收税款与日俱增，风气清新，弊端也就杜绝了。

　　养蚕种桑这一件事，时间很长却没有办成。有人认为，是贵州的地理或土地条件不适宜，那为何四川省的山区能出产很多蚕丝呢？有人认为，是难得购买蚕种，那为何遵义等地历经很长时期会盛行呢？省局不惜投入巨资，各地方官难道没有切实用力？而且连年兴办，最终还是废弛，为什么呢？平民百姓只追求近时可见的功效，认识不到深远的谋划。鸦片的收益逐渐衰微，但禁止种植却不停止；蚕桑的收益虽然丰厚，但劝导种养却不服从。获利快，老百姓就舍不得抛弃；获利慢，老百姓就不能够等待。不是特别难得与百姓谋划事情的开始，只是他们怕将来官府会改变计划。

现在既然购置土地栽种，遴选人员经营管理，更应该全心扩大范围去推行，尽最大努力振兴。招揽四川省的贫民，拨给他们荒田和绝户的产业，能够勤于蚕事，就到官府领取凭证文书；能够种植桑苗，就使之成为世代相传的事业。桑苗已经种植，几年之后，桑树就可以成荫；蚕织逐渐兴盛，按照预期，蚕丝就可以进入市场。成效既然显著，民众自然乐于去做，可以不必勉强，他们会群起追逐利益；不用劳烦劝导，而能以观其成。至于栽桑养蚕的各种方法，前人详细说过了，所以我不再赘述。

插花地这个问题，各个地方都是这样。这个县征收钱粮，要派差役去到那个府的地界。这个州缉捕强盗，强盗就遁迹到别的州县。催收赋税一直苦于路途遥远，传集人犯必须等待行文到达才可逮捕罪犯。鱼嘴相互搀夺，隐瞒欺骗更容易；地界犬牙交错，推诿扯皮尤其多。但历次筹备改正，为什么没能成功呢？多次提议清理，为什么依然还是老样子呢？绘制地图并附上文字说明，免不了会增加麻烦。摊派丁役，计算赋税，务必讲求公平分配。牵制如此，简化程序和提高速度从何谈起？我认为，想要清理插花地存在的问题，应当以各地城市为基准，减多补少，只求距离远近适中；截长补短，只求管辖的方便。就近清查住户和人口，编制和审核就不存在困难；丁役和赋税跟着土地划转，征派和征收自然容易。一旦经过调换，领域就明确了。为什么一定要一年拖一年呢？徇顾私情而不愿意去做啊!

  水道这一项,处处都受阻滞。军粮的周转运输,艰难无比;旅客来来去去,费力又费财。既然不能够铲凿刻削陆地上的道路,实现所有车辆同一个轮距,又怎么能够开通所有水道,船只通往四方呢?南明河虽然可远达涪州,但是有一段是不能行船而断连的,没有巨款怎么能疏通?惠水河虽然流向广西,可是千滩阻隔,没有巨帑拿什么来决定排除?现在想要运输不再艰难,小路通达四方,必须因势利导,因地制宜!从镇远到黄平旧州,水道本来畅通,只不过逆流而上,稍微有点远。从旧州到省城,路程较为平顺,并且修复不难。缩短百多里的山谷,改归水道运输;疏通两三站的险滩,开辟水上邮路。来往的费用减轻,跋涉的劳苦也减少。虽然没能变为坦途,但是已经足以免除危险,对它的依靠一定是无穷尽的。

  总而言之,厘金税问题应专门挑选廉洁官吏,蚕桑问题只希望作永久谋划,插花地问题不能固执而不知变通地处理,水道交通问题应当讲求便利。因为实行变革,务必戒除保守的思想;或是除弊或是兴业,都要秉持简单扼要的原则。财富经常充足,织机没有空闲,疆界已经分明,水陆交通都很便利,良好的法律制度承载着美好的情意,贫瘠的土地就会变成肥沃的良田了。

  巡抚潘霨的批语:"洞悉利弊,不说没有根据的话。谋篇布局也有条有理。有病症有药方,侃侃而谈,足以看出是关心时下大事的人。"

  布政使李元度的批语:"整饬中有流动的气度,比较接近陆贽的文风。立论也明白通达。"

  粮储道黄元善的批语:"逐条挑出弊端,找到解决的办法。用笔也刚劲有力,也放逸不拘,自然不是技艺平庸的人能够办到的。"

【原文】

## 策问·超等第二名刘丕勋

策问

古无榷金之名周官设九赋司关禦暴司市抑末。非专务敛财也。自汉武算商贾始立平准均输之法厥後魏人入市者税一钱唐人或人行辄税至王安石搜囊发箧流弊更不可胜言明初商贾贷三十而税一市赋较稍轻矣我

朝深仁厚泽二百年来未尝加赋於民军兴抽釐助饷。乃一时权宜之策也无如利之所在弊即生焉徵多报少者有之虐前挪後者有之通同书吏大头

小尾者有之。卑職來黔十餘載僅兌獨山畢節兩處釐差。獨山增解銀五百餘兩畢節亦增銀八千六百餘兩皆事出偶然。本不敢妄邀褒獎。乃近來釐務減色每下愈況。或曰比較不認真也邊關未設局也。不知理財在乎得人擬請憲台飭下省局明查暗訪更派續寄之員親歷各處梭巡於收數豐旺者核其真能潔己奉公登時恩施。更於收數短少察其何以減色。如果貪婪卑立沛。

鄙。郇行懲一警百。重則立登白簡。輕則記過停差。此亦整頓之一法也。周制五畝之宅樹牆下以桑無曠土也。迨後王荒棄厥政。詩曰婦無公事休其蠶織譏其不務本也。漢鑒秦之失詔后宮以下親桑蠶繅爲天下先。世稱文帝爲令主焉。宋陳敷撰桑蠶說一卷。元世祖頒農桑輯要全書大率倣齊民要術使天下咸知衣食之原。今黔省遵義府屬養蠶者頗眾。有家蠶野蠶之分。家飼者小。野生者大。如種桑四五十株其利較稻麥收穫之利不止数倍。但使栽培得法。不数年绿叶成阴。蓊菶争执吾见氓之蚩蚩莫不抱布贸丝也。就天下大势而论之。东西南北之地气不同也。

圣天子居中而理。合中国为一人视天下如一家亦安有插花之难治乎。今黔省所谓插花者不必尽界滇川楚粤也。即以内地而言贵筑普定所辖插入清镇矣。安平镇宁所辖又插入普定矣。平远迤北即与大定毕连。普安之东复与广顺交错断鹤续凫。移花接木一府如此。他府可知。上游如此。下游可想於此而欲善為清理大則均平之小則權變之均平者何在未定之初始於土司之侵奪及既定之後原於開墾之後先惟有繪圖呈明咨部更正截長補短益寡衷多應入府者入府應入廳者入廳應入州縣者入州縣移其地不易其名部入州縣者移其地不易其名撥其糧不減其數則地得均民得平矣至於因時制宜必畛域胥化其私管轄只求其便易曰窮則變變則遍此又非拘墟者所能藏事也更卽河道思之黔省山多水少舟楫不遍惟鎮遠所屬青谿

玉屏黄平等州縣都勻所屬三腳屯古州銅仁等處小有河道無大源頭尚難泛一葉之舟安可通百川之道惟有購置機器參以人力或可漸次開通但現在餉需支絀所有應辦事宜尚難敷衍何從得此巨款為此不急之務此則又必待時而動者也以上各條卑職敬獻芻言聊效一得謹對。

撫部院潘　批

一熟於史事非空疎者可比

布政使司李　批

氣盛言宜準今切古無格格不吐之談

糧儲道黃　批

從大處落脈援引史事如數家珍自是稽古有得之士

## 【释文】

古无厘金之名。周官设九赋①，司关②御暴，司市③抑末④，非专务⑤敛财也。自汉武算商贾，始立平准均输⑥之法。厥后，魏人入市者税一钱，唐人或人行轵⑦税。至王安石搜囊发箧⑧，流弊更不可胜言。明初，商贾贷三十而税一，市赋较稍轻矣。我朝深仁厚泽⑨，二百年来未尝加赋于民。军兴抽厘助饷，乃一时权宜之策也。无如⑩利之所在，弊即生焉。征多报少者有之，亏前挪后者有之，通同书吏大头小尾⑪者有之。

卑职来黔十余载，仅充独山、毕节两处厘差。独山增解银⑫五百余两，毕节亦增银八千六百余两，皆事出偶然。本不敢妄邀褒奖，乃近来厘务减色⑬，每下愈况⑭，或曰比较不认真也，边关未设局也。不知理财在乎得人。拟请宪台饬下省局明察暗访，更派缜密之员，亲历各处梭巡⑮。于收数丰旺者，核其真能洁己奉公，登时⑯立沛恩施；更于收数短少者，察其何以减色，如果贪婪卑鄙，即行惩一警百⑰。重则立登白简⑱，轻则记过停差。此亦整顿之一法也。

周制：五亩之宅，树墙下以桑⑲。无旷土也，洎⑳后王荒弃厥政。诗曰："妇无公事，休其蚕织。"㉑讥其不务本也。汉鉴秦之失，诏后宫以下亲桑㉒蚕缲㉓，为天下先，世称文帝为令主㉔焉。宋陈敷撰《养蚕说》一卷。元世祖颁《农桑辑要》㉕全书，大率㉖仿《齐民要术》㉗，使天下咸知衣食之原〔源〕。今黔省遵义府属养蚕者颇众，有家蚕、野蚕之分。家饲者小，野生者大。如种桑四五十株，其利较稻麦收获之利，不止数倍。但使栽培得法，不数年绿叶成阴〔荫〕，懿筐㉘争执，吾见"氓之蚩蚩"㉙，莫不"抱布贸丝"也。

就天下大势而论之，东、西、南、北之地气不同也。圣天子居中而理，合中国为一人，视天下如一家，亦安有插花之难治乎？今黔省所谓插花者，不必尽界㉚滇、川、楚、粤也。即以内地而言，贵筑、普定所辖插入清镇矣，安平、镇宁所辖又插入普定矣，平远迤北即与大定毗连，普安之东复与广顺交错。断鹤续凫㉛，移花接木㉜。一府如此，他府可知。上游如此，下游可想。于此而欲善为清理，大则均平㉝之，小则权变㉞之。均平者何？在未定之初，始于土司之侵夺，及既定之后，原于开垦之后先。惟有绘图呈明，咨部更正。截长补短，益寡哀多㉟。应入府者入府，应入厅者入厅，应入州县者入州县。移其地不易其名，拨其粮不减其数，则地得均、民得平矣。至于因时制宜，必畛域㊱胥化其私，管辖只求其便。

《易》曰："穷则变，变则通。"㊲此又非拘墟者㊳所能蒇事㊴也。更即河道思之：黔省山多水少，舟楫不通。惟镇远所属清溪、玉屏、黄平等州县，都匀所属三脚屯、古州，铜仁等处，小有河道，无大源头，尚难泛一叶之舟，安可通百川之道？惟有购置机器，参以人力，或可渐次开通。但现在饷需支绌，所有应办事宜，尚难敷衍㊵，何从得此巨款为此不急之务？此则又必待时而动者也。

以上各条，卑职敬献刍言㊶，聊效一得。谨对。

抚部院潘批："熟于史事，非空疏㊷者可比。"
布政使司李批："气盛言宜㊸，准今切〔酌〕古㊹，无格格不吐㊺之谈。"
粮储道黄批："从大处落脉㊻，援引史事如数家珍，自是稽古㊼有得之士。"

## 【注释】

①九赋：周代的九类赋税。《周礼·天官·大宰》："以九赋敛财贿。一曰邦中之赋，二曰四郊之赋，三曰邦甸之赋，四曰家削之赋，五曰邦县之赋，六曰邦都之赋，七曰关市之赋，八曰山泽之赋，九曰币余之赋。"郑玄注："邦中在城郭者，四郊去国百里，邦甸二百里，家削三百里，邦县四百里，邦都五百里，此平民也。关市、山泽谓占会百物，币余谓占卖国中之斥币，皆未作当增赋者。"可见，前六种赋，皆以地区远近为区别，是向平民征收的土地产物税；关市之赋是向商旅征收的商业税；山泽之赋征收的是矿、渔、林业等自然资源税；币

余之赋指不属以上各类的其他赋税。

②司关：即司门，官名。《周礼》谓地官司徒所属有司门，掌国门的启闭，检查经过物品，征税并没收违禁品。

③司市：官名。职掌市场的治教政刑、量度禁令等。《周礼·地官司徒·叙官》："司市，下大夫二人，上士四人，中士八人，下士十有六人，府四人，史八人，胥十有二人，徒百有二十人。"郑玄注："司市，市官之长。"孙诒让疏："司市者以下至泉府十官，并掌国市政令、刑禁、货贿之事。"《汉书·食货志下》："诸司市常以四时中月实定所掌，为物上、中、下之贾（价），各自用为其市平。"

④抑末：谓抑制商贾。（汉）王符《潜夫论·务本》："凡为治之大体，莫善于抑末而务本。"《宋书·武帝纪中》："公抑末敦本，务农重积。"

⑤专务：专心致力。《史记·秦始皇本纪》："远迩辟隐，专务肃庄。"（宋）苏轼《上神宗皇帝书》："我仁祖之驭天下也，持法至宽，用人有叙，专务掩覆过失，未尝轻改旧章。"《醒世恒言·独孤生归途闹梦》："从此上任之后，专务镇静，军民安堵，威名更胜。"

⑥平准均输：是汉武帝时期推行的国家经济政策。均输法，是在中央主管国家财政的大司农之下设立均输官，把应由各地输京的物品转运至各处贩卖，从而增加政府收入，抑制商人垄断市场。平准法，是国家为了平衡物价，在长安和主要城市设立平准官，利用均输官所存物资，根据市场物价，贵时抛售，贱时收购。实行均输和平准，使得京师所掌握的物资大大增加，平抑了市场的物价，打击富商大贾囤积居奇、垄断市场的行为。

⑦辄：即；就。《增韵·叶韵》："辄，忽然也。"《史记·商君列传》："（商鞅）复曰，'能徙者，予五十金。'有一人徙之，辄予五十金，以明不欺。"《汉书·吾丘寿王传》："十贼彍弩，百吏不敢前。盗贼不辄伏辜，免脱者众。"《徐霞客游记·滇游日记九》："飞松者，一名狐实……一见辄伐树乃可得，迟则树即存，而子俱飞去成空株矣，故曰飞松。"

⑧搜囊发箧：搜查人民的口袋，打开人民的匣子。带贬义。表达出作者对王安石以富国强兵为目的，夺商人、地主、农民之利归国家财政的变法持不满态度。

⑨深仁厚泽：是一个成语，指深厚的仁爱和恩惠。（宋）陈亮《书〈欧阳文粹〉后》："初，天圣、明道之间，太祖、太宗、真宗以深仁厚泽涵养天下盖七十年。"

⑩无如：无奈。《礼记·哀公问》："寡人既闻此言也，无如后罪何！"（汉）牟融《理惑论》："尧不能化丹朱，周公不能训管蔡，岂唐教之不著，周道之

不备哉！然无如恶人何也。"（唐）刘长卿《谪官后却归故村将过虎丘怅然有作》诗："万事依然在，无如岁有何。"（清）李渔《闲情偶寄·颐养·却病》："敌已深矣，恐怖何益？'剪灭此而朝食'，谁不欲为？无如不可猝得。"安成祥《石上历史·黄平县新州（清光绪）重修书院考棚碑》："前人已见及此矣，无如兵燹无存，肃清垂二十年亦未规复。"

⑪大头小尾：在开具税收票据时弄虚作假的一种行为，也就是将发票联开成大数，而存根联和做账联开成小数。

⑫解银：是"起解银"的省称。清制，凡应解往他处之银两，如下级地方政府将钱、粮等解送上级政府，或各省解京交户部大库之地丁钱粮，以及各省应解往他省之协饷及协拨之款等，均可称为起解银。

⑬减色：差；逊色。郭澄清《大刀记》第九章："说起对志勇的关心来，二愣并不比他老娘减色。"

⑭每下愈况：此处使用成语有误，应为"每况愈下"为妥。"每下愈况"表示向低微的事物求道，而"每况愈下"表示情况越变越坏。

⑮梭巡：指往来如穿梭般巡逻。形容巡逻频繁。（清）吴趼人《二十年目睹之怪现状》第九一回："转弯进了小东门，便看见沿路都是些巡防局勇丁，往来梭巡。"郑观应《盛世危言·防海下》："游弋者以四快船、八雷船为奇军，梭巡不绝，往来于成山、鸭绿之间。"茅盾《子夜》十四："李麻子带着他的手下人在这里一带梭巡。"

⑯登时：立刻；立即；当时。（晋）葛洪："又中恶急疾，但吞三九之气，亦登时差也。"《北史·祖珽传》："至夜，珽忽令大叫，鼓噪聒天，贼众大惊，登时走散。"（明）冯梦龙《东周列国志》第五十一回："灵公未及答言，戟已攒刺，登时身死。左右俱各惊走。"（宋）程大昌《演繁露·答人问九江说》："县闻虽迈，又不如其邻人登时亲见之审也。"

⑰惩一警百：亦作"惩一戒百""惩一儆百"。谓惩罚一人以警戒众人。语本《汉书·尹翁归传》："翁归治东海明察……其有所取也，以一警百，吏民皆服，恐惧改行自新。"《明史·黄道周传》："陛下欲别弊防奸，惩一警百，诸臣用之以借题修隙，敛怨市权。"（明）沈采《千金记·仰役》："故依法律明惟问，惩一戒百难容忍。"《清稗类钞·咸丰季年三奸伏诛》："许彭寿纠劾各节，朕早有所闻，用特惩一儆百，期于力振颓靡。"

⑱白简：古时指弹劾官员的奏章。《晋书·傅玄传》："玄天性峻急，不能有所容；每有奏劾，或值日暮，捧白简，整簪带，竦踊不寐，坐而待旦。"（宋）

陆游《送杜起莘殿院出守遂宁》诗："白简万言几恸哭，青编一传可前知。"（明）张景《飞丸记·发迹锄强》："欲把丹心悬魏阙，且将白简奏朝廷。"（清）钱谦益《工部右侍郎赠尚书程公传》："公在谏垣，以别白贤奸、澄清世道为己任，白简屡上，皆弹劾执政私人。"

⑲ 此句出自《孟子·尽心上》："五亩之宅，树墙下以桑，匹妇蚕之，则老者足以衣帛矣。"意思是：五亩的住宅地，墙下栽上桑树，妇女用它养蚕，老人就完全能穿上丝绵衣了。

⑳ 洎[jì]：到；及；等到。（宋）苏洵《六国论》："洎牧以谗诛，邯郸为郡，惜其用武不终也。"

㉑ 此句出自《诗经·大雅·瞻卬》。意思是妇人不该去理朝政，反而把蚕织女工全都抛开了。公事，指朝廷之事；公家之事。（宋）朱熹集传："公事，朝廷之事也。"《三国志·蜀书·刘巴传》："又自以归附非素，惧见猜嫌，恭默守静，退无私交，非公事不言。"（宋）赵升《朝野类要·轮对》："自侍从以下，五日轮一员上殿，谓之轮当面对，则必入时政或利便札子。若台谏，则谓之有本职公事。"

㉒ 亲桑：指亲自参加蚕事的典礼。语本《礼记·月令》："（季春之月）后妃斋戒，亲东乡躬桑。"《淮南子·时则训》："后妃斋戒，东乡亲桑。"《宋书·孝武帝纪》："来岁，可使六宫妃嫔修亲桑之礼。"

㉓ 蚕缲[cán sāo]：饲蚕缲丝。《孟子·滕文公下》："夫人蚕缲，以为衣服。"（唐）柳宗元《游南亭夜还叙志》诗："饥食期农耕，寒衣俟蚕缲。"

㉔ 令主：贤德的君主。《春秋左传·昭公十三年》："若见费人，寒者衣之，饥者食之，为之令主，而共其乏困，费来如归，南氏亡矣。"《新唐书·吐蕃传上》："帝召见问曰，'赞普孰与其祖贤？'对曰：'勇果善断不逮也，然勤以治国，下无敢欺，令主也。'"

㉕《农桑辑要》：元朝初年，由司农司编纂的一部综合性农书。成书于至元十年(1273)，是我国现存最早的官修农书。绝大部分引自《齐民要术》以及《士农必用》《务本新书》《四时纂要》《韩氏直说》等书。虽系摘录，但取其精华，摒弃名称训诂和迷信无稽的说法。

㉖ 大率[lǜ]：大概；大约；大抵；大致。《史记·平准书》："于是商贾中家以上大率破。"（宋）沈括《梦溪笔谈·采草药》："大率用根者，若有宿根须取无茎叶时采，则津泽皆归其根。"（宋）梅尧臣《答恭上人》诗："素知江南地，大率皆卑湿。"郭沫若《夏完淳》："大率在同辈中完淳所最佩服的

是这位钱漱广和他的姐丈侯文中。"

㉗《齐民要术》：大约成书于北魏末年，是我国杰出农学家贾思勰所著的一部综合性农学著作，也是世界农学史上最早的专著之一，是中国现存最早的一部完整的农书。全书十卷九十二篇，系统地总结了六世纪以前黄河中下游地区劳动人民农牧业生产经验、食品的加工与贮藏、野生植物的利用，以及治荒的方法，详细介绍了季节、气候、和不同土壤与不同农作物的关系，被誉为"中国古代农业百科全书"。

㉘懿筐[yì kuāng]：指深筐。《诗经·豳风·七月》："女执懿筐，遵彼微行，爱求柔桑。"毛传："懿筐，深筐也。"（明）孙仁孺《东郭记·井上有李》："俺可也女执懿筐，自鬻芒鞋，饮食些须。"

㉙氓之蚩蚩：出自《诗经·卫风·氓》："氓之蚩蚩，抱布贸丝。匪来贸丝，来即我谋。送子涉淇，至于顿丘。"蚩蚩，敦厚貌。一说，无知貌。毛传："蚩蚩者，敦厚之貌。"朱熹集传："蚩蚩，无知之貌。"（宋）王禹偁《君者以百姓为天赋》："徒观乎浩浩玄穹，蚩蚩黔首。"（清）蒲松龄《聊斋志异·张诚》："翁啜泣愕然，不能喜，亦不能悲，蚩蚩以立。"

㉚界：毗邻；毗连；接界。《战国策·秦策》："三国之与秦壤界而患急。"

㉛断鹤续凫：是一个成语，意思是截断鹤的长腿去接续野鸭的短腿。比喻行事违反自然规律。断，截断；续，接；凫，野鸭。出自《庄子·骈拇》："长者不为有余，短者不为不足。是故凫胫虽短，续之则忧；鹤胫虽长，断之则悲。"

㉜移花接木：把一种花木的枝条或嫩芽嫁接在另一种花木上。比喻暗中用手段更换人或事物来欺骗别人。

㉝均平：平衡；均匀。《周礼·地官·贾师》："贾师各掌其次之货贿之治，辨其物而均平之，展其成而奠其贾，然后令市。"《后汉书·虞诩传》："台郎显职，仕之通阶。今或一郡七八，或一州无人。宜令均平，以厌天下之望。"（唐）吕岩《七言》诗之二九："水火均平方是药，阴阳差互不成丹。"李大钊《青春》："大宇积热力，每散趋均平，天地乃毁。"

㉞权变：灵活应付，随时变化。指随机应变。《文子·道德》："圣人者应时权变，见形施宜。"《史记·货殖列传》："是故其智不足与权变，勇不足以决断。"（清）孔尚任《桃花扇·修札》："应急权变，倒也可行；待我回寓起稿，大家商量。"郭沫若《我怎样写五幕剧〈屈原〉》："这个人是相当有点权变的，似乎不亚于吕雉与武则天。"

㉟益寡裒多：是成语"裒多益寡"的倒装形式，意思是削减有余以补不足。

裒[póu]，减少。益，增补。寡，少。《周易·谦》："君子以裒多益寡，称物平施。"《魏书·世祖太武帝纪上》："若有发调，县宰集乡邑三老计赀定课，裒多益寡，九品混通，不得纵富督贫，避强侵弱。"《文子·上德》："天之道，裒多益寡；地之道，损高益下。"（宋）范仲淹《范文正公文集·天道益谦赋》："是故君子法而为政，敦称物平施之心；圣人象以养民，行裒多益寡之道。"

㊱畛域：划分界限；划分区域。《辛亥革命前十年间时论选集·湖北调查部纪事叙例》："不得已而援由乡及国之义，暂以湖北一省为初点，俟各省之调查部皆自完其纲领，而后徐图并一之。非敢自相畛域也，实智力之小，尚未足以谋远大也。"

㊲此句出自《周易·系辞》下："易，穷则变，变则通，通则久。"意思是事理到了极限就应当有所变动，变动之后即可通达，通达之后即可长久。

㊳拘墟者：指见识狭隘、目光短浅的人。源自成语"拘墟之见"。拘墟之见，原指井底之蛙受所处空间的限制，只能看到一点天空。用以形容狭隘短浅的见识。拘，拘守。墟，指所居住的地方。（汉）扬雄《法言义疏·重黎卷第十》："而以神明不测之德言之，则昊天者群灵之总汇，五帝者一神之化身，分之则为六天，合之仍为一体。必斤斤较量其高卑，斯拘墟之见也。"

㊴蒇事[chǎn shì]：事情办理完成。《宋史·乐志九》："新庙肃肃，蒇事以时。"（清）魏源《再上陆制府论下河水利书》："加以木桩灰浆工费不赀，断非汛前所能蒇事。"

㊵敷衍：勉强维持。《红楼梦》第一一〇回："凤姐这日竟支撑不住，也无方法，只得用尽心力，甚至咽喉嚷破敷衍过了半日。"

㊶刍言[chú yán]：浅陋的言论；卑贱者的言论。多用为自谦之词。（南朝·宋）谢庄《上搜才表》："臣生属亨路，身渐鸿猷，遂得奉诏左右，陈愚于侧，敢露刍言，惧忝恒典。"《新唐书·王珪传》："今陛下开圣德，收采刍言，臣愿竭狂瞽，佐万分一。"（清）雪中人《〈中西纪事〉后序》："间陈管见，偶赘刍言。"

㊷空疏：指空虚浅薄。（宋）苏轼《乞校正陆贽奏议上进札子》："臣等猥以空疏：备员讲读，圣明天纵，学问日新。"（清）黄宗羲《与陈介眉庶常书》："暮逢丧乱，负母流离，退栖陋室，与百姓杂处，又焉得有奇闻异见，下逮于农琐哉！是空疏不学，未有甚于某者也。"鲁迅《且介亭杂文末编·"立此存照"（一）》："寥寥三百余字耳，却已将学生对于旧学之

空疏和官师态度之浮薄写尽。"

㊸气盛言宜：是韩愈提出的创作主张，对古文运动顺利发展具有重要意义。所谓"气盛言宜"，是指作家的道德修养境界高，则在发言、著述时，无论用词长短或声调高下，均能得宜。

㊹准今酌古：是成语"酌古准今"的倒装形式，意为择取古代之事，比照今天的情况。《辑校万历起居注·万历八年》："今既汇为一书，固当深究本原，备详因革，酌古准今，以定一代之章程，垂万年之典则。"（明）刘若愚《酌中志·见闻琐事杂记》："如酌古准今，谈经论史，探性命之原，图不朽之业，乐声应气，求而不孤者，则刘君、郑君是矣。"《三国演义》第六十回："此是丞相酌古准今，仿《孙子》十三篇而作。"

㊺格格不吐：指有所格碍，不能尽情论述。（清）何焯《义门读书记·元丰类稿》："《上欧阳舍人书》文弱而碎，其论事又格格不吐，此少作故也。"鲁迅《花边文学·做文章》："因为要推倒旧东西，就要着力，太着力，就要'做'，太'做'，便不但'生涩'，有时简直是'格格不吐'了。"

㊻落脉：中医脉学术语，指医师切脉的三个手指，一下子就准确地触摸到病人的寸、关、尺三个部位。贵州方言称作"拿脉"。引申为把脉；切脉。

㊼稽古：考察古事。《尚书·尧典》："曰若稽古。帝尧曰放勋。"《汉书·武帝纪》："高祖拨乱反正，文景务在养民，至于稽古礼文之事，犹多阙焉。"《晋书·裴𬱟传》："博学稽古，自少知名。"《明史·邓继曾传》："割恩以定礼，稽古以崇孝。"（清）方文《单质生见访僧舍并惠三忠集酬此》诗："稽古式芳躅，怀忠耿遐眷。"

# 【译文】

古时候没有"厘金"这个名称。周代官府设置九种赋税，"司关"有抵御暴徒的职责，"司市"有抑制商贾的职责，并非专心致力于敛财。自从汉武帝谋划对商人的管理政策起，开始建立平准法和均输法。其后，北魏时期，对进入市场交易的人征收一钱的"入市税"。唐朝时期，有时人一出行即被征税。到北宋王安石搜囊发箧，人们对相沿而成的弊病更加不能尽言。明朝初期，对商人放贷实行三十税一，商业的赋税稍微轻了些。我大清朝深仁厚泽，二百年来不曾对人民增加赋税。咸同年间因战事需要，抽取厘金补助军饷，是一个临时应急的措施。无奈在有利可图的地方，弊病就产生了。有征收多报解少的，有亏欠前款挪用后款的，有串通书吏将票据开成"大头小尾"的。

我来到贵州十多年，仅担任独山、毕节两地的厘金差使。独山增加起解银五百多两，毕节也增加起解银八千六百多两，这两件事都出自偶然。本来我不敢妄自请求褒奖，是近段时间以来，厘金业务下降，每况愈下，有人认为是因为与之前相比工作不认真，在边关没有设置厘金局。他们不知道治理财物在于得到合适的人才。我准备提请巡抚大人饬令省局明察暗访，尤其要指派做事谨慎周密的官员，亲自到各地频繁巡查。对收税数量多的人，核实他若真正能够廉洁奉公，立即施以恩惠褒奖。特别是对那些收税数量不足的人，调查他为何数量减少，如果确有贪婪卑鄙行径，立即惩一警百。对罪责严重的，立刻向朝廷呈进弹劾奏章；对罪责较轻的，给予记过处分并停其差使。这也是整顿吏治的一个办法。

周朝的制度规定：五亩的住宅地，墙下栽种桑树。整个国家没有荒芜的土地，直到后世君王废弃这个政策。《诗经·大雅·瞻卬》中有句话："妇人不该去理朝政，反而把自己的蚕织女工全都抛开了。"这是指责她们不务正业。汉代汲取秦朝的教训，诏令嫔妃以下的人亲自参加蚕事典礼和饲蚕缫丝，为天下人开了先河，世人称赞汉文帝是贤德的君主。宋代的陈敷撰写《养蚕说》一卷。元世祖时期，颁布《农桑辑要》全书，大致仿照《齐民要术》，使天下人都知道基本生活资料的来源。今天，贵州省遵义府的辖区内养蚕的人很多，有家养蚕、野生蚕的区分。家养蚕的体型小，野生蚕的体型大。如果种植桑树四五十株，它所带来的利益，比丰收水稻和小麦所获取的效益，要高出不止数倍。假使栽培得法，不出几年就会绿树成荫，各家各户争相拿着深筐采摘桑叶，我将见到"氓之蚩蚩"，莫不"抱布贸丝"的情景了。

从我国大致状况来讲，东、西、南、北四个方向的地中之气各不相同。圣明的帝王处于正中治理国家，把各方聚合成如同一个人，把全国看成是一个家，哪里还有难得治理的插花地问题呢？现在，贵州省所称的插花地，并不仅仅是指与云南、四川、湖南、广西交界地方的插花地。就拿内地来说，贵筑、普定的辖地插入清镇境内，安平、镇宁的辖地又插入普定境内，平远向北一带与大定毗连，普安的东部又与广顺交错。断鹤续凫，移花接木。一个府是这种情况，其他府的情形可想而知。北部是这种情况，南部的情形可想而知。对此，想要妥善处理，对插花面积大的区域进行均匀平衡，对插花面积小的区域进行灵活调整。如何均匀平衡呢？插花地的形成，在时局未曾安定的初期，源于土司向外侵夺领地；到了时局稳定之后，源于各地开垦的先后。只有绘制地图呈报说明，咨请户部加以更正。截取长的以补短的，削减有余以补不足。应该划归府的地方，就划入府；应该划归厅的地方，就划入厅；应该划归州和县的地方，就划入各州、县。划转土地的管辖权，但是不改变地名；划转赋税的征收权，但是不减少征收数量，管辖地域就得到均匀，民赋就得到平衡了。至于因时制宜，必须坚持在划分界限时，摒除各地的私心；在明确管辖时，只讲求行政的便利。

《周易》上有句话："事理到了此极限，就应当有所变动；变动之后，即可于事通达。"这不是见识狭隘、目光短浅的人所能办成的事情。进一步就河道来思考这个道理。贵州省高山多河流少，很多地方不通船只。只有镇远府所属的清溪、玉屏、黄平等州县，都匀府所属的三脚屯、古州，以及铜仁等地，稍有一些河道，没有大的源头，尚且难得行驶小船，哪有可以通达百川的水道呢？唯有购买机器，加上人力，或许可以逐渐开掘疏通。可是，现在军粮及俸给的开支都不足，一切应当办理的事务尚且难以勉强维持，从哪里能够得到如此巨款去做这个不急的事务呢？这是必须等待时机成熟才能启动的事情。

以上各条，是我敬献的浅陋言论，姑且解说自己的一点心得。谨此策对。

  巡抚潘霨的批语："熟悉历史事件，不是空虚浅薄的人比得了的。"

  布政使李元度的批语："修养高深，发言得宜。择取古代之事，用来比照今天的情况，没有任何格碍，能够尽情论述。"

  粮储道员黄元善的批语："从大处把脉，引用历史事实如数家珍，自然是一个考察古事有所心得的人士。"

## 【原文】

### 策问·超等第三名张正煌

策問

超等第三名 張正煌

黔自軍興時創設釐金歲進五六十萬兩厥後地方底定每年猶抽二十餘萬兩近來日減一日僅獲十一二萬未免多少懸殊或者曰百貨入關鹽釐是其鉅款黔省開徵之始釐務所由代徵以來釐務所由日絀也又或曰貴州出產向以土藥為大宗行銷湖南廣西及本省各處歲值數百萬抽釐亦二十萬上下果使各局涓滴歸公當較目前加倍但鹽務已成騎虎之勢莫可如何

土药虽属畅行而报解究不及半此其罪归之奸商绕漏而一帮十挑二十挑岂无形影诱之书丁卖放而每次分肥数十两岂无风声即责之腹地各局亦有所不受盖由于沿边一带处处毗连广西货一出关更无别局稽查故商人可以不须照票造报可以趁填缴验章程虽密察亦不能遍及无可稽察之区又况征解釐银从无确数譬如乙侵渔近万较前多解数千而比较即谓乙胜于甲可稽察之区又况徵解釐银从无确数譬如乙员记存酌委在总局照章请奖自是一秉至公庸讵

知名利兼收不足服讜真潔已奉公之局夫理財一道在於任人誰不謂然顧安得砥礪廉隅者布滿邊局即然則整頓釐金其將密加稽查乎增局卡則徒糜經費抑將設法鼓勵乎計功過則視為具文計惟有仿照滇章按局定數包解並以光緒某年抽收為準參以近來豐旺之處核實分明某局應解若干按季比較如春季不敷夏季定須初年抽收若再短少即另委員接辦加以賞罰嚴明併緻足蠶桑為王政之首務守土者非不釐務必有起色

知之知之而不能行之與不知何異黔省遵義正安辦有成效無非守土之勸課有方其餘各屬寂寂無聞謂地土之不宜歟而罌粟何以遍種謂人功之不到歟而見利何以必趨近年亦曾赴川購辦桑秧轉給各州縣推廣栽植顧往往不能成樹者艮由於長途運解旣有枯荄之處又有逾時之害所以難於長成查川省種植樹木向有包栽之人本年揷秧必待明年屆期查照長成按株給錢而每株不過五六文最爲受便今如由川僱匠來

黔給以空地播子生秋如法包種經費不多而成功、亦速、方與之不正區域之不清惟黔為最然插花寫隔窒礙良多其不便於官者催科緝捕在在維艱此不可不辨而又不易辦者也光緒初派員分辨前後約七八年各屬之未擾擬撥總圖散圖早繪存於善後局丙所差者丁糧數目造報未確耳現在戶部頒發新章清釐丁糧積弊各屬遵造徵信冊花戶坐落地名田畝糧石無不備載分明如將廢冊與前所繪輿圖參觀對核某處應劃歸某屬照圖一一分撥總局衹易其名並不計缺分之肥瘠其一切糧價重輕仍然照舊完納此爲簡易辨法似不紛更至於黔中水道向本不逼省城祗有邊疆之桐梓思南水入於川銅仁施秉水流於楚貞豐三腳水行於粵可以逼舟楫可以阜貨財如欲於羅斛之羅翁河下達廣西上達黔省其中甚多阻滯勢有難行卽城外之南明河亦係源出廣順流入烏江而烏江以上則或經山而忽歸於硐或隔山而復出於澗至烏江以下則又與川

横隔不能直達川河此更無益於轉運者也顧有謂陸路改用小車者不知車雖一輪之便可以山行而坡嶺高下不齊豈不阻於坎險又有謂水路築堤行筏者不知河非一綫之延中無隔絕況兩岸山水陡漲難免不被其冲淹此蓋天生險阻恐非人力所能為也

撫部院潘 批

憂憂獨造所陳釐金辦法可備采擇獨抒已見儘多可采

布政使司李　批

賈生駿發故文潔而體清亞子淹通故慮周而藻密

糧儲道黃　批

秄柚從心不似拾人牙慧者

## 【释文】

黔自军兴时，创设厘金，岁进五六十万两。厥后，地方底定，每年犹抽二十余万两。近来，日减一日，仅获十一二万，未免多少悬殊。或者曰："百货入关，盐厘是其巨款，黔省开征之始，厘务所由日盈，川省代征以来，厘务所由日绌也。"又或曰："贵州出产，向以土药①为大宗，行销湖南、广西及本省各处，岁值数百万，抽厘亦二十万上下。果使各局涓滴归公，当较目前加倍。"

但盐务已成骑虎之势②，莫可如何。土药虽属畅行，而报解究不及半。此其罪归之奸商绕漏③，而一帮④十挑二十挑，岂无形影？诱之书丁卖放⑤，而每次分肥数十两，岂无风声？即责之腹地各局，亦有所不受。盖由于沿边一带，处处毗连广西，货一出关，更无别局稽查。故商人可以不须照票⑥，造报⑦可以趁⑧填缴验。章程虽密，亦不能遍及无可稽察之区。又况征解厘银，从无确数。譬如，乙员侵渔近万，较前多解数千；甲员洁己奉公，较前少解数千。而比较之，即谓乙胜于甲，记存酌委⑨，在总局照章请奖，自是一秉至公⑩，庸讵⑪知名利兼收，不足服认真洁己奉公之局。

夫理财一道，在于任人，谁不谓然？顾安得砥砺廉隅者，布满边局耶！然则整顿厘金：其将密加稽查乎？增局卡则徒靡经费；抑将设法鼓励乎？计功过，则视为具文⑫。计惟有仿照滇章按局定数包解，并以光绪初年抽收为准，参以近来丰旺之处，核实分明。某局应解若干，按季比较，如春季不敷⑬，夏季定须一并缴足。若再短少，即另委员⑭接办。加以赏罚严明，厘务必有起色。

蚕桑为王政⑮之首务。守土⑯者，非不知之，知之而不能行之，与不知何异？黔省遵义、正安办有成效，无非守土之劝课⑰有方。其余各属，寂寂无闻，谓地土之不宜欤，而罂粟何以遍种？谓人功⑱之不到欤，而见利何以必趋？近年亦曾赴川购办桑秧，转给各州县推广栽植，顾往往不能成树者，良由于长途运解，既有枯荄⑲之虑，又有逾时之害，所以难于长成。查川省种植树木，向有包栽之人，本年插秧，必待明年届期⑳查照㉑，长成按株给钱，而每株不过五六文。最为妥便。今如由川雇匠来黔给以空地，播子生秧，如法包种，经费不多，而成功亦速。

方舆㉒之不正，区域之不清，惟黔为最。然插花鸾隔㉓，窒碍㉔良多。其不便于官者，催科缉捕，在在为艰㉕。此不可不办，而又不易办者也。光绪初，派员分办，前后约七八年。各属之未拨拟拨，总图、散图早绘存于善后局内。所差者，丁粮数目，造报未确耳。现在户部颁发新章，清厘丁粮积弊，各属遵造征信册，花户㉖坐落地名、田亩粮石，无不备载分明。如将厫册与前所绘舆图，参观㉗对核，某处应划归某属，照图一一分拨，总局只易其名㉘，并不计缺分之肥瘠，其一切粮价重轻，仍然照旧完纳。此为简易办法，似不纷更㉙。

至于黔中水道，向本不通省城，只有边疆之桐梓、思南，水入于川；铜仁、施秉，水流于楚；贞丰、三脚，水行于粤，可以通舟楫，可以阜货财㉚。如欲于罗斛㉛之罗翁河，下达广西，上达黔省，其中甚多阻滞，势有难行。即城外之南明河，亦系源出广顺㉜，流入乌江。而乌江以上，则或经山而忽归于硐，或隔山而复出于涧；至乌江以下，则又与川横隔，不能直达川河，此更无益于转运者也。顾有谓陆路改用小车者，不知车虽一轮之便，可以山行，而坡岭高下不齐，岂不阻于坎险？又有谓水路筑堤行筏者，不知河非一线之延，中无隔绝㉝，况两岸山水陡涨，难免不被其冲淹。此盖天生险阻，恐非人力所能为也。

抚部院潘批："忧忧独造㉞！所陈厘金办法，可备采择。独抒己见，尽多可采。"

布政使司李批："贾生骏发，故文洁而体清；平子渊通，故虑周而藻密。"㉟

粮储道黄批："杼柚㊱从心㊲，不似拾人牙慧㊳者。"

## 【注释】

①土药：指土制的鸦片。第二次鸦片战争后，清政府开放烟禁，将本国所产鸦片称为"土药"，列入税目征税。（清）薛福成《出使四国日记·光绪十六年十一月二十八日》："近来中国海关，每年进口洋药，约有七万三千余箱；而内地所种之土药，销售者当加四倍。"

②骑虎之势：犹"骑虎难下"。指骑在虎背上，不易下来。比喻遇到困难，但又欲罢不能。语出《晋书·温峤传》："今之事势，义无旋踵，骑猛兽，安可中下哉。"茅盾《子夜》十："益中收买的八个厂，本月三日抛出的一百万公债，都成了骑虎之势，我们只有硬着头皮干到哪里是哪里了！"

③绕漏：绕开关卡，偷逃课税。

④帮：量词，用于人，"群""伙"的意思。

⑤卖放：受贿私放。（明）李开先《中宪大夫思州府知府梧冈王君墓志铭》："君至江油等处，访知旧弊，乃官取羡余，卖放大户。"《隋唐演义》第三三回："将军讲得有理，只不要路上卖放了，又来我们集上做贼。"《清史稿·食货志六》："至是，御史晋昌复言巡役勒索，胥吏卖放，特派满、汉御史各一，专司稽查，一年而代。"

⑥照票：文据名。清政府颁发给商人，准许其采办鸦片、盐以及其他特控物资的凭票，属于管理特种物资交易的一种信票。

⑦造报：谓编制文件或表册向上级报告。（清）黄六鸿《福惠全书·钱谷·户头总催说》："……户头每甲轮流充当，一任经承造报，倘无所以，选举之。"

⑧趁：同"称"。测定重量。《楚辞·惜誓》："苦称量之不审分。"注："称所以知轻重。"

⑨记存酌委：意思是关心重用。记存，挂念关注。（宋）文同《贺洪雅知县陈秘丞状》："遽承占问之及，良荷记存之深。"（明）赵南星《答王锺嵩书》："南北各天，数柱记存，何殷殷也。"酌委，酌情委以重任。

⑩一秉至公：办事一切都出于公心。形容大公无私。（清）李宝嘉《文明小史》第六十回："然而平中丞却不以此为轻重，委差委缺，仍旧是一秉至公。"

⑪庸讵：岂；何以；怎么。《庄子·齐物论》："庸讵知吾所谓知之非不知耶？庸讵知吾所谓不知之非知耶！"（晋）潘岳《秋兴赋》："苟趣舍之殊途分，庸讵识其躁静？"（宋）王禹偁《故侍御史李公墓志铭》："邦家之光，庸讵可量？"（清）王念孙《读书杂志·荀子六》："钜，亦岂也。古人自有复语耳。或言'岂钜'，或言'岂遽'，或言'庸讵'，或言'何遽'，其义一而已矣。"

⑫具文：徒有形式而无实际意义的空文。《汉书·宣帝纪》："上计簿，

具文而已，务为欺谩，以避其课。"颜师古注："虽有其文，而实不副也。"《明史·忠义传三·邢国玺》："时帝以修城郭、练民兵、储糗粮、备戎器四事课天下，有司率视为具文，惟国玺奉行如诏。"邹韬奋《英勇抗战三年中的五一节》："工人以很大很久的牺牲争得的八小时制的法令竟等于具文，于是激起了劳动界的反抗。"

⑬不敷：不足；不够。（清）李斗《扬州画舫录·草河录上》："纤手用河兵沙飞马溜，添纤用州县民壮盐快，不敷，雇民夫。"《世无匹》第二回："雇工人平大郎，因口食不敷，情愿将身雇到金宅踏曲使用，每月工银六钱。"毛泽东《迎接中国革命的新高潮》："蒋军兵力不敷分配，征兵不足规定数额。"

⑭委员：委派人员。（清）王韬《代上广州冯太守书》："初开之时，由商禀请委员督理矿务，设兵防卫，费由官助。"《儿女英雄传》第二回："一面委员摘印接署，一面委员提安老爷到淮安候审。"

⑮王政：国君的政令。《礼记·丧大记》："王政入于国。"孔颖达疏："王政入于国者，谓王政令之事入于己国也。"（南朝·梁）沈约《与徐勉书》："及昏猜之始，王政多门，因此谋退，庶几可果。"（清）孙枝蔚《蜈蚣》诗："花冠颇可备驱除，无论王政须多畜。"

⑯守土：守卫疆土。也代指地方官。《书·舜典》：孔传，"诸侯为天子守土，故称守。"《明史·忠义传三·党还醇》："吾守土吏也，去将安之！"（唐）韩愈《袁州祭神文》之一："若守土有罪，宜被疾殃于其身；百姓可哀，宜蒙恩闵，以时赐雨。"（清）平步青《霞外捃屑·时事·刘庸夫》："督师望风溃散，守土先期逸遁。"

⑰劝课：鼓励与督责。《后汉书·卓茂传》："是时王莽秉政，置大司农六部丞，劝课农桑。"（宋）范仲淹《答手诏五事》："更严着勉农之令，使天下官吏专于劝课，百姓勤于稼穑。"郭沫若《中国史稿》第三编第四章第一节："文帝时，多次下诏劝课农桑，对努力发展生产的地主给予奖励。"

⑱人功：人力。《汉书·沟洫志》："昔大禹治水，山陵当路者毁之，故凿龙门，辟伊阙……此乃人功所造，何足言也。"（北魏）郦道元《水经注·河水四》："山石之上有鹿蹄，自然成著，非人功所刊。"（宋）范成大《净行寺傍皆圩田》诗："空腹荷锄那办此？人功未至不关天。"

⑲枯荄 [kū gāi]：干枯的草根。亦指植物的根干枯。《文选·潘岳〈悼亡诗〉之三》："落叶委埏侧，枯荄带坟隅。"李善注引《方言》："荄，根也。"（唐）崔损《霜降赋》："翻缤纷之槁叶，宿苍苍之枯荄。"（宋）苏舜钦《依韵和伯镇中秋见月九日遇雨之作》："众香爱春发枯荄，我知惟动儿女怀。"（明）刘基《春雨》诗之一："春风和雨细细来，园林取次发枯荄。"（清）宋琬《先大夫讳日万寿寺礼佛因示诸生》诗："譬彼松下草，霜落成枯荄。"

⑳届期：到预定的日期。（清）吴敬梓《儒林外史》第三十回："届期齐集湖亭，各演杂剧。"刘师培《悲佃篇》："及选举届期，佃人欲保其田，势必曲意逢迎，签以田主应其举。"李伯元《官场现形记》第一回："另外又烦王孝廉写了一封四六信，无非是仰慕他、记挂他，届期务必求他赏光的一派话。"

㉑查照：核查。《元典章·户部七·钱粮》："仍将缎匹等物，照依续降事迹依式供报，庶使将来易于查照。"《明熹宗实录》："伏乞皇上敕该部查照有功员役，照例升赏，其所请钱粮酌令给发，责令登莱抚臣（袁可立）综核其事，无曰功不必核其虚饷，不必问其实。"《水浒传》第二回："若回去庄上说脱了回书，大郎必然焦躁，定是赶我出去，不如只说不曾有回书，那里查照。"鲁迅《书信集·致钱玄同》："相应明信片达，请烦查照，至纫公谊。"

㉒方舆：指大地。《文选·束皙〈补亡诗〉之五》："漫漫方舆，回回洪覆。"李周翰注："方舆，地也。"（宋）欧阳修《省试司空掌舆地图赋》："穷人迹于遐域，包坤载于方舆。"《明史·外国传五·占城》："别有占夺方舆之奏，微及父卒事。"

㉓窎隔：远隔，形容离得比较远。窎[diào]，遥远。

㉔窒碍：障碍；阻碍。（宋）苏辙《论衙前及诸役人不便札子》："庶几推行，而终有窒碍。乞下有司，早议成法。"（明）顾大典《青衫记·赎衫避兵》："叹穷途多窒碍；死和生，成和败，难闪难猜。"鲁迅《准风月谈·"推"的余谈》："假如你怕占不到铺位，一早带着行李下船去罢，统舱里全是空铺，只有三五个人们。但要将行李搁下空铺去，可就窒碍难行了。"

㉕在在为艰：处处艰难的意思。在在，处处；到处；各方面。（唐）武元衡《春斋夜雨忆郭通微》诗："桃源在在阻风尘，世事悠悠又遇春。"（宋）杨万里《明发南屏》诗："新晴在在野花香，过雨迢迢沙路长。"《明史·李应升传》："在在增官，日日会议；覆疏衍为故套，严旨等若空言。"《红楼梦》第五八回："或赚骗无节，或呈告无据，或举荐无因。种种不善，在在生事，也难备述。"

㉖花户：旧时对户口的称呼。户口是住户和人口的总称，计家为户，计人为口。

㉗参观：对照察看。《韩非子·备内》："执后以应前，按法以治众，众端以参观。"《北史·崔浩传》："因命筮吉凶，参观天文，考定疑惑。"（清）王夫之《读四书大全说·大学传第六章八》："其义备《中庸》说中，可参观之。"严复《穆勒名学按语》："此节所论，当与后部篇四第三节参观，始悟科学正鹄在成外籀之故。"

㉘易其名：指更改划转之地的行政管辖名分，而不是改变它们的地理名称（地名）。易，改变；更改。名，名分。

㉙纷更：变乱更易。《史记·汲郑列传》："何乃取高皇帝约束纷更之为？"

裴骃集解引如淳曰："纷，乱也。"《金史·张中孚传》："且保甲之法行之已习，今遽纷更，人必逃徙。"（清）昭梿《啸亭杂录·徐中丞》："愿皇上除弊政，毋示纷更。"《东周列国志》第一〇八回："尉缭见始皇意气盈满，纷更不休，私叹曰，'秦虽得天下，而元气衰矣，其能永乎！'"

㉚阜[fù]：丰富；富有。货财：亦作"货材"。货物；财物。《礼记·曲礼上》："贫者不以货财为礼，老者不以筋力为礼。"《史记·平准书》："都鄙廪庾皆满，而府库余货财。"（宋）苏轼《思治论》："文吏之所至，则治刑狱；而聚敛之臣，则以货财为急。"（唐）韩愈《原道》："民者出粟米麻丝，作器皿，通货财，以事其上者也。"（清）王韬《变法中》："喜贡谀而恶直言，好货财而彼此交征利。"

㉛罗斛：时为罗斛厅，今罗甸县。

㉜广顺：时为广顺州，今长顺县。

㉝隔绝：阻隔；隔断。《汉书·西域传》："西域诸国……与汉隔绝。道里又远，得之不为益，弃之不为损。"《三国志·魏书·郭淮传》："淮曰，若亮跨渭登原，连兵北山，隔绝陇道，摇荡民、夷，此非国之利也。"（宋）苏轼《策略四》："夫宽深不测之量，古人所以临大事而不乱，有以镇世俗之躁，盖非以隔绝上下之情，养尊而自安也。"

㉞戛戛独造[jiá jiá dú zào]：是一个成语，形容文章别出心裁，富有独创精神。（清）梁绍壬《两般秋雨庵随笔·瓶水斋诗》："诸联戛戛独造，真无一语拾人牙慧者。"

㉟该句出自《文心雕龙·体性》，意思是：贾谊性格豪迈，所以文辞简洁而风格清新；张衡性格深沉通达，所以考虑周到而辞采细密。贾生，指西汉著名作家贾谊。俊发，英俊风发，指其才性的豪迈。平子，东汉著名科学家、文学家张衡的字。淹通，深通。虑周，思考全面。

㊱杼柚[zhù zhóu]：亦作"杼轴"。比喻诗文的组织、构思。《文选·陆机》："虽杼轴於予怀，怵佗人之我先。"李善注："杼轴，以织喻也。"《宋书·志序》："每含毫握简，杼轴忘飡。"（清）方文《云间五子诗·朱宗远灏》："宗远何独奇，流韵迥孤异。杼柚象天工，五采互交织。"

㊲从心：由衷；发自内心。

㊳拾人牙慧：是一个成语，比喻拾取别人的一言半语当作自己的话。（南朝·宋）刘义庆《世说新语·文学》："殷中军云，'康伯未得我牙后慧。'"（清）夏敬渠《野叟曝言》："明用故事，却暗翻前局，方不是拾人牙慧。"

## 【译文】

贵州从咸同年间征集财物以供军用，开始建立厘金制度，每年收入五六十万两。其后，地方平定，每年还抽收二十多万两。近段时期以来，一天比一天减少，只收获十一二万两。前后的数量实在是差别很大。有人说："各种货物进入关卡，盐的厘捐是其中的巨款。贵州省开征的最初，厘捐一天天增加，由四川省代征以来，厘捐就一天天下降。"又有人说："贵州出产的商品，一向以鸦片为大宗，销往湖南、广西及本省各地，每年价值数百万两，抽收厘金也在二十万两左右。假使各个厘金局将一丝一毫都归入公库，应当比现在的收入增加一倍。"

但是，盐务已经骑虎难下，无可奈何。鸦片虽然属于畅销商品，可是上报和解运的厘金数终究不到一半。如果将这其中的罪过归到奸商绕开关卡偷逃课税，可是一帮人有十挑二十挑货物，难道没有一点影踪？如果透过于书吏和役丁受贿私放，可是每次分赃几十两，难道不会传出一点风声？即便对内地的各个局进行斥责，各个局也不会接受。因为沿着边境一带，处处与广西相连，货物一旦运出关卡，再也没有本省别的厘金局盘查。所以，商人可以不用照票，编制报税表时能够现称、现填和现缴、现验。规章制度虽然严密，也不能覆盖到没有稽察权限的地方去。又何况征收和解运厘金银两，从来没有准确的数字。比如，乙员从中侵吞将近万两，比之前多解运几千两；甲员廉洁，比之前少解运几千两。将他俩的业绩进行比较，就说乙员胜过甲员，对其关心重用，在总局那里按照规定为他申请奖励，自然是出于公心，岂知腐败的人名利双收，就不足以使那些踏实干事、廉洁奉公的厘金局人员信服。

治理财物，在于任用适合的人，谁不这样说呢？但哪里找得到以廉洁奉公精神磨炼自己品行的人，来布满边远的厘金局啊！但是如此整顿厘金业务：各厘金局将要密布人员加强稽查吗？增设厘金局关卡，是徒然消耗经费；或是将要设法加以激励吗？计算功绩和过错，便会被看作是一纸空文。为今之计，只有仿照云南省的规章，根据各个局的实际，确定一个数量承包上交，并且以光绪初年的抽收数作为基准，结合近年来的丰足程度，审核查实清楚。某个局应当上交多少，按季度加以比较，如果春季交的数量不足，在夏季必须一起补缴足额。如果再出现短少，就另外委派人员接替办理。加上赏罚严明，厘金业务必定有所好转。

养蚕植桑是朝廷的首要政务。地方官员不是不知道这项政令，而是不去推行这项政令，这与不知道政令有什么区别呢？贵州省的遵义、正安办理很有成效，无不是地方官的鼓励与督责得法。其余的各个地方，毫无声息，有的说是当地土质不适宜，可是罂粟怎么就能遍地种植呢？有的说是人力所不能及，可是见到有利可图怎么就必定有人去追逐呢？近些年，地方官也曾到四川购买桑树苗，转交给各州县去推广栽种，但往往不能长成桑树，很重要的原因是远距离运输，既有树根干枯所带来的忧虑，又有超过栽种时限所带来的危害，因此难得存活。考察四川省种植树木，向来有承包栽种的人，当年种下树苗，必须等到第二年预定的日期进行核查，存活了才按照株数给付工钱，并且每株树不超过五六文钱。这是最妥当适宜的办法。现在如果从四川雇用有技术的人来贵州，给他们土地，播下种子，生发秧苗，按照四川的方法承包种植，花费不多，而且见效也快。

土地不周正，界限不明晰，唯有贵州省最为突出。这样，插花地与治所相隔遥远，障碍极多。它给官府带来的不方便，是催收赋税和缉捕罪犯，处处艰难。这事不能不办，但又不容易办理。光绪初年，派出人员分头办理，前后有七八年时间。各地未曾划拨的地方已打算划拨，总图和分图早已绘制并存放在善后局内。所差的东西，是田赋的数目，编制上报还未确定罢了。现在户部颁发新的规定，清理田赋弊端，各地遵照规定编报征信册，户口及所在地的名称、田地及产粮数，无不详细记载清楚。如果把廒册与前面绘制的地图，对照查看和对应核实，某个地方应划归某府或某州某县，按照地图逐一分拨，总局只是更改行政管辖上的名分，并不去算计差使的肥瘦，所有钱粮的重与轻，依然按照原来的标准缴纳。这是简便易行的方法，似乎更易时就不会产生错乱了。

至于贵州的水道，向来不能通达省城，只有边境的桐梓、思南，河水流入四川；铜仁、施秉，河水流向湖南；贞丰、三脚屯，河水流进广东、广西。能够通行船只，就能够运输货物。如果打算对罗斛的罗翁河进行疏通，下行通达广西，上行通达贵州省内腹地，河段中间有很多阻塞之处，势必不易做到。省城外面的南明河，也是发源于广顺，流进乌江。但是乌江往上的河段，或是流经山谷却忽然跌入溶洞，或是相隔几个山头又从山涧中冒出地表；乌江往下的河段，又与大河之间存在重重阻隔，不能够直接通达四川境内的大河，这就对转运物资更加不利。但有说在陆路改用小型手推车的人，他们不知道手推车虽然有独轮的方便，能够在山道上推行，但是陡坡和山岭高低不平，难道不会被高坎阻挡而发生危险吗？还有说在河道上筑堤撑行竹筏的人，他们不知道河道不是一条向外延伸的直线，中间没有阻隔，况且两岸山洪突然暴涨，堤坝难免不被冲毁。这些大概是天然生成的险要阻塞，恐怕不是人力所能做得到的。

巡抚潘霨的批语："戛戛独造！所陈述的厘金办法，可以备作选用。独创地抒发自己的见解，很多可以采纳。"

布政使李元度的批语："贾谊性格豪迈，所以文辞简洁而风格清新；张衡性格深沉通达，所以考虑周到而辞采细密。"

粮储道黄元善的批语："精心组织和构思，不像那些拾人牙慧的人。"

【原文】

## 策问·超等第四名马懋修①

### 策問 超等第四名 馬懋修

黔省近來釐金日減一日推原其故有由入關而減者。如普茶南貨廣貨川綢等項。而以洋紗雲土藥為大宗。有由出關而減者。如府綢藥材水碾砂毛鐵等項。而以黔土藥木料為大宗入境之貨。抽釐後腹地各局節節查驗如曹家溪及仁懷一帶雖有偷漏或不至於太甚惟黃草壩白層河坡腳等處近日抽收洋紗不過十中之一二出境之貨木料重大雖有漏報亦不至於太甚惟土藥則

行客之箧囊贩夫之包裹零星攜帶無可稽查一加
以奸商偷越官吏勾通寔爲釐金之一大漏巵此
其弊莫如黃草壩白層河坡腳爲最甚現奉新章
抽收落地釐金自是探源揭要之法而卑職竊有
慮者興利則必有弊防弊而弊轉滋倘踏地抽收
勢必差丁四出紛擾窮民徒飽奸胥團首之私囊
而於公家反無裨益查黔省各屬多有秤局不如
於秤局中抽取釐金其局祇設塲市過秤者爲官
貨不過秤者爲私販將秤局釐金合爲一事不准

於新章五文外另立秤稅亦不准於場市外別赴鄉村私收如此則民不擾而公中有實濟矣勸課之方農桑並重然樹穀須終歲勤勞功多而利少樹桑在三農餘隙功少而利多是樹桑尤重於樹穀也黔省屢經辦理辛少成功或謂時之寒暖不齊地之剛柔各異而不盡然也夫山桑柔桑條桑種各區分壓桑子桑花桑名亦異類如謂土性不宜何以下隰高原亦多佳蔭如謂易地不生何以道旁坡塲亦有遠揚特黔民好逸未知其利而不

○為耳昔武侯居蜀種桑八百株張詠治崇陽拔茶而種桑古人治家治國皆然何獨黔地之不宜哉○但民可與樂成難與謀始是在為吏者因勢而刹導之如陳太守之治遵義徐太守之教正安成效具在安在今必異於古也至於黔省插花有名犬牙有名華離有名甌脫屢經委員辦理迄未成功○有謂糧之輕重不齊者有謂學之冊籍難改者此皆奸胥蠹役因賦稅不便包攬緝捕無可推卸借以惑衆耳其實插花辦而考試便納糧便聽訟便

事事便民豈有不樂從者哉然必處處更改亦處處失之紛更計惟清其四至邊界因其近而割分之其中有包裹者從而互換之一切丁糧賦稅之額仍照前規並令各邑另造插花糧册以便清查學嶺亦不必更換准伊原籍考試似此辦理或可少紛更之煩矣若夫黔中水道在在皆山山下皆有小溪不可枚舉第郎大者而論北有擺革河鴨池河六廣河六歸河總名曰烏江源出威寗經大定思南而入於蜀南有盤江亦出威寗經與義貞豐

而入粵即古牂牁江也。又有清江都江一出都勻過天柱而入楚一出麻哈歷古州而流粵其下流則有潕江銅仁鎮陽江或入粵之泗城或匯楚之沅州或達楚之辰州。此皆黔水之大者。非不可以通舟楫然而時隱時見有阻於山崗有伏於山洞或數里數十里不等。非可易言疏鑿也。餘如遵義之費水易水思南之印江卬水大定之赤水仁水銅仁之萬溪安溪其源短其流淺雨集則盈雨畢則涸更無事於疏鑿也。今欲轉運之使行惟有於諸水之大者委員訪其遠近相其難易可疏者疏之不可疏者開路以通之至於小水飭民自行辦理以興水利以備旱乾何必費泉刀以疏鑿哉以上數條卑職管見如是是否有當伏乞憲裁。

撫部院潘　批

　　上三條所陳各節俱有見地

布政使司李　批

　　通達事理語有斷制不涉模稜

糧儲道黃　批

持論明通全不落人窠臼自是留心時事者

## 【释文】

　　黔省近来厘金曰〔日〕减一日，推原②其故，有由入关而减者，如普茶、南货、广货、川绸等项，而以洋纱、云土药为大宗；有由出关而减者，如府绸、药材、水银、硃砂、毛铁③等项，而以黔土药、木料为大宗。入境之货，抽厘后，腹地各局，节节查验。如曹家溪④及仁怀一带。虽有偷漏⑤，或不至于太甚。惟黄草坝⑥、白层河⑦、坡脚⑧等处，近日抽收洋纱不过十中之一二。出境之货，木料重大⑨，虽有漏报，亦不至于太甚。惟土药，则行客之箧囊、贩夫之包裹，零星携带，无可稽查。加以奸商偷越⑩，官吏勾通⑪，实为厘金之一大漏卮。此其弊，莫如黄草坝、白层河、坡脚为最甚。

　　现奉新章抽收落地厘金⑫，自是探源揭要之法。而卑职窃有虑者，兴利则必有弊，防弊而弊转滋。倘踏地抽收，势必差丁四出，纷扰⑬穷民，徒饱奸胥、团首之私囊，而于公家反无裨益。查黔省各属多有秤局，不如于秤局中抽取厘金。其局只设场市，过秤⑭者为官货，不过秤者为私贩。将秤局、厘金合为一事，不准于新章五文外另立秤税，亦不准于场市外别赴乡村私收。如此，则民不扰，而公中⑮有实济⑯矣。

　　劝课之方，农桑并重。然树谷⑰须终岁勤劳，功多而利少；树桑在三农⑱余隙，功少而利多。是树桑尤重于树谷也。黔省屡经办理，卒⑲少成功。或谓时之寒暖不齐，地之刚柔各异。而不尽然也。夫山桑、柔桑、条桑，种各区分。压桑、子桑、花桑，名亦异类。如谓土性不宜，何以下隰⑳、高原㉑亦多佳荫？如谓易地不生，何以道旁、坡堁㉒亦有远扬㉓？特㉔黔民好逸㉕，未知其利而不为耳。昔武侯㉖居蜀，种桑八百株；张咏治崇阳，拔茶而种桑㉗。古人治家治国皆然，何独黔地之不宜哉？但民可与乐成，难与谋始㉘。是在为吏者，因势而利导之。如陈太守之治遵义㉙，徐太守之教正安㉚，成效具在，安在今必异于古也？

至于黔省插花，有名"犬牙"，有名"华离"，有名"瓯脱"，屡经委员办理，迄未成功。有谓粮之轻重不齐者，有谓学之册籍难改者。此皆奸胥、蠹役因赋税不便包揽、缉捕无可推卸，借以惑众耳。其实，插花办而考试便、纳粮便、听讼㉛便。事事便民，岂有不乐从者哉？然必处处更改，亦虑失之纷更。计惟清其四至边界，因其近而割分之。其中有包裹者，从而互换之。一切丁粮、赋税之额，仍照前规。并令各邑另造插花粮册，以便清查。学额㉜亦不必更换，准伊原籍考试。似此办理，或可少纷更之烦矣。

若夫黔中水道，在在皆山，山下皆有小溪，不可枚举。第即大者而论，北有摆革河、鸭池河、六广河、六归河，总名曰"乌江"。源出威宁，经大定㉝、思南而入于蜀。南有盘江，亦出威宁，经兴义、贞丰而入粤，即古牂牁江也。又有清江㉞、都江㉟，一出都匀，过天柱而入楚；一出麻哈，历古州而流粤。其下流，则有濛江㊱、铜仁大江㊲、镇阳江㊳，或入粤之泗城㊴，或汇楚之沅州㊵，或达楚之辰州㊶。此皆黔水之大者，非不可以通舟楫，然而时隐时见，有阻于山岗，有伏于山洞，或数里数十里不等，非可易言疏凿也。余如遵义之费水、易水，思南之印江、邛水，大定之赤水、仁水，铜仁之万溪、安溪，其源短、其流浅，雨集则盈，雨毕则涸，更无事于疏凿也。今欲转运之使行，惟有于诸水之人者，委员访其远近，相其难易，可疏者疏之，不可疏者开路以通之。至于小水，饬民自行办理，以兴水利，以备旱干㊷，何必费泉刀㊸以疏凿哉？

以上数条，卑职管见如是。是否有当，伏乞宪裁。

抚部院潘批："上三条所陈，各节俱有见地。"
布政使司李批："通达事理，语有断制㊹，不涉模棱。"
粮储道黄批："持论明通，全不落入窠臼㊺，自是留心时事者。"

## 【注释】

①马懋修：生卒年月不详。（民国）《贵州通志·宦迹志》记载："四川举人。清光绪十四年（1888）任玉屏知县。期间，案无留牍，民歌父母。辞免官职时，士民不忍其离去，蜂拥挽留，不得已留靴于北城门，以作纪念。"

②推原：从源头或本原上进行推究。《汉书·淮阳宪王刘钦传》："推原厥本，不祥自博。"（宋）陆游《草堂》诗："浩歌陌上君无怪，世谱推原自楚狂。"（明）宋濂《题张如心后》："予欲为推原本始，分别流派。"（清）陈天华《中国革命史论》第二章第二节："推原其实，则由于苦秦已久，见有反抗者，则惊喜出于望外，皆走而从之。"

③毛铁：古时指刚出炉尚未经锤锻的熟铁。（明）宋应星《天工开物·锤锻》："凡出炉熟铁，名曰毛铁。"郭沫若《奴隶制时代·〈侈靡篇〉的研究》："铁的发现大抵是在春秋年间，起初只能产毛铁，还不能炼成钢铁。"

④曹家溪：地名，今湖南省怀化市新晃县波洲镇红岩村曹家溪。据民国二十二年（1933）《湖南地理志·晃县》："境内曹家溪、龙溪口、凉伞三处，各有贵州插花地一方里，行政殊感不便。"咸丰十年（1860）十一月，贵州巡抚刘源灏与提督田兴恕在龙溪口设厘金局，清光绪年间贵州将厘金局从龙溪口移往曹家溪。1943年和1947年，国民政府内政部两次划定湘黔边界，曹家溪等"飞地"由贵州玉屏划入湖南新晃。

⑤偷漏：指偷税漏税。《花月痕》第四七回："茶叶、大黄准以洋货洋钱交易，惟不准偷漏。"

⑥黄草坝：地名，今兴义市黄草坝街道，位于黔西南布依族苗族自治州的首府兴义市。相传因盛产黄草（金钗石斛）而得名。自明清以来，一直是黔、滇、桂三省区结合部的商贸重镇，素有"三省通衢"之称。

⑦白层河：地名，今黔西南布依族苗族自治州贞丰县白层镇政府所在地。白层渡口是北盘江上最后一个码头，清嘉庆二十四年（1819）被辟为官渡。

⑧坡脚：地名，今黔西南布依族苗族自治州安龙县坡脚乡坡脚村。该地位于安龙县的南部，与广西隆林县隔南盘江相望。

⑨重大：谓物体大而沉重。（宋）司马光《涑水记闻》卷九："县旁山上有庙，世衡葺之。其梁重大，众不能举。"《宋史·沈括传》："今之民间辎车重大，日不能三十里。"

⑩偷越：悄悄地通过不让经过的地区。

⑪勾通：暗中串通。（清）昭梿《啸亭杂录·滑县之捷》："有李文成者，

素习白莲教,为若部所推服,与林清相勾通,约于九月中起事。""又有宋元成,身躯壮伟多黠智,乃勾通东昌、曹州、大名诸逆贼。"《筹办夷务始末(道光朝)·广东义民告英人说帖》:"尔勾通无父无君之徒,作为汉奸,从中作乱。"张天翼《清明时节》:"有些人确定是观音坡白天里出鬼,那里死过几个灾民。还有些人以为是罗家的佃户勾通了外来的土匪。"

⑫落地厘金:指对外省进入贵州销售的货物征收厘金。落地厘为交易税,在销地征收,抽之于坐商,属于板厘。

⑬纷扰:纷乱骚扰。(宋)苏轼《寄傲轩》诗:"朝客纷扰时,先生睡方熟。"鲁迅《朝花夕拾·小引》:"我常想在纷扰中寻出一点闲静来,然而委实不容易。"

⑭过秤:用秤称量。(清)黄六鸿《福惠全书·邮政·喂养》:"本官著总理兵书等眼同过秤过斛,不许增斤淋尖。"彭家煌《怂恿》:"还是这个价钱,那有什么讲头,就是过秤,压根价钱差得太远啦。"

⑮公中:犹公众,大伙。(清)吴敬梓《儒林外史》第三二回:"如今来求少爷向本家老爷说声,公中弄出些银子来,把这房子收拾收拾。"

⑯实济:实际成效。(清)龙启瑞《复唐子实书》:"凡事须求实济,此更不待言。"(清)端方《考查政治调员差委折》:"是以风气虽开,而持论者或参成见;规模虽创,而任事者绝少专门,仅袭皮毛,难言实济。"

⑰树谷:指种植庄稼。树,培植;培养。谷,谷物,泛指庄稼。《管子·权修》:"一年之计,莫如树谷;十年之计,莫如树木;终身之计,莫如树人。一树一获者,谷也;一树十获者,木也;一树百获者,人也。我苟种之,如神用之,举事如神,唯王之门。"

⑱三农:泛指农民。据(元)陈元靓《事林广记》载:三农为"山农、泽农、平地农"。"山农"指从事林间劳作,以采集山货为生计的农民(包括猎户);"泽农"指从事渔业劳作,以水产业为生计的农民;"平地农"指从事土地耕作,以种植业为生计的农民。

⑲卒:副词,终究;终于。《史记·廉颇蔺相如列传》:"卒廷见相如。"(汉)刘向《列女传》:"卒不加诛。"(宋)王安石《游褒禅山记》:"卒葬之。"(宋)王谠《唐语林·政事》"卒不赦程。"

⑳下隰[xí]:指地势较低,而且潮湿的地方。隰,低湿的地方。《周礼·大司徒》:"辨其山林、川泽、丘陵、坟衍、原隰之名物。"《尔雅·释地》:"下湿曰隰。"李注:"谓土地窊下常阻洳,名为隰也。又,可食者曰原,陂者曰坂,下者曰隰。"

㉑高原:高地。(汉)扬雄《羽猎赋》:"徽车轻武,鸿绚緁猎,殷殷轸轸,

被陵缘坂，穷冥极远者，相与列呼高原之上。"（唐）王维《田园乐》诗之五："山下孤烟远村，天边独树高原。"

㉒ 墝[què，jué]：土地不肥沃。《后汉书·陈龟传》："今西州边鄙，土地墝墈。"李贤注："墝音觉，又音确，谓薄土也。"

㉓ 远扬：向上扬起的枝条。《诗经·豳风·七月》："蚕月条桑，取彼斧斨，以伐远扬，猗彼女桑。"朱熹集传："远扬，远枝扬起者也。"（唐）王维《春中田园作》诗："持斧伐远扬，荷锄觇泉脉。"

㉔ 特：但；仅；只是。《韩非子外储说左上》："妻止之曰：'特与婴儿戏耳！'"《史记·田敬仲完世家》："将以照千里，岂特十二乘哉！"宋沈括《梦溪笔谈·辩证一》："岂特物为然，人亦如是。"

㉕ 好逸：指贪图安逸。（南朝·宋）范晔《后汉书·郭玉传》："其为疗也，有四难焉。自用意而不任臣，一难也；将身不谨，二难也；骨节不强，不能使药，三难也；好逸恶劳，四难也。"

㉖ 武侯：指诸葛亮。三国时期，蜀国丞相诸葛亮死后，谥"忠武侯"。故后世称之为"武侯"。（晋）袁宏《三国名臣序赞》："刘后授之无疑心，武侯处之无惧色。"（唐）李白《读诸葛武侯传书怀》诗："武侯立岷蜀，壮志吞咸京。"（宋）王安石《诸葛武侯》诗："武侯当此时，龙卧独摧藏。"

㉗ 北宋太平兴国年间（976—984），张咏在崇阳（今湖北省崇阳县）当县令的时候，"民不务耕织，唯以植茶为业"。为避免以后受榷茶（指实行茶叶专卖制度）之弊，下令拔除茶树、植桑养蚕。其后，官府果然榷茶，鄂州其他地方的茶户或是失业或是贫困不堪，唯独崇阳县能够以缣纳税，民众免遭伤害，生活安定富足，对张咏颇为感激。张咏（946—1015），濮州鄄城（今山东省菏泽市鄄城县）人，字复之，号乘崖，谥号"忠定"。北宋真宗时累官至礼部尚书，是太宗、真宗两朝的名臣。诗文俱佳，著有《张乘崖集》。

㉘ 谋始：谓开始时慎重考虑。《周易·讼》："象曰天与水违行，讼。君子以作事谋始。"王弼注："无讼在于谋始，谋始在于作制。"孔颖达疏："凡欲兴作其事，必须谋虑其始。"《后汉书·邓禹传论》："夫变通之世，君臣相择，斯最作事谋始之几也。"

㉙ 据郑珍《樗茧谱·志惠》记载，清乾隆三年（1738），山东历城（今济南市历城区）人陈玉壂来任遵义府知府，看到当地长有很多槲树（别名青岗树），不能用作建造房屋的木材，人们只好砍来作柴火或者烧炭。因其叶可以养殖槲蚕，于是从乾隆四年至七年，他三次派人赴家乡历城引进蚕种卖给乡民，并聘请四个蚕师前来传授养蚕方法，聘请两个织师授缫丝和织布技艺。他还亲自下乡指

导,"有不解,口讲指画,虽风雨不倦。"乾隆八年(1743)秋,全郡收获蚕茧八百万枚。"陈公即以冬间致政归,挽送者出贵州境不绝,莫不泣下也。"

㉚据光绪十七年《黎平府志》转引《正安州志》:"正安向无织纴之业,乾隆十三年(1748),吏目徐阶平自浙江购蚕种来州,教民饲法。"本句中的"徐太守"是指徐阶平呢,还是另有其人?如果是指徐阶平,其职务是吏目还是"太守"(即直隶州的最高长官"知州",与知府同级)?待考。为此,在译文时,笔者仅取"徐太守"直译之。

㉛听讼:听理诉讼;审案。《论语·颜渊》:"听讼,吾犹人也,必也使无讼乎。"《尚书大传》卷四:"听讼之术有三。治必宽;宽之术,归于察;察之术,归于义。"(唐)李颀《送刘四》诗:"听讼破秋毫,应物利干将。"《醒世恒言·两县令竞义婚孤女》:"那官人为官清正,单吃德化县中一口水,又且听讼明决,雪冤理滞。" 田北湖《与某生论韩文书》:"彼听讼者,研鞫两造之情伪,廉得其情,而后断狱。"

㉜学额:科举时代每次考试录取的府县学生的名额。后指学校收录学生的一定名额。(清)陈康祺《郎潜纪闻》卷六:"军兴,各省捐输量加学额,自咸丰二年太常少卿雷以諴奏请始。"(清)俞樾《春在堂随笔》卷四:"惟东南兵燹之后,市廛寥落,村聚凋残,学额虽增,而应试之人转减。"

㉝大定:时为大定府,今大方县。明崇祯八年(1635)筑大方城置大方州,十年废州置水西宣慰司。清康熙三年(1664)宣慰使安坤叛。康熙四年(1665)十一月改大方为大定,置大定府,意为安坤之乱已平。二十六年(1688)降大定府为州。雍正八年(1730)废州置大定府,辖三州一厅一县。民国三年(1914)废府设大定县,1958年改大定县为大方县。

㉞清江:今称清水江。发源于今都匀市斗篷山,在今天柱县瓮洞镇的下金紫村流入湖南,是沅江的主源。

㉟都江:今称都柳江。在明代称合江,以烂土河(今三都县河段)、打见河、马场河三条河汇合而得名。后因与四川省合江县同名,清代改称都江,后称都柳江。发源于今独山县拉林乡附近的磨石湾,在今从江县流入广西境内,是柳江的上源河段。文中说该河发源于麻哈(今麻江县),有误。

㊱濛江:今称蒙江,是珠江流域干流西江上游红水河段左岸的大支流。《中国水系大辞典》一书认为,蒙江源头分左右两源,左源格凸河发源于长顺县马路乡,右源涟江发源于花溪区党武乡,于罗甸县双河口处汇合成蒙江。《贵州省志》以涟江为蒙江正源,格凸河为上游支流。

㊲铜仁:指今锦江,古名大江。属沅江支流辰水的上源。发源于梵净山西

麓贵州省江口县德旺乡太子石。

㊳镇阳江：今称瀼阳河，是沅江的支流，其河口为沅江与清水江的分界点。发源于今贵州省瓮安县长林乡。

㊴泗城：时为广西泗城府，府治在今广西壮族自治区百色市凌云县城。

㊵沅州：时为湖南沅州府，府治在今湖南省芷江侗族自治县县城。

㊶辰州：时为湖南辰州府，府治在今湖南省怀化市沅陵县县城。

㊷旱干：干旱。《孟子·尽心下》："牺牲既成，粢盛既洁，祭祀以时，然而旱干水溢，则变置社稷。"（宋）曾巩《襄州岳庙祈雨文》："自秋不雨，方冬尚温，麦田苦于旱干。"鲁迅《野草·一觉》："草木在旱干的沙漠中间，拼命伸长他的根。"

㊸泉刀：泉与刀皆古代钱币，以"泉刀"泛称钱币。（明）张缙彦《袁石寓（袁可立子）饷边》："泉刀三载汉仙郎，星焕天仓照海阳。"（清）方拱乾《译使至高丽》诗："泉刀重译旃裘雪，盐铁归装塞马春。"

㊹断制：决断；判断。《尚书·吕刑》："惟时庶威夺货，断制五刑，以乱无辜。"《韩非子·难四》："人君非独不足于见难而已，或不足于断制。"（清）冯桂芬《宗法论》："万氏统宗〈学礼质疑〉论宗法凡八篇，征引博而断制严，可谓详且明矣。"

㊺窠臼 [kē jiù]：比喻旧有的现成格式，老套子。（宋）朱熹《答许顺之书》："此正是顺之从来一个窠臼，何故至今出脱不得，岂自以为是之过耶？"（清）李渔《闲情偶寄·词曲部上·结构》："吾谓填词之难，莫难于洗涤窠臼；而填词之陋，亦莫陋于盗袭窠臼。"鲁迅《中国小说史略》第二十篇："《铁花仙史》较后出，似欲脱旧来窠臼，故设事力求其奇。"

# 【译文】

贵州近段时期以来，厘金收入一天比一天减少，从源头上推究其中的缘故，有自入关进省内时减少的，比如普茶、南货、广货、川绸等物资，其中以洋纱、云南鸦片为大宗；有自出关往省外时减少的，比如府绸、药材、水银、朱砂、毛铁等物资，其中以贵州鸦片、木料为大宗。运进省境的货物，抽收厘金之后，内地的各个厘金局，会一个关卡接一个关卡地检查验看。比如，曹家溪和仁怀这一带。虽然有偷税漏税的，或许不至于太多。仅有黄草坝、白层河、坡脚等处，近期对洋纱抽收厘金不超过十分之一二。运出省境的货物，木料的体量大，虽然有漏税的情况，也不至于太多。只有鸦片，通过行人的匣子、口袋和小商贩的行李，少量地随身夹带，没有办法检查。加上奸商偷运，官吏相互勾结串通，实在是厘金的一个大漏洞。这些弊端，要数黄草坝、白层河、坡脚最严重。

现在奉行新的规章，对落地物质抽收厘金，自然是寻求源头、揭示要害的办法。我私下有所忧虑的，是兴办有利的事情必定产生一些弊病，防止弊端可是弊端反而滋长。假如踏地抽收，必定差丁四出，骚扰贫穷的民众，仅仅中饱了奸胥、团首的私人口袋，但对公家反倒没有益处。据调查，贵州省各个地方大多设有秤局，不如通过秤局抽收厘金。秤局只设在场市，经过秤局称量过的货物是官货，不经过秤局称量的货物是私货。将秤局与厘金整合成一件事，不准在新规定的五文钱标准之外另行设立秤税，也不准在场市之外另行到乡村私自征收厘金。这样，人民就不受骚扰，而且在公众中有了实际成效。

劝课的方针，是农耕与蚕桑并重。然而，种植庄稼必须终年勤奋劳作，花费功夫多而获利少；种植桑树是在农民闲余的时候，花费功夫少而获利多。于是，种植桑树比种植庄稼尤其重要。贵州省经过接连操办，终究绝少成功。有人认为，这是因为气候条件上冷暖无常，地气条件上强弱不同。但是，不完全是这样。山桑、柔桑、条桑，在种类上各有区分。压桑、子桑、花桑，在名称上也是不同种类。如果说土壤的性质不适宜种桑，为什么在低处和高地也有很多长势极好的树荫呢？如果说变换地方就不生长，为什么道路旁边和山坡瘠土也有向上扬起的枝条呢？只是贵州民众贪图安逸，还不知道种桑的益处而不种植罢了。以前，诸葛亮居住在蜀国，亲手种植桑树八百株；张咏治理崇阳，下令拔除茶树而遍种桑树。古人管理家事和治理国家都这样做，为什么唯独贵州之地不适宜呢？不过，民众可以乐享其成，难得使之参与谋始。这在于做地方官吏的人，去因势利导他们。比如，陈玉壁治理遵义，徐太守教导正安，成效都还存在。哪里存在今天必定不同于古时候的说法呢？

至于贵州省的插花地，有的名为"犬牙"，有的名为"华离"，有的名为"瓯脱"，经过多次委派人员处理，始终没有成功。有说赋税轻重不一样的人，有说学生的名册难得更改的人。这些都是恶吏、赃役因为赋税不便包揽、缉捕罪犯不能推卸责任，借以迷惑大众罢了。其实，插花地处理好了，学生参加考试就方便、民众缴纳钱粮就方便、官府审理案子就方便。事事方便民众，哪有不乐意接受的人呢？当然，必定处处更改，也存在更易引发变乱的担心。为今之计，唯有厘清这些插花地的四至边界，就近分割。对它们四周有包围的地方，进行互相调换。所有丁粮、赋税的数额，仍然依照之前的规定，并且命令各个县另外编造插花地的完粮簿册，用以方便清查。学生的名额也不必更换，准许他们在本籍参加考试。像这样办理，或许可以减少更易引起变乱所带来的麻烦。

至于贵州的水道，处处都是山，山下都有小溪，不能够一个个地列举。但就大的河流来说，北部有摆革河、鸭池河、六广河、六归河，总的名称叫"乌江"，发源于威宁，流经大定、思南，最后流入四川境内。南部有盘江，也发源于威宁，流经兴义、贞丰，最后流入广西境内，这就是古代的牂牁江。还有清江、都江，一条发源于都匀，经过天柱，最后流入湖南境内；另一条发源于麻哈，经过古州，最后流入广西境内。比这些河流稍小一点的，则有潕江、铜仁大江、镇阳江，或是进入广西的泗城，或是汇入湖南的沅州，或是到达湖南的辰州。这些都是贵州河流中的大河，不是不可以通行舟船，而是时隐时现，有的河段被山岗阻隔，有的河段从山洞中潜流，或许有几里几十里不等，不是可以轻言开凿的。其余河流，比如遵义的费水、易水，思南的印江、邛水，大定的赤水、仁水，铜仁的万溪、安溪，它们的源流短、水流浅，雨水密集时河流就充盈，雨水停止后河流就干涸，更加没有必要对之进行开凿。现在打算使水路运输顺利通行，只有对诸河中的大河流，委派人员访查它们流程的远近，查看它们开凿的难易程度，对能够疏浚的河段加以疏浚，对不能够疏浚的河段开辟陆路连通它。至于小河流，饬令民间自行办理，用以兴盛水利，用以防备干旱，为什么一定要破费钱币加以开凿呢？

以上数条，是我的管窥之见。是否恰当，恳求上司裁定。

巡抚潘霨的批语："以上三条陈述，每条都有见地。"

布政使李元度的批语："通达事理，语有决断，态度明朗不含糊。"

粮储道员黄元善的批语："观点明白通达，全不落入俗套，自然是留心时下大事的人。"

## 【原文】

### 策问·超等第五名段永濬[①]

策問。

黔省釐金之設肇自軍興當颩辦之初烽煙滿地。道途梗阻惟蜀道一綫可通乃於綦仁涪永四岸。設局按貨抽收藉充軍用維時多用地方紳士不查弊而弊自清嗣道路漸通動虞繞漏分投設卡。逐局添員印票限以三連比較嚴於。查弊而弊卽爲舞弊之人。如盜賊視商販若寇讐究之查弊卽爲舞弊之人。興利適杜進利之路盖利弊之附麗如陰陽之倚伏。不能使之必無要在司事者權衡得宜去其弊之太甚足矣。至近時弊竇之有可指者。如上貨以絲綢為最貴。次貨以土藥為大宗。而釐金絕少。絲綢土藥亦未見豐旺。推原其故。殊非一端。惟徃來火牌公務等差。動輒數十百箱夾帶。既多包覽尤為不少。徃徃恃有護符。竟敢於關關而過。應請通飭各局勿論何項差使。如有貨物須照章上納。若恃差抗拒較商人加倍重罰。以為藉公營私者戒。或亦除弊之一端。黔中苗俗習用麻臬蠶桑之利。始見於遵義一郡。或謂他郡土性非宜。臆說也夫。

种桑惟取沃饒之地無論漢桑湖桑蜀桑皆可種植。至若盤條壓枝接根培榦雖關土脈端賴人功。如果栽培得法不數年而可成惟小民之圖於近利者難與圖始是在賢有司乘時利導毋任作輟。斯工資不致妄費美利可以徐興矣。田賦乃維正之供緝捕爲地方要務黔中各府州縣歐脫華離之疆彼附催科則鞭長莫及捕盜則淵藪易藏妨此疆奸莫此爲甚曩者派員查勘給圖貼說久無政長或謂此爲民苗之圖於習俗也或謂官吏之祗便成功或謂民苗之圖於習俗也或謂官吏之祗便私图也窃谓插花之举办也固宜即不举办亦无大害尝见贤有司教化所行邻封受惠每有越境往诉者岂其所属之黎庶尚得以畛域限耶一得人而庶务理矣不然自有明建省以来二百余年矣其间非无治理如必欲改弦更张岂必待之於今日哉由是而言水利黔地山高水急舟车不通一切商货贩运胥赖马足人力即以宦游者而论奉檄之官吏交卸回省一往还间动需百余人或数百人不等而川费较他省数十倍如署一缺

為與臺作嫁衣耳似乎疏河行舟為目前之急務
不知地屬天險非人力所能猝平且行人之便與
否不爭途路之險夷惟視地方官之治與不治以
為斷但使野無伏莽路不拾遺保甲認真講求營
站力為保護卽嶮巇亦化為坦途矣凡此數條苟
清源潔流得人而理行見民歌樂土世號大同變
瘠土為膏腴登斯民於袵席豈欺休哉

撫部院潘　批

一事理通達筆亦簡淨

布政使司李 批

指事類情語無泛設

糧儲道黃 批

逐條均能摘其弊端用筆亦清穩

## 【释文】

　　黔省厘金之设，肇自军兴。当挩②办之初，烽烟满地，道途梗阻，惟蜀道一线可通，乃于綦、仁、涪、永四岸设局③按货抽收，藉充军用。维时多用地方绅士，不查弊而弊自清。嗣道路渐通，动虞绕漏，分投④设卡，逐局添员，印票限以三连⑤。比较严于一载，防官员如盗贼，视商贩若寇雠⑥。究之，查弊即为舞弊之人，兴利适⑦杜进利之路。盖利弊之附丽⑧，如阴阳之倚伏⑨。不能使之必无，要在司事者权衡得宜，去其弊之太甚足矣。至近时弊窦之有可指者，如上货以丝绸为最贵，次货以土药为大宗，而厘金绝少丝绸，土药亦未见丰旺。推原其故，殊非一端。惟往来火牌⑩、公务等差，动辄数十百箱，夹带既多，包揽尤为不少，往往恃有护符，竟敢于闯关而过。应请通饬各局，勿论何项差使，如有货物，须照章上纳。若恃差抗拒，较商人加倍重罚，以为藉公营私者戒，或亦除弊之一端。

　　黔中苗俗习用麻枲⑪。蚕桑之利，始见于遵义一郡。或谓他郡土性非宜，臆说也。夫种桑，惟取沃饶⑫之地，无论汉桑、湖桑、蜀桑，皆可种植。至若盘条、压枝、接根、培干，虽关土脉⑬，端⑭赖人功。如果栽培得法，不数年而可成。惟小民之囿于近利者，难与图始。是在贤有司乘时利导，毋任作辍。斯工资不致妄费，美利⑮可以徐兴矣。

　　田赋乃维正之供，缉捕为地方要务。黔中各府、州、县，"瓯脱""华离"，此疆彼附，催科则鞭长莫及，捕盗则渊薮⑯易藏。妨政长奸莫此为甚。曩者⑰派员查勘，给〔绘〕图贴说，久无成功。或谓民苗之囿于习俗也，或谓官吏之祇〔只〕便私图也。窃谓插花之举办也固宜，即不举办亦无大害。尝见贤有司教化所行，邻封受惠，每有越境往诉者。岂其所属之黎庶，尚得以畛域限耶？一得人而庶务⑱理矣。不然，自有明建省以来，二百余年矣，其间非无治理，如必欲改弦更张，岂必待之于今日哉？

由是而言水利。黔地山高水急，舟车不通，一切商货贩运，胥赖马足人力。即以宦游者而论，奉檄之官吏，交卸⑲回省，一往还间，动需百余人或数百人不等，而川费较他省数十倍。如署一载，祇〔只〕为舆台⑳作嫁衣耳。似乎疏河行舟为目前之急务，不知地属天险，非人力所能猝平。且行人之便与否，不争㉑途路之险夷㉒，惟视地方官之治与不治以为断。但使野无伏莽㉓，路不拾遗，保甲认真讲求，营站力为保护，即崄巇〔巇〕㉔亦化为坦途矣。

凡此数条，苟清源洁流㉕，得人而理，行见民歌乐土，世号大同。变瘠土为膏腴，登斯民于衽席㉖，懿欤休哉！

抚部院潘批："事理通达，笔亦简净㉗。"
布政使司李批："指事类情㉘，语无泛设。"
粮储道黄批："逐条均能摘其弊端，用笔亦清稳㉙。"

# 【注释】

①段永瀜：生卒年月不详。（民国）《贵州通志·宦迹志》记载："字绍卿，云南昆明人。由军功积保至直隶州知州。光绪末年知州事，访察利弊，如恐不及。见丝业凋疲，捐廉购湖桑万株发民栽种。又提倡修公馆槽石桥一座以济行人，至今称便，约费七千余金。永瀜少从其父青圃公宦游来黔，具知民间情伪，故所至有声。""署贞丰，勤政爱民。乙未（公元1895年），雨泽愆期，祈禧即应，重建龙王庙。又重修东门桥，以利行人。"

②刱 [chuàng]：同"创"。

③清乾隆元年 (1736)，四川巡抚黄廷桂将川盐入黔的水道明确为永宁（今叙永）、仁怀（时属四川遵义府，县治在今赤水市政府所在地）、綦江、涪陵四大口岸。川盐由这四个岸口，运往贵州各地，形成仁岸、永岸、綦岸、涪岸等四条水运商道。仁岸以今四川省合江县城为起点，以今贵州省仁怀市茅台镇为终点；永岸从今四川省叙永县城为起点，以今贵州省大方县瓢儿井镇为终点；綦岸以今重庆市江口镇为起点，以今贵州省桐梓县松坎镇为终点；涪岸以今重庆市涪陵为起点，至今重庆市酉阳县龚滩镇中转，经贵州沿河、思南进入黔境

腹地。据民国《贵州通志·食货志》："黔省以饷项支绌，始于盐货往来之仁怀厅设仁岸局；大定府属之瓢儿井设永岸局；桐梓县属之松坎设綦岸局；思南府属与川境交界之龚滩设涪岸局。"

④分投：分头；分别。《水浒传》第三七回："我如今叫起哥哥来，分投赶去，捉拿这厮。"又第八十回："一面分投赏军，一面大吹大擂，会集大小头领。"

⑤印票限以三连：只准使用一体三连的印票。印票，文据名，属于凭证性文书。限，限于。以，用；使用。三连，亦称"三联"，指凭据联、存根联、记账联连成一体。

⑥寇雠 [kòu chóu]：亦作"寇讎""寇仇"。仇敌；敌人。雠，同"讎"。《孟子·离娄下》："君之视臣如土芥，则臣视君如寇雠。"《春秋左传·僖公三十三年》："武夫力而拘诸原，妇人暂而免诸国，堕军实而长寇雠，亡无日矣。"《后汉书·仲长统传》："昔之为我哺乳之子孙者，今尽是我饮血之寇雠也。"（北魏）杨炫之《洛阳伽蓝记·永宁寺》："若克城邑，绝非卿有。徒危宗国，以广寇仇。"（唐）曹唐《和周侍御买剑》："将军溢价买吴钩，要与中原静寇雠。"（清）黄宗羲《明夷待访录·原君》："今也天下之人怨恶其君，视之如寇雠，名之为独夫，固其所也。" 郭沫若《战声集·诗歌国防》："三十年来他已逐渐觉醒在驱逐他的寇仇。"

⑦适：正好；恰好。《汉书·东方朔传》："此适足以明其不知权变而终或于大道也。"（宋）沈括《梦溪笔谈》："从上观之适与地平，以至诸峰之顶，亦低于山顶之地面。"（清）袁枚《祭妹文》："适先生奓户入，闻两童子音琅琅然，不觉莞尔，连呼则则。"

⑧附丽：附着；依附。《文选·左思》："而子大夫之贤者，尚弗曾庶翼等威，附丽皇极。"李善注："言不曾与众庶翼戴上者，等其威仪，而附着于大中之道也。"（唐）张九龄《与李让侍御书》："而慈亲在堂，如日将暮，遂乃甘心附丽，乘便归宁。"鲁迅《华盖集续编·记谈话》："希望是附丽于存在的，有存在，便有希望，有希望，便是光明。"

⑨倚伏：互相依存，互相影响。出自《老子·第五十八章》："祸兮福之所倚，福兮祸之所伏。"《诗选·谢惠连·秋怀诗》："夷险难豫谋，倚伏昧前算。"刘峻《辩命论》："交错纠纷，回还倚伏。"

⑩火牌：古代军中符信之一。凡兵丁至各地传达命令，皆给火牌一面，沿途凭牌向各驿站支领口粮。（明）唐顺之《答万思节参政书》："见报所差百户，欲其频频往来以通彼此之信，特与一火牌回往，诸事尽力支持。"《说岳全传》第四八回："高宗传谕，命兵部速发兵符火牌，调各路人马，拨在岳飞营中听用。"

(太平天国）李秀成《致护王陈坤书书》："缘愚于本月十六日二十日有文二件，俱是加火牌限刻飞递。"

⑪麻枲[má xǐ]：即麻，或麻布之衣。《礼记·内则》："执麻枲，治丝茧，织纴、组、紃，学女事，以共衣服。"《西京杂记》："公孙弘内服貂蝉，外衣麻枲。"（清）袁枚《随园诗话》卷五："先生闻乐，喜金丝乎？喜瓦缶乎？入市，买锦绣乎？买麻枲乎？"

⑫沃饶：土地肥沃，物产丰富。《春秋左传·成公六年》："〔晋人〕必居郇瑕氏之地，沃饶而近盬。"孔颖达疏："土田良沃，五谷饶多。"（唐）司空图《解县新城碑》："而又以解因沃饶之润，置榷贷之司。"（宋）欧阳修《日本刀歌》："传闻其国居大岛，土壤沃饶风俗好。"

⑬土脉：语出《国语·周语上》："农祥晨正，日月底于天庙，土乃脉发。"韦昭注："脉，理也。"此谓土壤开冻松化，生气勃发，如人身脉动。后以"土脉"泛指土壤。（唐）韩愈《苦寒》诗："雪霜顿销释，土脉膏且黏。"（宋）曾巩《诸寺观祈雨文》："春气已中，农功方急，而膏泽未洽，土脉尚干。"（元）翁合老《春日田园杂兴》诗："土脉正融催穀觫，林阴微合听钩辀。"（清）唐甄《潜书·性才》："十月之间，阳虽存而不用，不能疏土脉，鼓万物，谓之无阳。"

⑭端：全；都。（明）张煌言《海师恢复镇江一路檄》："归正反正，端在今日。"（清）蒲松龄《聊斋志异·白于玉》："葬母教子，端赖卿贤。"

⑮美利：大利；丰厚的利益。《易·乾》："乾始能以美利利天下，不言所利，大矣哉！"（唐）杜甫《南池》诗："皇天不无意，美利戒止足。"（明）刘基《拟连珠》之五六："五气交感，善调则收骏功；五材相成，善用则获美利。"

⑯渊薮：谓人或物汇聚的处所。《全上古三代秦汉三国六朝文·汉荆州刺史度尚碑》："智含渊薮，仁隆春暖，义高秋云，行洁冰霜。"

⑰曩者[nǎng zhě]：以往，从前，过去。（汉）司马迁《报任安书》："曩者辱赐书，教以慎于接物，推贤进士为务。"（唐）白居易《酬元郎中同制加朝散大夫，书怀见赠》："曩者定交非势利，老来同病是诗篇。终身拟作卧云伴，逐月须收烧药钱。"《续资治通鉴·元顺帝至正二十二年》："曩者公犯池州，吾不以为嫌，生还俘虏，将欲与公为约从之举，各安一方，以俟天命。"

⑱庶务：各种政务；各种事务。（晋）陆机《辨亡论下》："百官苟合，庶务未遑。"《宋史·司马光传》："躬亲庶务，不舍昼夜。"《红楼梦》第一百一十回："老爷是一味的尽孝，庶务上头不大明白。"

⑲交卸：卸去职务，交付与后任。（宋）刘克庄《最高楼·戊戌自寿》词：

"仙都玉局才交卸,新衔又管华州山。"《二十年目睹之怪现状》第二二回:"王伯述便交卸了大同府篆。"茅盾《子夜》十五:"等三先生来了,我可以交卸,卷了铺盖滚。"

⑳舆台:亦作"舆儓"。古代十等人中两个低微等级的名称。舆为第六等,台为第十等。泛指操贱役者;奴仆。此处指抬运东西的力夫。《文选·张衡〈东京赋〉》:"发京仓,散禁财,赉皇僚,逮舆台。"张铣注:"舆台,贱职。"《文选·张协〈七命〉》:"樵夫耻危冠之饰,舆台笑短后之服。"李周翰注:"舆台,贱人。"(唐)杜甫《后出塞》诗之四:"越罗与楚练,照耀舆台躯。"

㉑不争:不计较。《明成化说唱词话丛刊·白兔记》:"我家中有三二百人做年作,不争你一个吃饭。"《儿女英雄传》第五回:"住一夜,随心布施,不争你的银钱。"巴金《小人小事·猪与鸡》:"你们那位方太太说是很有钱,公馆就有好几院,家里人丁又少,也不争这几个房钱。"

㉒险夷:崎岖与平坦。(元)刘祁《归潜志》卷十三:"晡至林虑山,横峙天西,如城壁相衔,争雄角锐,泼黛凝青,而高下险夷不一。"(明)蒋一葵《长安客话·马鞍山》:"洞仅一斗室,庞洞颇深邃,悬崖陡绝,岂以两地险夷略肖二子心术?"

㉓伏莽:莽,丛生的草木。《易·同人》:"九三,伏戎于莽。"后以"伏莽"指军队埋伏在草莽中。亦指潜藏的寇盗。(唐)李德裕《授王元逵平章事制》:"始擒伏莽之戎,遽拔升天之险。"(清)黄宗羲《参议阖公神道碑铭》:"伏莽一发,必不可支。"孙中山《上李鸿章书》:"方今伏莽时闻,灾荒频见。"

㉔崄巇[xī]:险峻不平。(宋)王禹偁《赠毋中舍》诗:"岭表榆关路崄巇,颁条持节两无辞。"

㉕清源洁流:清理本源,澄清水流。清源(亦作"清原"),清理本源。谓从根本上加以整顿。《晋书·武帝纪》:"朕以不德,托于四海之上,兢兢祗畏,惧无以康济内,思与天下式明王度,正本清源,于置胤树嫡,非所先务。"(清)林则徐《体察洋面堵截情形折》:"第既经开动,其为畏惮可知,急应宣示天威,乘势尽行驱逐,以为清源之计。"洁流,澄清的水流。(南朝·梁)王僧孺《慧印三昧及济方等学二经序赞》:"将循曲陌,先限清涧,或如止水,乍有洁流。"

㉖衽席:借指太平安居的生活。语出《大戴礼记·主言》:"是故明主之守也,必折冲乎千里之外;其征也,衽席之上还师。"(唐)刘思立《为河南王武懿宗论功表》:"臣等不能折冲虏庭,还师衽席。"(清)秋瑾《失题》:"中流砥柱,力挽狂澜,具大才,立大业,拯斯民于衽席,奠国运如磐石,非大英雄无以任之。"叶圣陶《穷愁》:"阿松所识,不出里巷鄙夫,豪富阶除,

平生所未履，宁复有为之解艰难而登衽席者耶？"

㉗ 简净：简洁。臧克家《京华练笔三十年》："在文字风格上，我努力使它短小简净，使读者不看名字就知道它的作者。"

㉘ 指事类情：谓阐述事理，譬喻情状。《史记·老子韩非列传》："然善属书离辞，指事类情，用剽剥儒、墨，虽当世宿学不能自解免也。"（清）赵翼《瓯北诗话·吴梅村诗》："梅村诗有不可及者二。一则神韵悉本唐人，不落宋以后腔调，而指事类情，又宛转如意。"

㉙ 清稳：清丽稳健。（清）袁枚《随园诗话补遗》卷四："京口左墉，字兰城，年才弱冠，而风格清稳。"（清）陈田《明诗纪事戊签·高应冕》："文中五字诗，清稳有韦王遗意。"

# 【译文】

贵州省厘金税的设立，肇端自咸同年间征集财物以供军用。当初创办，烽烟满地，道路梗阻，只有通往四川这一个方向的线路可以通行，于是在綦岸、仁岸、涪岸、永岸等四个岸口设置厘金局，根据货物价值抽收厘金，借以补给军用。当时，多用地方绅士，不用清查弊端，而弊端自行清除。嗣后，全省道路逐渐恢复通行，物资流动后就担心发生绕道漏税，分头设置厘卡，每个局添加人员，只准使用一体三连的印票。在一年之内执行得比较严格，防范官员如同盗贼，看待商贩如同仇敌。推究此事，去查处弊端的人，就是舞弊的人；为兴利而采取的行动，正好堵塞了进利的路子。大概利与弊相互依附，如同阴与阳之间互相依存和影响。不一定能使弊端全部消失，关键在于主管的官吏权衡得当，着重清除其中有危害的弊端就足够了。至于近段时间可以指出的弊端，例如上等货以丝绸为最贵重，次一等的货物以鸦片为大宗，可是对丝绸抽收的厘金极少，对鸦片的抽收也不多。从源头上推究其中的缘故，竟不止一个方面。唯有来来往往持有火牌、办理公务的官差，动不动就几十上百箱，夹带已经够多，包揽更加不少。这些人往往倚仗自己持有护符，竟然胆敢冲闯关卡，强行通过。应当提请巡抚通令各局，无论哪项差使，如果带有货物，必须按照规章缴纳厘金。如果依仗差使进行抗拒，比商人还要加倍重罚，以此惩戒假公济私的人，或许是清除弊端的一个办法。

贵州少数民族习惯于使用麻枲。种桑养蚕获得益处，始见于遵义府。有人说其他府的土质不适合种桑，是凭想象得出来的说法。种植桑树，唯有选取肥沃的地方，不论是汉桑、湖桑、蜀桑，都可以种植。至于盘条、压枝、接根、培干，虽与土壤有关，但全靠人力工夫。如果栽培得法，不出数年就可以长成。只是一般老百姓囿于眼前的利益，难得同他们图谋于开始。这在于贤能的地方官因势利导，不要中途放弃。如此，工资不至于白费，大利就能够慢慢地兴旺了。

田赋是国家法定的赋税，缉捕罪犯是地方的要务。贵州各个府、州、县，或是"瓯脱"，或是"华离"，此疆彼附。催收钱粮，就会因距离太远而鞭长莫及；缉捕罪犯时，罪犯更容易藏于人或物汇聚的处所。妨碍政务、助长奸邪，没有比这更严重的。以往曾派人实地调查，绘制地图并标注说明，很长时间都没有成功。有的说是因为百姓受风俗习惯的拘束，有的说是因为官吏只方便自己图谋私利。我认为，兴办插花地事务也固然适宜，即便不举办，也没有大的危害。曾见到贤明的官吏施行教育感化，相邻的地区同样得到好处，经常有人越过边界前去诉讼。难道他所管辖的平民百姓，还受到行政区划界限的限制吗？一旦用人得当，各种政务就得到有效治理了。如果不是这样，那么自从明朝建省以来，二百多年了，其间不是没有治理，如果一定要打算改弦更张，哪里会等到今天呢？

由此言及水利。在贵州大地，山高水急，舟车不通，所有商品货物的贩运，全部依赖马匹和人力。就拿外出做官的人来讲，收到任免职通知书的官吏，交卸回到省城，一去一回的路途间，动用力夫需要百多人或者数百人不等，可是路费比其他省贵数十倍。如果任职一年，只为那些力夫做嫁衣罢了。似乎疏浚河道通行船只，是当前的紧急事务，却不知道地势属于天然险要，不是靠人力能够使之立即平顺的。况且，行人的方便与否，不计较路途的崎岖与平坦，只看地方官所辖的地方安定不安定，以此作为判断。假使在荒郊野外没有寇盗潜藏，掉在路上的东西不会被人捡起据为己有，各保各甲确实重视，军营各站全力加以保护，即便险峻不平也可化为坦途了。

总共这几条，假使清理本源，澄清水流，使用适当的人理事，行将见到人民欢歌，地方安乐，世称大同。把瘠薄的土地变为肥沃的土地，让这一方人民过上太平安居的生活，多么美好呀！

巡抚潘霨的批语："事理通达，笔法也简洁。"
布政使李元度的批语："阐述事理，譬喻情状，没有泛泛而谈。"
粮储道员黄元善的批语："逐条均能摘其弊端，用笔也清丽稳健。"

## 【原文】

### 策问·超等第六名唐昭敬

**策問**

竊維爲政之道務在得人黔省吏治不修以故釐金、蠶桑、插花水道諸大端久經廢弛人不得政不舉也。

憲台奉

命撫黔下車數月百廢俱舉卑職雖不敏辱承垂問。謹就所詢以對一曰釐金自抽收日絀則條教愈廢。自條教日廢而抽收亦愈絀推原其故實不僅由於官且不僅在官之不填票蓋官不填票惟關○有○之○至○於○徵○多○報○少○大○頭○小○尾○之○弊○無○局○無○此○其○弊○在○官○而○商○亦○有○弊○或○借○差○使○以○免○釐○或○隔○官○眷○以○漏○釐○內○有○書○丁○營○私○賣○放○外○有○僻○徑○遠○道○偷○關○種○種○弊○端○不○一○而○足○然○因○一○弊○卽○立○一○法○而○法○卒○莫○能○周○立○一○法○又○生○一○弊○而○弊○終○莫○能○去○竊○謂○與○其○詳○於○議○法○不○如○愼○於○用○人○蓋○用○人○愼○則○一○切○侵○漁○賣○私○諸○弊○不○戢○自○除○矣○一○曰○蠶○桑○夫○山○林○藪○澤○利○不○偏○廢○黔○重○關○疉○巘○似○可○樹○桑○以○開○利○源○乃○屢○糜○巨○欵○迄○用○無○成○豈○眞○嶢○嶢○之○無○足○取○乎○抑

守土者不善教之耳。昔乾隆初山東陳公守遵義。日夕思所以利民。郡故多櫟樹。陳守循行見之日。此青萊間樹也。吾得以利吾民矣。三遣人歸歷城售山蠶種。後果大熟。遂徧諭村里。教以放養繅織之法。且授以種給工作之貲與經緯之具。民爭趨之。法且授以種給工作之貲與經緯之具。民爭趨之。今垂百年矣。仁聲惠澤猶嘖嘖在人口也。若鶩焉。

憲台軫念蠶桑。宜嚴飭府廳州縣。不分桑蠶櫟蠶檞蠶棘蠶欒蠶蕭蠶椒蠶各種類。及時採買栽植。

並法陳公懇懇勤勤利民之意侯有成效立予優獎以示鼓勵○行見蠶事興經事亦因之而起則所以衣被斯民者豈獨蠶婦之受惠已哉○一曰插花查貴州所謂插花地者其情形有三○如府廳州縣治所在此而所轄地土乃隔越他界或百里數百里不等○今謂之插花地○即古所謂華離之地也○又如二壤本屬一邑中間為他境參錯僅有一綫相連今亦謂之插花即古所謂犬牙之地也○又如一綫之地插入他境既斷而復續已續而又絕縣之地插入他境既斷而復續已續而又絕縣縣延

延至百十里之遙卽古所謂甌脫之地也三者相因有離本治二三百里而離他治不及百里數十里者小民之輸將不便士人之考試不便遇有命盜案件往往彼推此謝無怪課賦日絀緝捕較難也

憲臺整飭吏治首正疆界如能就其形勢補短截長不更換州縣之名不增減丁糧之數則民情當必帖然服矣一曰水道查黔省水之最著者曰烏江曰盤江曰都江曰清江曰鎮陽江曰銅仁江曰

濠江。然中有峯迴路轉峻嶺崇山。舟車既不能過。轉運實形其苦。十餘年來或發幣或捐廉或集貲。如修樂鄉河桐梓河都勻河與桐梓山路二百餘里。及重安橋修義橋諸義舉皆未能盡告厥成此而欲其不勞疏鑿可便於行有非迂識管見所敢置喙者矣凡茲四條謹就所詢畧陳管見仰祈

憲鑒無任悚惶之至

鰲金一段參用王殿光作

## 【释文】

　　窃维为政之道，务在得人。黔省吏治不修①，以故厘金、蚕桑、插花、水道诸大端久经废弛。人不得，政不举也。宪台奉命抚黔，下车数月，百废俱举。卑职虽不敏②，辱承③垂问，谨就所询以对。

　　一曰厘金。自抽收日绌，则条教愈废；自条教日废，而抽收亦愈绌。推原其故，实不仅由于官，且不仅（"不仅"二字应删除，否则文意不通。）在官之不填票。盖 入关 官不填票，惟出关有之。至于征多报少、大头小尾之弊，无局无之。此其弊在官。而商亦有弊，或借差使以免厘，或附④官眷以漏厘。内有书丁营私卖放，外有僻径绕道偷关。种种弊端，不一而足。然因一弊即立一法，而法卒莫能周；立一法又生一弊，而弊终莫能去。窃谓与其详于议法，不如慎于用人。盖用人慎，则一切侵渔⑤、卖私诸弊，不戢⑥自除矣。

　　一曰蚕桑。夫山林薮泽，利不偏废。黔重关叠巘⑦，似可树桑以开利源。乃⑧屡縻巨款，迄用无成，岂真峣埆〔硗确〕⑨之无足取乎？抑守土者不善教之耳。昔乾隆初，山东陈公守遵义，日夕⑩思所以利民。郡故多槲树，陈守循行⑪见之，曰："此青莱间⑫树也，吾得以利吾民矣。"三遣人归历城，售山蚕种，后果大熟⑬。遂遍谕⑭村里⑮，教以放养、缫织之法，且授以种，给工作之赀，与经纬之具，民争趋若鹜〔骛〕焉。迄今，垂百年矣，仁声⑯惠泽，犹啧啧在人口也。宪台轸念⑰蚕桑，宜严饬府、厅、州、县，不分桑茧、樗茧、槲茧、棘茧、栾茧、萧茧、椒茧各种类，及时采买栽植，并法陈公恳恳勤勤利民之意。俟有成效，立予优奖，以示鼓励。行见蚕事兴，丝事亦因之而起，则所以衣被斯民者，岂独蚕妇之受惠巳〔已〕哉？

　　一曰插花。查贵州所谓插花地者，其情形有三：如府、厅、州、县治所在此，而所辖地土乃隔越他界或百里数百里不等，今谓之插花，即古所谓"华离之地"也。又如二壤本属一邑，中间为他境参错，仅有一线相连，今亦谓之插花，即古所谓"犬牙之地"也。

又如一线之地插入他境，既断而复续，巳〔已〕续而又绝，绵绵延延至百十里之遥，即古所谓"瓯脱之地"也。三者相因，有离本治二三百里，而离他治不及百里数十里者，小民之输将不便，士人之考试不便，遇有命盗案件往往彼推此谢，无怪课赋日绌、缉捕较难也。宪台整饬吏治，首正疆界，如能就其形势，补短截长，不更换州县之名，不增减丁粮之数，则民情当必帖然服〔必然帖服〕矣。

一曰水道。查黔省水之最著者，曰乌江，曰盘江，曰都江，曰清江，曰镇阳江，曰铜仁江，曰濛江。然中有峰回路转，峻岭崇山，舟车既不能通，转运实形其苦。十余年来，或发帑，或捐廉⑱，或集赀，如修乐乡河、桐梓河、都匀河与桐梓山路二百余里，及重安桥、修义桥诸义举，皆未能尽告厥成。此而欲其不劳疏凿，可便于行，有非迂识管见所敢置喙者矣。

凡兹四条，谨就所询，略陈管见，仰祈宪鉴，无任⑲悚惶⑳之至。

厘金一段参用王殿光作。

# 【注释】

①不修：不修明；不整治。《春秋左传·襄公二十八年》："不修其政德，而贪昧于诸侯，以逞其愿，欲久，得乎？"（三国·吴）韦曜《博弈论》："人事旷而不修。"《东周列国志》第一百零八回："秦复以黄金厚赂使者，使者归，备述秦王相待之厚，齐王以为和好可恃，不修战备。"

②不敏：不才。《论语·颜渊第十二》："颜渊曰，'回虽不敏，请事斯语矣。'"

③辱承：谦辞，表示承蒙。

④附：依附；依傍。《礼记·王制》："附于诸侯，曰附庸。"《史记·魏公子列传》："胜所以自附为婚姻者，以公子之高义，为能急人之困。"（宋）苏洵《六国论》："齐人勿附于秦。"

⑤侵渔：侵夺，从中侵吞牟利。《韩非子·孤愤》："大臣挟愚污之人，上与之欺主，下与之收利侵渔，朋党比周，相与一口。"《汉书·宣帝纪》："今小吏皆勤事，而俸禄薄，欲其毋侵渔百姓，难矣。"《旧唐书·突厥传下》："不可使凶狡之虏，恣行侵渔，无辜之甿，久遭涂炭。"《新唐书·高季辅传》："为

政之道，期于易从，不恤其匮，而须其廉，正恐巡察岁出，辎轩继轨，而侵渔不息也。"

⑥不戢：不检束；放纵。《诗经·小雅·桑扈》："不戢不难，受福不那。"郑玄笺："王者位至尊，天所子也。然而不自敛以先王之法，自难以亡国之戒，则其受福禄亦不多也。"《续资治通鉴·宋仁宗皇祐三年》："谏官包拯、吴奎、陈旭，言工部尚书、平章事宋庠，不戢子弟，在政府无所建明；庠亦请去。"

⑦叠巘[dié yǎn]：重叠的山峰。（南朝·宋）谢灵运《晚出西射堂》诗："连障叠巘崿，青翠杳深沉。"（唐）骆宾王《秋日山行简梁大官》诗："攒峰衔宿雾，叠巘架寒烟。"（宋）范成大《题画卷》诗之一："君看叠巘云容变，又有中宵雨意生。"（清）李斗《扬州画舫录·冈东录》："伏流既洄，万石乃出。崖洞盘郁，散作叠巘。"

⑧乃：连词。可是，然而。《徐霞客游记》："时夫仆具阻险行后，余亦停弗上。乃一路奇景，不觉引余独往。"

⑨硗确：土地瘠薄。《东观汉记·丁綝传》："昔孙叔敖敕其子，受封必求硗确之地。今綝能薄功微，得乡厚矣。"（唐）孟郊《秋怀》诗之十："南逸浩森际，北贫硗确中。"梁启超《生计学学说沿革小史》第五章："然余所最畏者，厥惟四事，曰内乱、曰疫疠、曰土地之硗确、曰货币之恶劣是也。"

⑩日夕：朝夕；日夜。《全上古三代秦汉三国六朝文·王融》："署行议年，日夕于中旬。"李周翰注："考吏行之殿最，议年谷之丰俭而奏于天子，使朝夕盈于畿甸之中也。"（唐）刘长卿《初至洞庭怀灞陵别业》诗："长安邈千里，日夕怀双阙。"（明）张居正《与司成马孟河书》："弟以浅陋，幸附骥尾，日夕循省，尸素是虞。"（清）田兰芳《奉训大夫云南楚雄府通判袁公赋诚（袁可立孙）墓志铭》："乱后，邑无弦诵声，公自出己资，葺学舍，日夕与诸生讲贯其中，文学由是兴起。"

⑪循行：巡视；巡行。循，通"巡"。《墨子·号令》："大将使信人行守，长夜五循行，短夜三循行。"（晋）袁宏《后汉纪·孝顺皇帝纪》："既而，从轻骑循行田亩，劝民耕农。"

⑫青莱间：青岛与莱州之间。青，青岛的简称。莱，莱州的简称。

⑬大熟：亦作"大孰"。大丰收。《书·金縢》："秋，大熟，未获，天大雷电以风。"《汉书·食货志上》："故大孰则上籴三而舍一，中孰则籴二，下孰则籴一，使民适足，贾平则止。"（明）冯梦龙《东周列国志》第八十一回："勾践即以粟赐国中之贫民，百姓无不颂德。次年，越国大熟。"刘半农《手攀杨柳望情哥词·第十二歌》："你有郎勿晓得我吮郎苦，大熟年成也有隔壁荒。"

⑭遍谕：普遍晓喻。遍，普遍；遍及。谕，告诉；使人知道。《国语·晋语八》："寡君之疾久矣，上下神祇无不遍谕，而无除。"

⑮村里：乡村闾里。（明）毛晋《〈南村辍耕录〉跋》："《辍耕录》三十卷，上自廊庙实录，下逮村里肤言、诗话、小说，种种错见。"

⑯仁声：指施行仁德而赢得的声誉。（汉）扬雄《羽猎赋》："仁声惠于北狄，武义动于南邻。"《三国志·蜀书·杨戏传》："初自燕、代则仁声洽著，行自齐、鲁则英风播流。"（唐）元稹《郑涵授尚书考功郎中冯宿刑部郎中制》："二帝三王之所以仁声无穷，绩用明而刑罚当也。"（宋）王安石《送王蒙州》诗："仁声已逐春风到，使节犹占夜斗行。"（明）刘基《感兴》诗之一："昭代仁声浃九夷，野无矛戟有锱基。"

⑰轸念：深切怀念。《梁书·沈约传》："思幽人而轸念，望东皋而长想。"《旧唐书·忠义传上·苏安恒》："陛下虽纳隍轸念，亦罔能救此生灵。"（清）方文《庐山诗》之十四："轸念人主疾，馈药至明廷。"毛泽东《为皖南事变发表的命令和谈话》："迭据该军第一支队长陈毅、参谋长张云逸等电陈皖南事变经过，愤慨之余，殊深轸念。"

⑱捐廉：旧谓官吏捐献除正俸之外的养廉银，后多指个人捐款。《清史稿·高宗纪二》："〔十四年〕二月乙酉，唐绥祖请率属捐廉助饷。"（清）黄本铨《枭林小史》："吴首创捐廉集义勇，遥应为声援。"郭沫若《归去来·在轰炸中去来》："因为前方车辆缺乏，陈夫人自己捐廉，把车皮改漆了一遍，送到前方来使用。"

⑲无任：敬辞。犹不胜。旧时多用于表状、章奏或笺启、书信中。（唐）张九龄《请御注〈道德经〉施行状》："凡在率土，实多庆赉；无任忻戴忭跃之至。"（宋）苏轼《徐州谢奖谕表》："庶殚朽钝，少补丝毫，臣无任。"（清）恽敬《与李爱堂书》："顷由金阊返棹，忽奉手书，喜慰无任。"鲁迅《三闲集·匪笔三篇》："倘有好事之徒，寄我材料，无任欢迎。"

⑳悚惶 [sǒng huáng]：亦作"悚皇"。犹惶恐。（明）徐渭《与许口北书》："遂失候二公高盖，悚惶悚惶。"《镜花缘》第六八回："当日读书东朝，既未树援，此时回国，亦岂另有腹心！势甚孤而年又稚，安得不时切悚惶！"（清）夏燮《中西纪事·庚申换约之役》："敢乞皇上圣鉴，不胜悚皇屏营之至。"鲁迅《集外集拾遗补编·关于〈子见南子〉》："激愤陈词，无任悚惶待命之至。"

## 【译文】

我认为执政之道，务必在于用人得当。贵州省吏治不修明，导致厘金、蚕桑、插花地、水路等诸多大事，在很久以前就已经荒废。得不到德才兼备的人，政事就不能兴举。潘霨大人奉命担任贵州巡抚，上任几个月，百废俱兴。我虽然不才，承蒙巡抚下问，谨慎地对他所询问的事情进行策对。

一是厘金。自从抽收一天天不足额，法规就愈加得不到执行；自从法规一天天得不到执行，抽收就愈加不足额。从源头上推究其中的缘故，实际上不仅因为官府，而且在于官府不填写票据。因为官府对入关之物不填写票据，仅出关的物资有票据。至于"征多报少""大头小尾"的舞弊现象，在各个厘金局都存在。这是存在于官方的舞弊行为。而舞弊行为同样也存在于商人，有的人假借替公家办差，以此免缴厘金；有的人依附官员的家眷，以此漏交厘金。在内部，有书吏和丁役谋私而受贿私放；在外部，有商人抄荒僻小路，绕道偷越关卡。各种弊端，不一而足。然而，因为一种弊端就订立一个法则，那么法规终究不能够完备；订立一项法规又生发一种弊端，那么弊端始终不能够革除。我认为，与其讨论使法规细密，不如慎重地任用人员。如果用人谨慎，所有侵吞牟利、受贿私放等诸多弊端，不加检束就会自然地消除了。

二是蚕桑。对山林湖泽赐予的财货，不能举此而遗彼。贵州关塞险要，山峰重叠，似乎可以种植桑树用以开辟财源。可是屡屡耗费巨款，始终没有成效，难道真是因为土地瘠薄才不够人们获取吗？或是地方官不善于教导人们罢了。乾隆初年，山东籍人陈玉壂当遵义知府，日夜考虑为民谋利。府境原来长有很多槲树，陈知府在巡视时见到槲树，说："这是青岛、莱州之间生长得有的树木，我得到它可以使人民富裕了。"三次派人到历城去，买来山蚕种，后来果然大获丰收。于是，普遍晓喻乡村闾里，传授养蚕和缫织的方法，并且给以蚕种，发给工作的资本，给予织布的机具，民众争相趋之若鹜。到如今，接近百年了，他施行恩泽而赢得的声誉，还在人们口中啧啧称赞。巡抚潘大人轸念桑蚕事业，应当严厉饬令各个府、厅、州、县，不分桑茧、樗茧、槲茧、棘茧、栾茧、萧茧、椒茧等各个种类，及时购买树种进行种植，并效法陈大人勤勤恳恳为民谋利的思想，等有了成效，立即予以优厚的奖赏，以此表示鼓励。行将见到蚕业兴旺，丝织业也因此而兴起，就能加惠于这一方人民，难道唯独是养蚕的妇女得到好处吗？

三是插花。据调查，贵州所称的插花地，有三种情形：比如，府、厅、州、县的治所在此地，可是所管辖的土地竟然被另外一个行政区的辖地所阻隔，相隔百里或者数百里不等。今天称这种情形为插花地，就是古人所称的"华离之地"。又比如，两片土地本来属于一个县，中间被其他县的辖地所参差交错，仅仅有一条线形地带将这两片土地相连接。今天也称这种情形为插花地，就是古人所称的"犬牙之地"。再比如，一条线形的土地插进别的行政区内，被阻断之后再接续，接续之后又被阻断，如此绵绵延延达百十里之遥。这种情形就是古人所称的"瓯脱之地"。三者相承，有距离自己的治所二三百里，可是距离别的治所不到百里或数十里的地方，平民完纳钱粮不方便，学子参加考试不方便，遇到人命案和偷盗案经常彼此推诿，难怪税收日渐减少、缉捕罪犯比较困难。巡抚大人整顿吏治，首先应调整行政辖区的边界，如果能够依据它们现有的情形，截长补短，不更换州县的名称，不增减丁粮的数额，百姓一定会顺服。

四是水路。据调查，贵州省最著名的江河，有乌江，有盘江，有清江，有镇阳江，有铜仁大江，有濛江。然而，中间却有峰回路转，峻岭崇山，船只和车辆已经不能通行，运输的实际情形艰苦不堪。十多年来，或是官府分发公帑，或是官员捐银，或是社会民众集资，比如修整乐乡河、桐梓河、都匀河和桐梓山路二百多里，以及重安桥、修义桥等许多义举，都未能完全宣告成功。为此，如果打算对河流不劳开凿，便可通行，这不是具有迂腐见识和管窥之见的人所敢置喙的事情了。

总共这四条，谨慎地对所询问的事情，简略地陈述管窥之见，请求巡抚大人明鉴，不胜惶恐之至。

厘金一段参用王殿光的文章。

# 参考文献

1. 汉语大字典编辑委员会. 汉语大字典 [M]. 成都：四川辞书出版社，武汉：湖北辞书出版社，1987.

2. 汉语大词典编辑委员会. 汉语大词典 [M]. 上海：汉语大辞典出版社，1989.

3. 辞海 [M]. 上海：上海辞书出版社，1979 年 9 月第一版，1980 年 2 月第二次印刷.

4. 辞源（修订本）[M]. 北京：商务印书馆，1979 年 7 月修订第一版.

5. 中国社会科学院语言研究所词典编辑室. 现代汉语词典（第 6 版）[M]. 北京：商务印书馆，2012 年 6 月第 6 版，2014 年 1 月第 487 次印刷.

6. 曹先擢、苏培成. 新华多功能字典 [M]. 北京：商务印书馆，2005 年 12 月第一版，2010 年 8 月第 9 次印刷.

7. 贵州省文史研究馆点校. 贵州通志·宦迹志（民国）[M]. 贵阳：贵州人民出版社，2004 年 5 月第一版.

8. 黎平县县志编纂委员会办公室.（清光绪）黎平府志 [M]. 北京：方志出版社，2014 年 4 月第一版.

9. 司马迁. 史记 [M]. 北京：中华书局.1959 年 9 月第一版，1972 年第五次印刷.

10. 李锐译. 论语 [M]. 呼和浩特：内蒙古人民出版社，2010.

11. 吴茹芝. 左传 [M]. 西安：三秦出版社，2008.

12. 张政烺. 经史百家杂钞全译 [M]. 贵阳：贵州人民出版社，1999.

13. 张德泽. 清代国家机关考略 [M]. 北京：中国人民大学出版社，1981.

14. 唐莫尧. 贵州文史论考 [M]. 贵阳：贵州教育出版社，2000.

15. 范同寿. 贵州历史笔记 [M]. 贵阳：贵州人民出版社，2008.

16. 安成祥. 踵事增华：贵州省黔东南苗族侗族自治州不可移动文物集萃 [M]. 贵阳：贵州民族出版社，2015.

17. 安成祥. 石上历史 [M]. 贵阳：贵州民族出版社，2015.

# 后 记

我在担任贵州省黔东南苗族侗族自治州文物局局长的时候，曾于2013年6月的一天前往麻江县检查指导工作，县文物局局长聂凯华递上一本线装古籍请我过目并作文物鉴定。这本书就是清光绪十二年（1886）贵州巡抚潘蔚编印的《玉箴堂官课录》。聂局长还告诉我说，该书是一个当地群众送来，请文物部门帮助鉴定的。此人的祖上是麻哈州土司，该书是其祖传之物。当时，我来不及细看，在现场未作定论，只觉得如果是清代古籍，应该有一定价值。回到凯里后，聂局长让人将复印件送到了我的办公室。可是，囿于行政事务缠身，很长时间都不能静下心来仔细阅读，更谈不上研究。

2015年12月底，贵州省国土资源厅调我到省不动产登记中心工作，担任副主任职务，2016年元月8日正式报到。过了差不多半年的时间，在忙完急迫的工作任务之后，我想到应该对自己在黔东南工作10年期间所积存的一些资料进行整理，才重新将该书摆上案头，抽时间仔细阅读。其时，我刚完成《清中后期贵州的社会腐败及治理》（发表于《凯里学院学报》2017年第2期）一文的写作，对清后期贵州的历史有一些了解，读完《玉箴堂官课录》后，立即认识到它真是一本珍稀典籍，具有重要的文献、文物和文学价值，下定决心要把它整理出来，推介给广大读者，发挥出它应有的社会作用。

2018年上半年，我在行政工作之余，利用下班后的时间，对全书进行了影印、点校、注释和翻译，并将之定名为《玉箴堂官课录释译》，交贵州民族出版社出版。另外，我还就自己对该书的一些认识，写成了《晚清贵州官僚群体对地方社会的治理方略——〈玉箴堂官课录〉及其价值》一文，投稿于《凯里学院学报》。2019年上半年，《凯里学院学报》第2期刊发了拙文；贵州民族出版社也向贵州省新闻出版局申请资金，拟公开出版《玉箴堂官课录释译》。

《玉箴堂官课录释译》即将付梓，我还要由衷地感谢贵州省委宣传部、省新闻出版局领导的大力推荐！我国著名考古学家、天津市文史馆原副馆长陈雍先生题写书名！感谢好友、麻江县文物局聂凯华局长提供古籍影印！感谢好友、贵阳市粮食局人事科原科长欧伟先生帮助扫描书页！感谢家人对我的支持！

鉴于本人学识水平有限，《玉箴堂官课录释译》中的错误之处在所难免，万望广大读者给予包容并不吝赐教。

安成祥
2020年3月于贵阳